環東アジア地域の歴史と「情報」

環東アジア地域の歴史と「情報」

關尾史郎 編

知泉書館

はじめに

關尾　史郎

　本書は，新潟大学コア・ステーション人文社会・教育科学系附置環東アジア研究センター（以下，「本センター」と略記）のメンバーによる論稿を一書に編んだものである。

　周知のように，新潟大学では，1980年代後半から環日本海地域研究が本格的に開始され，学際的な研究体制によってこの四半世紀の間，豊かな成果をあげてきた。それを継承すべく，2006年1月に発足した本センターは，その名称が示すように，この環日本海地域研究の成果の上に，環日本海地域のみならず，これと同じような東アジアの周縁地域のほぼ全域に視野を拡大し，その歴史と社会・文化を新しい視点と資料により総合的かつ多角的に研究することを目的としている。その成果は，年刊の『環東アジア研究センター年報』により発信されているほか，2012年3月には，最初の論集『環東アジア地域における社会的結合と災害』（環東アジア研究叢書1）を公刊することができた。したがって本書は本センターが世に問う2冊目の論集ということになる。

　本書が編まれることになったきっかけは，本センターのメンバーを中心とする研究プロジェクト「情報の流通と保存からみた環東アジア地域の歴史像」が，昨2012年度の人文社会・教育科学系研究支援経費（学系基幹研究）に採択されたことにある。この研究プロジェクトは，以下のような五つの目的をもっていた。

① 情報伝達・集積に関する規範・フォーマットの解析
② ①で対象とした事象の，地域間での伝播・交流過程の比較
③ 「環東アジア」という地理的枠組みの設定
④ 一次史料である文書史料の検討
⑤ 従来の東アジア史像の刷新

言うまでもなく，この五つはそれぞれが独立したものではなく，研究営為の一連のプロセスや視点・方法を列記したものであるが，単年度の研究プロジェクトでこれらを全て満たした成果をまとめる作業はけっして容易なことではなかった。そのため，成果の公刊までを年度内に実現させることは断念し，今年度，あらためて成果をこうして本書にまとめるはこびになったわけである。したがって本書のタイトルも，研究プロジェクトの題目と，上記の目的①から，『環東アジア地域の歴史と「情報」』とした。情報の2字を括弧で括ったのは，10章構成の本文を一読していただければわかるように，この用語は元来多義的であるが，その多義性に規定を設けず，執筆者となったメンバー各自の判断を尊重したためである。

さて上の五つの目的であるが，①を除く②〜⑤の四つは，本センター成立当初から掲げてきたものである。かつての環日本海地域研究が，日本列島・日本と，対岸に位置する中国東北地方やロシア極東地方，そして朝鮮半島・韓国朝鮮との関係や交流を，主要な研究対象としてきたことを想起すれば，それを継承した本センターが，東アジアの政治的・文化的な中心とも言うべき中国世界ではなく，周縁地域を主たる研究対象としていることに説明は不要だろう。そしてその周縁地域を，中国で創造された制度・文化の一方的な受容者として位置づけるのではなく，固有の制度・文化を創造する主体でもあること，また周縁地域間における制度・文化の授受関係が地域間の交流を促進したことに着目することも，本センターのメンバーが共有する基本的な視座である。もちろん，中国の制度・文化が周縁地域に伝播したことや受容されたことを否定するつもりはないし，それ以上に否定できないことがらである。ただそのような中国の制度や文化が，周縁地域の実情に応じて改変され，換骨奪胎された事実をより重視すべきであるというのが，私たちの主張なのである。残念ながら，このような改変や換骨奪胎は，しばしば無視されるか，軽視されるかであった。注意されることがあったとしても，周縁地域の後進性から説明されることが多かった。しかしながら，中国のあらゆる制度や文化が普遍性を本質にしていたわけではないだろう。その限界を見極めることは，周縁地域がそれぞれに本来的に具有していた特質を剔抉することになるはずである。また周縁地域を主体的な存在として位置づける場合，可能なかぎり，そこで作成された史料とりわけ一次史料が分

析の中心に据えられる必要があることも当然であろう。かくして④は，私たちの基本的な視座を成立せしめるために必須な前提であり，条件とも言うべき目的となる。

以下，本書の構成と内容について，簡単にふれておく。
第Ⅰ部 「家」の履歴
血族の「家」にまつわる情報がどのように生成し，継承されていくのか，また利用されていくのか，を論じる。舞台は，中央アジアとベトナムという，周縁地域である。
「第1章 本貫の記録と記憶──敦煌張氏の場合」（關尾史郎）は，中央アジア・東トゥルキスタンのトゥルファンで出土した墓誌の本貫記載を取り上げる。この地に，中国内地から移住してきた漢族は，かつての本貫を標榜し続けるばかりか，より上位の名族に出自を仮託したことを，敦煌張氏の例から説明する。
「第2章 「華麗なる一族」のつくりかた──近世ベトナムにおける族結合形成の一形態」（蓮田隆志）は，16世紀半ばから18世紀末にかけて政権に重きをなした鄧氏の家譜を取り上げる。家譜自体が同族結合を支える装置だが，鄧氏の場合，黎朝後期に実権を掌握した鄭氏と婚姻関係を重ねたことが，政権の中枢を占めえた一因だったと同時に，宗族意識を支えたと説く。

第Ⅱ部 情報──生成と伝播
中国世界の中央で生まれた情報の型＝フォーマットや語彙が，周縁地域にどのように伝播したのか，を取り上げる。舞台は中国世界の西方の周縁と，日本である。
「第3章 酒泉丁家閘5号墓天馬図の運足表現」（高橋秀樹）は，中国世界の周縁とも言うべき河西地域の墓葬壁画の図像を取り上げ，それを丹念に検討する。墓葬壁画は，中国の中心で喪葬習俗として誕生したものだが，河西地域では，多様な表現が意志的に選択されたとする。
「第4章 奈良時代における「先人の遺風」としての「風流」とその展開」（荻美津夫）は，『萬葉集』や『藤氏家傳』などに見える「風流」なる表現を詳細に分析し，それが中国の漢語に由来する「遺風」や「な

ごり」という意味を有していたこと，しかし具体的な内容とされていたのは，天武朝の古歌・古舞であり，それは風俗歌として伝来した難波振などであったことを説く。

　第Ⅲ部　情報──制度と現実
　情報の伝達を支えた制度を復原するとともに，その制度が直面せざるをえなかった錯綜した現実を追究する。舞台は，やはり中国世界の西北の周縁と，朝鮮である。
　「第5章　西夏王国における交通制度の復原──公的旅行者の通行証・身分証の種類とその機能の分析を中心に」（佐藤貴保）は，中国世界の周縁にあった西夏王国の交通制度の復原を目ざす。情報伝達のためには不可欠な制度だが，中継貿易で繁栄したこの国の制度には，先行する唐・五代諸王朝や，中央ユーラシアの諸国家などからの影響が及んでいたことを説く。
　「第6章　屠牛と禁令──19世紀朝鮮における官令をめぐって」（山内民博）は，19世紀，朝鮮の官令のうち，屠牛に関する禁令を取り上げる。とくにそれが頻繁に出された背景には，公私にわたる多様な社会集団の錯綜した利害関係があったことを，主に地方＝周縁の史料から読み解く。

　第Ⅳ部　情報──収集と利用
　公私の立案には，情報の収集・独占とその積極的な利活用が不可欠な営為であることを，実証的に描き出す。舞台は日本，そしてモンゴルという周縁地域である。日本＝東京が，近代以降，東アジアの周縁という位置を脱し，中心という位置を獲得していくことにも留意する必要があろう。
　「第7章　支配錯綜地域における地域的入用──新発田藩の万雑とその周辺」（原　直史）は，18世紀後期の越後・新発田藩を取り上げ，万雑(まん)が地域的入用として庄屋に率いられた組を単位に，藩から自立していく過程をあとづける。また万雑改革の提言の背景には，周辺諸藩の万雑に関する情報収集があったことを説く。
　「第8章　清国における海産物市場の形成と市場情報──明治20年の清国調査を中心に」（麓　慎一）は，日本昆布会社の設立に向けて，

1887年（明治20）に，当時の北海道庁が行った中国・清の海産物市場調査を丁寧に復元し，翌年提出された調査結果＝情報が流通の再編に果たした影響を明らかにする。

「第9章　近代ハルハ・モンゴルにおける土地制度の系譜とその展開」（広川佐保）は，1911年にハルハ・モンゴルに成立したボグド・ハーン政権の経済政策について，土地政策を中心に検討したものである。この政権の政策には，直前に行なわれた中国・清朝の土地政策を参照しながらも，その上に同政権，さらにはロシア側の諸政策が重層的に盛り込まれていたことを説く。

「第10章　南進論と日独伊三国同盟——情報の調査と立案をめぐる再検討」（芳井研一）は，南進論に対する海軍の動向を中心に，1940年の日独伊三国同盟締結に至る過程をあとづける。海軍は同盟締結には否定的だったが，海南島占領の実績や，南進論の調査と立案の積み重ねによって大東亜共栄圏形成が不可欠であるとする議論が既成事実化するなかで，最終的に同盟締結に賛成したことを論証する。

　全10章のほとんどは，従来存在さえ知られていなかった一次史料，あるいは存在は知られていたものの，分析の対象とされて来なかった一次史料を，立論の主たる根拠としている。これは，研究プロジェクトの目的④を忠実に実践した結果でもあるが，そのため，あえて煩雑になることを厭わず，当該の史料を本文に掲げることにした。初公開になる史料も少なくないはずであり，史料紹介を兼ねてもいる。そのため，若干読みづらさを感じられることもあろうかと思うが，ご理解願いたい。

　また内容は，日本史，朝鮮史，北アジア史，中央アジア史，そしてベトナム史に及んでいる。できるだけ統一を心がけたつもりだが，細分化が進む研究状況に制約され，各章ごとに生じた書式上の微妙な齟齬を完璧に克服することは断念せざるをえなかった。この点についても，ご海容を賜わりたいと思う。

目　次

はじめに……………………………………………………………………ⅴ

第Ⅰ部
「家」の履歴

第1章　本貫の記憶と記録——敦煌張氏の場合……………關尾史郎　5
　　はじめに……………………………………………………………5
　　第1節　トゥルファン略史……………………………………7
　　第2節　トゥルファン出土墓誌とその記述…………………9
　　第3節　張氏墓誌にみる本貫の記述Ⅰ——高昌国時代……10
　　　1　諸氏高昌国時代（442〜501年）………………………10
　　　2　麴氏高昌国時代（501〜640年）………………………12
　　第4節　張氏墓誌にみる本貫の記述Ⅱ——唐西州時代……17
　　おわりに……………………………………………………………25

第2章　「華麗なる一族」のつくりかた
　　　　　——近世ベトナムにおける族結合形成の一形態………蓮田隆志　27
　　はじめに……………………………………………………………27
　　第1節　家譜の概要…………………………………………30
　　第2節　鄧訓と鄧氏の勃興…………………………………33
　　第3節　鄧氏の抬頭と婚姻結合……………………………43
　　第4節　族結合の諸相：鄧「氏」の場合…………………49
　　おわりに……………………………………………………………54

第Ⅱ部
情報——生成と伝播

第3章 酒泉丁家閘5号墓天馬図の運足表現……………高橋秀樹 61
　はじめに——情報媒体としての画像とその「文法」の問題……… 61
　第1節　酒泉丁家閘5号墓壁画天馬図の運足表現………………… 62
　第2節　酒泉丁家閘5号墓壁画における四足獣運足表現………… 67
　　1　神獣運足表現……………………………………………………… 67
　　2　家畜運足表現……………………………………………………… 69
　　3　最前足……………………………………………………………… 72
　　4　手前足……………………………………………………………… 73
　　5　酒泉丁家閘5号墓壁画の型……………………………………… 74
　第3節　甘粛省墓壁画の四足獣運足表現…………………………… 75
　　1　向こう足と手前足………………………………………………… 75
　　2　疾走する四足獣…………………………………………………… 76
　　3　歩く四足獣………………………………………………………… 79
　　4　酒泉丁家閘5号墓壁画の位置…………………………………… 81
　第4節　漢代画像石と秦漢瓦當……………………………………… 81
　おわりに………………………………………………………………… 85

第4章 奈良時代における「先人の遺風」としての「風流」と
　　　　その展開………………………………………荻美津夫 89
　はじめに——「風流」について……………………………………… 89
　第1節　「風流士」「遊士」の意味とその内容……………………… 91
　第2節　「風流士」の人々……………………………………………… 96
　　1　『家傳』にみられる「風流侍従」……………………………… 96
　　2　歌垣に参加した「有風流者」と歌舞所の「風流意氣の士」……102
　第3節　『藤氏家傳』にみられる学者・文人才子等………………105
　第4節　元正・聖武朝における楽舞の集中…………………………109
　おわりに…………………………………………………………………116

第Ⅲ部
情報――制度と現実

第5章　西夏王国における交通制度の復原――公的旅行者の通行証・
###　　　　身分証の種類とその機能の分析を中心に……………佐藤貴保　119
はじめに………………………………………………………………………………119
第1節　公的旅行者が携行する通行証・身分証の種別と用途………123
　　1　携行物A―牌………………………………………………………123
　　2　携行物B―兵符……………………………………………………127
　　3　起符…………………………………………………………………128
　　4　刀符…………………………………………………………………131
　　5　鉄箭…………………………………………………………………133
第2節　公的旅行者への待遇に関する制度の復原……………………134
　　1　公的旅行者の移動日数，移動距離………………………………135
　　2　駄獣・食糧等の支給………………………………………………140
　　3　頭子文書による駄獣の徴発………………………………………142
おわりに………………………………………………………………………………147

第6章　屠牛と禁令――19世紀朝鮮における官令をめぐって
###　　　　………………………………………………………山内民博　151
はじめに………………………………………………………………………………151
第1節　朝鮮後期の屠牛の様相……………………………………………152
第2節　屠牛禁令……………………………………………………………156
第3節　私屠禁令下の庖厨と公権力………………………………………162
　　1　官庖と場市庖厨……………………………………………………163
　　2　私設公庖――官庖外の庖厨公認…………………………………166
　　3　私庖と公権力………………………………………………………170
　　4　庖厨と屠漢…………………………………………………………172
おわりに………………………………………………………………………………174

第Ⅳ部
情報──収集と利用

第7章　支配錯綜地帯における地域的入用
　　　　──新発田藩の万雑とその周辺……………………原　直史　177
はじめに……………………………………………………………………… 177
第1節　18世紀後期の組と万雑……………………………………………… 180
　　1　天明万雑改革の性格………………………………………………… 180
　　2　四斗米の中の万雑…………………………………………………… 183
　　3　新発田組における運用の実態……………………………………… 190
　　4　万雑役所の存廃……………………………………………………… 205
第2節　「聞合書」をめぐる諸関係………………………………………… 207
　　1　「聞合書」の性格と作成年代……………………………………… 207
　　2　新発田領万雑の改革案……………………………………………… 209
　　3　周辺諸領の情報……………………………………………………… 216
おわりに……………………………………………………………………… 218

第8章　清国における海産物市場の形成と市場情報
　　　　──明治20年の清国調査を中心に……………………麓　慎一　221
はじめに……………………………………………………………………… 221
第1節　赤壁二郎・鹿島万兵衛・遠藤吉平の調査………………………… 222
　　1　赤壁二郎の調査……………………………………………………… 224
　　2　鹿島万兵衛の調査…………………………………………………… 229
　　3　遠藤吉平の調査……………………………………………………… 233
第2節　「昆布ニ関スル復命書」の上申…………………………………… 236
　　1　「昆布生産者組合連合組織之事」………………………………… 238
　　2　「特約会社ノ有スベキ資格」……………………………………… 239
　　3　「特約会社ト昆布生産者組合トノ関係」………………………… 240
　　4　「官庁ニ請願スベキ保護ノ事」…………………………………… 241
おわりに……………………………………………………………………… 243

第9章　近代ハルハ・モンゴルにおける土地制度の系譜とその展開
　……………………………………………………………広川佐保　247
はじめに………………………………………………………………247
　第1節　三多の墾務事業とボグド・ハーン政権…………………250
　　1　清末における墾務事業………………………………………250
　　2　ボグド・ハーン政権初期における土地政策………………254
　第2節　ロシア人経済顧問による経済政策………………………256
　　1　C. A. コージンのハルハ滞在…………………………………256
　　2　農業奨励政策──「土地使用規則」…………………………258
　第3節　ハルハにおける土地制度確立の進展……………………259
　おわりに……………………………………………………………262

第10章　南進論と日独伊三国同盟
　──情報の調査と立案をめぐる再検討……………芳井研一　263
　はじめに……………………………………………………………263
　第1節　海軍の南進論………………………………………………264
　　1　南進論国策化の端緒…………………………………………264
　　2　国策の基準……………………………………………………266
　　3　北海事件への対応……………………………………………268
　第2節　南進論と防共協定強化問題………………………………270
　　1　第一次近衛内閣期の海軍南進論……………………………270
　　2　防共協定強化問題の台頭と海軍事務当局…………………274
　第3節　南進国策の強化……………………………………………280
　　1　南進の調査と立案……………………………………………280
　　2　陸軍の南進策と日独伊提携強化問題………………………284
　第4節　日独伊三国同盟の締結へ…………………………………287
　　1　陸海外事務当局の三国提携強化案…………………………287
　　2　海軍の妥協……………………………………………………289
　　3　日独伊三国同盟の締結………………………………………291
　おわりに……………………………………………………………291

目　次

あとがき……………………………………………關尾史郎　295
執筆者一覧……………………………………………………297

環東アジア地域の歴史と「情報」

第Ⅰ部
「家」の履歴

第 1 章

本貫の記憶と記録

――敦煌張氏の場合――

關尾 史郎

は じ め に

　その政治的・社会的な混乱が夙に喧伝されてきた五胡十六国時代（304～439年。以下，「五胡時代」と略記）はまた，華北における慢性的な戦争状態により生み出された，おびただしい数に上る避難民の移動と移住によって，漢族の居住空間が拡大した時期でもあった。
　例えば古都長安を擁する関中地域から生み出された避難民たちは，西北の黄河上流とその支流域に殺到した。このため，五胡時代に河西地域（黄河以西の地。本稿では，武威・張掖・酒泉・敦煌の4郡の総称として用いる）を支配した諸涼政権は，多くの郡県を新設して彼らの収容と定着につとめた[1]。しかし，移動と移住はこれにとどまらなかった。河西を本貫（本籍）としていた人びとの中に，このような内地からの避難民の到来に触発されたためなのか，あるいは軋轢を避けるためなのかは明らかではないのだが，より西方の地を目ざして移動を始める人びとが現われたからである。移動と移住がこのように重層的に行なわれたのはこの時期の特徴であって，他の地域でも見られる現象だが[2]，高昌すなわちトゥルファンこそ，河西から移動する人びとが選択した落ち着き地だった。
　トゥルファンに高昌壁（高昌塁）が設けられたのは前漢時代までさか

---

1) 拙稿「南涼政権（397-414）と徙民政策」（『史学雑誌』89編1号，1990年）参照。
2) 拙稿「古代中国における移動と東アジア」（『岩波講座世界歴史』19巻，岩波書店，1999年）参照。

のぼるが，軍事基地を出発点としながら，魏晋時代には，河西とりわけ隣接する敦煌郡との関係を強めながら，兵員とその家族が居住する生活空間に変貌しつつあったようだ[3]。したがって，西方を目ざした河西の人びとがこの地を落ち着き先として選択するのも，ごく自然の成り行きだったと言えよう。その結果であろうか，327年には，諸涼政権の一つ，前涼により高昌（現：吐魯番市三堡）・田地（鄯善県魯克沁鎮）2県を属県とする高昌郡が設置されるに至る。これによりトゥルファンは名実ともに漢族の居住空間となったのである。

それでは，この地に落ち着いた人びと（正しくはその末裔たち）は，河西の原住地すなわちかつての本貫をどのように記憶しかつ記録したのだろうか。五胡時代を含む魏晋南北朝時代は中国史上，墓誌を墓中に埋納する習俗が定着した時代でもあった[4]。中国世界の周縁部とも言うべきトゥルファンでも，6世紀の30年代以降，このような喪葬習俗が定着していった。これらを中心として現在，トゥルファン各地の古墓から出土した墓誌は，363方を数えるが[5]，本稿では，とりわけ多くの墓誌を遺した敦煌の名族張氏の墓誌を取り上げ，この問題に迫りたいと思う。先ず，第1節において，五胡時代以降のトゥルファンの政治状況について概述し，第2節で，トゥルファンから出土した墓誌の概要を確認した上で，第3節以降でその記述を検討する[6]。

---

3) 唐長孺「魏晋時期有関高昌的一些資料」（『唐長孺文集』3冊・山居存稿，中華書局，2011年，所収。初出：1979年），王素『高昌史稿』統治編（文物出版社，1998年），2章参照。
4) 墓誌の起源や普及を論じた成果はそれこそ枚挙にいとまないが，ここでは，福原啓郎「西晋の墓誌の意義」（同『魏晋政治社会史研究』京都大学学術出版会，2012年，所収。初出：1993年）を挙げておく。福原は，墓誌が普及した社会的な背景として移動と移住を想定しているからである。
5) 石見清裕「吐魯番出土墓表・墓誌の統計的分析」（土肥義和編『敦煌・吐魯番出土漢文文書の新研究』（財）東洋文庫，2009年。修訂版：2013年）による。
6) 本稿は，平成22～26年度日本学術振興会科学研究費補助金・基盤研究（A）「石刻史料と史料批判による魏晋南北朝史の基本問題の再検討」（代表：伊藤敏雄大阪教育大学教授／課題番号22242022）による研究成果の一部でもある。またその骨子は，「出土資料からみた，西北地域における「五胡」時代の移動について」と題し，西北出土文献研究会例会（2011年6月18日，桜美林大学町田キャンパス）において報告する機会があった。記して関係者に謝意を表する。

第1節　トゥルファン略史

　五胡時代，高昌郡を支配下に置いた政権を年代順に示すと，前涼→前秦→後涼→北涼→西涼→北涼となる[7]。前秦以外はいずれも，武威・張掖・酒泉・敦煌といった河西の地に拠点を構えた政権である。439年，北魏が北涼を倒して華北の統一を成し遂げると，北涼王族のひとり，沮渠無諱は楼蘭を経てトゥルファンに入り，ここに北涼亡命政権を立てる（沮渠氏高昌国，442〜460年）。事実上の高昌国の誕生である。これを嚆矢として以後，闞氏（460〜488年）・張氏（488〜496年）・馬氏（496〜501年）など短命の高昌国（以下，一括して「諸氏高昌国」）が相次ぎ，次の麴氏高昌国（501〜640年）の成立により，ようやく王権が確立して安定期を迎えることになる[8]。この間，漢代以来トゥルファン一帯を支配していたアルタイ系の車師前王国を壊滅させ，ほぼトゥルファン盆地全域を高昌国の支配下に治めることができたが（450年），柔然や高車，さらには突厥など周辺の遊牧勢力が絶え間なく国政に介入し，これら遊牧勢力や中国王朝といった巨大な外圧にいかに対処するのか，が終始高昌国に突きつけられた深刻な課題であった[9]。640年の麴氏高昌国滅亡の背景にも，唐朝の対中央アジア政策の強化と，高昌国が頼った西突厥の分裂という事態を見てとることができる。

　ところで，沮渠氏高昌国の成立から麴氏高昌国の滅亡に至るこの200年の間，トゥルファンには，移住して来た漢族を収容するために，郡県が増設されていった。327年に2県で発足した高昌郡だが，遅くとも380年代には高寧県（鄯善県吐峪溝）が，430年代には横截県（同県漢墩）が，それぞれ増設されていたことがわかる。また遅くとも，トゥルファン全域が高昌国の支配下に入った450年には，田地県が郡に昇格していた[10]。

　7）　ただし河西における政権の交替期を中心に，短期間ではあるが，自立的な勢力がトゥルファンに拠ることがあった。詳細については，王素，前掲『高昌史稿』，3，4章参照。
　8）　王素，前掲『高昌史稿』，5，6章参照。
　9）　辻正博「麴氏高昌国と中国王朝――朝貢・羈縻・冊封・征服」（夫馬進編『中国東アジア外交交流史の研究』京都大学学術出版会，2007年）参照。
　10）　朱雷「吐魯番出土北涼貲簿考釈」（同『朱雷敦煌吐魯番文書論叢』上海古籍出版社，

さらに麴氏高昌国の時代には，これらに加えて白芳（鄯善県治）・威神（同県魯克沁鎮～斯爾克普間）・喙進（篤進＝托克遜県治）・柳婆（吐魯番市工尚）・新興（同市勝金）などの諸城が置かれていたことは疑いなく[11]，かつて車師前王国の都城であったヤールホト（同市雅爾湖）にも交河郡ないしは交河県が設けられ，この地へも高昌国治下の漢族が進出していったことであろう。かくして麴氏高昌国時代には，国都の高昌以外に，全部で20以上の郡・県が置かれるまでになっていたのである[12]。

　640年，麴氏高昌国を倒した唐は，直ちに西州を設けてトゥルファン一帯の直接支配に乗り出した[13]。その結果，20以上あった郡県は整理され，高昌・柳中（旧田地郡）・交河・蒲昌（旧白芳県）・天山（旧篤進県）の5県に統合された．それまでの郡県のうち，南平郡や，寧戎・龍泉・永安・安楽・高寧などの諸県は，郷に格下げされてその名を残している[14]。その後，742年に西州が交河郡に，762年には高昌県が前庭県に改称されたりもしたが（『新唐書』巻40地理志4隴右道），8世紀末に吐蕃続いてウイグルに征服されるまで，トゥルファンは約1世紀半にわたって唐の支配下にあった。

　この間，トゥルファンで作製された最古の墓誌は，5世紀中頃の「北涼承平十三年（455）四月大且渠封戴墓表」（集注No.1／集成No.1）で，最新のそれは8世紀末期の「唐建中三年（782）十一月高耀墓誌銘」（集注No.316）である。節を改めて詳しくみていこう。

2012年，所収。初出：1980年）参照。なお拙稿「『北涼年次未詳（5世紀中頃）賃簿残巻』の基礎的考察（上）」（『西北出土文献研究』2号，2005年）併読。
　11）榮新江「吐魯番新出送使文書与麴氏高昌王国の郡県城鎮」（榮・李肖・孟憲實編『新獲吐魯番出土文献研究論集』中国人民大学出版社，2010年，所収。初出：2007年）は，この5城のうち前4城だけを掲げているが，最後の新興についても疑いない。これについては，拙稿「サンクトペテルブルグ蔵，Дх.02683v＋Дх.11074v初探──トゥルファン盆地の水利に関する一史料」（『中国水利史研究』30号，2002年）参照。ただし，これらの諸城に県が設置されていたか否かは確言できない。
　12）荒川正晴「麴氏高昌国における郡県制の性格をめぐって──主としてトゥルファン出土資料による」（『史学雑誌』95編3号，1986年）参照。ただし，荒川が説くように，この国の郡県制は中国王朝のそれと比べると，特異な制度であった。
　13）栗原益男「七，八世紀の東アジア世界」（唐代史研究会編『隋唐帝国と東アジア世界』汲古書院，1979年）参照。
　14）唐西州時代，トゥルファンに設けられた郷・里については，張廣達「唐滅高昌国後的西州形勢」（同『文書 典籍与西域史地』広西師範大学出版社，2008年，所収。初出：1988年）参照。

第2節　トゥルファン出土墓誌とその記述

　前世紀初頭以来，高昌故城の郊外に拡がるアスターナ（阿斯塔那）・カラホージャ（哈拉和卓）古墓群をはじめ，トゥルファン各地の古墓群から出土した墓誌は，総計363方に及ぶ。時代別に見ると，高昌郡時代はゼロで，諸氏高昌国時代5方，麴氏高昌国時代229方，そして唐西州時代129方となる。これらはいずれも個別の報告書や簡報などに紹介されている他，侯燦・呉美琳編『吐魯番出土磚誌集注』全2冊（巴蜀書社，2003年。以下，「集注」）にほぼ集録されているが，その後，今世紀になってから出土した墓誌が榮新江・李肖・孟憲實主編『新獲吐魯番出土文献』全2冊（中華書局，2008年。以下，「新獲」）に収録されるに至った。また著者も諸氏高昌国・麴氏高昌国両時代のものに限定してだが，これらに依拠して，釈文の集成を試みたことがある。關尾・清水はるか編『トゥルファン出土漢文墓志集成（稿）――高昌郡・高昌国篇』（新潟大学超域研究機構，2009年。以下，「集成」）がそれで，本稿もこれらの成果によっているが，墓誌の形状や様式については近年，石見清裕により整理がなされているので[15]，これによりながら，トゥルファン出土墓誌の概要についてまとめておきたい。

　トゥルファン各地から出土した墓誌は，最古の大且渠封戴墓表こそ円首碑形だが[16]，これを除けば，磚石の墓誌は正方形かそれに近い形状を有する。大且渠封戴墓表に次いで紀年の古い「高昌章和七年（537）七月張文智墓表」（集注 No.5／集成 No.6。紅磚・朱書）は既に37cm四方（厚さ4cm）を呈しており，最新の高耀墓誌銘も高さ70cm幅77cm（厚さ14cm）でやや横長だが，正方形に近い。この張文智墓表と高耀墓誌銘からもわかるように，唐西州時代に向けてしだいに大型化するのも特徴だが，これは誌文の長文化とも連動している。すなわち麴氏高昌国時代までの墓誌は，「墓表」という2字が示すように，被葬者の姓名を除けば，

---

15) 石見，前掲「吐魯番出土墓表・墓誌の統計的分析」。
16) 「円首碑形墓表」なる範疇とその詳細については，張銘心「十六国時期碑形墓誌源流考」（『文史』2008年2期）参照。

生前の官歴や埋葬（予定）年月日を中心とした50字前後の簡単な文章であるのに対して[17]，唐西州時代のそれは，まさに「墓誌銘」であり，高耀墓誌銘は900字近い長文である。この正方形かそれに近い形状の墓表の出現や，誌文の長文化などには政治的な要因も想定されているが[18]，いずれの時代であっても，被葬者の出身地（現在の本貫やかつての本貫など）は，官歴や埋葬（予定）年月日，さらには没年齢などとともに中心的な記載事項だったはずである。とりあえず本節ではそのことだけを確認して，張氏の墓誌の記述を見ていこう。

第3節　張氏墓誌にみる本貫の記述Ⅰ——高昌国時代

　ここでは，張氏の墓誌の記述について見ていく。正確に言えば，かつての本貫ないしはそれに類する地名表記を抽出するということになるが，諸氏高昌国時代・麴氏高昌国時代・唐西州時代という三つの時代ごとに検討する。先ずは諸氏高昌国時代から[19]。

1　諸氏高昌国時代（442～501年）

　この時代に属する墓誌は全部でも5方だけで，うち1方は沮渠氏高昌国の王族・大且渠封戴の墓表なので，これ以外の4方が対象となるが，このうち3方が張氏のものであり，残る1方にも被葬者の夫として張氏の男性が登場している（表1）[20]。
　4方はいずれも紀年を欠いているが，沮渠氏高昌国および闞氏高昌国時代のものと思われる[21]。このうち，No.3について，釈文を掲げておこ

　17）　麴氏高昌国時代の墓誌には，姓名だけを刻した土塊も含まれている。
　18）　とくに誌文の長文化とそれにともなう文章構造の変化の背景については，白須淨眞「アスターナ・カラホージャ古墳群の墳墓と墓表・墓誌とその編年——三世紀から八世紀に亙る被葬者層の変遷をかねて」（『東洋史苑』34・35号，1990年）参照。
　19）　註12）でもふれたように，麴氏高昌国を中心に，この時代の郡県制は特異な形態をとっており，私見ではトゥルファン内部に本貫を設定するという発想を欠いていた。この点については，別稿を用意している。
　20）　以下，表の出典欄の数字は，集注・集成がそれぞれの資料番号，新獲は掲載頁を示す。
　21）　No.1は，張季宗について河西王通事舎人とあるが，これは沮渠氏高昌国の王が南朝・

第1章 本貫の記憶と記録　　　　　　　　　11

表1　諸氏高昌国時代の張氏関連墓誌

No.	被葬者	紀年	整理番号	姓名（続柄）	地名	備考（出典）
1	張季宗	5c中	アスターナ出土	張季宗（本人） 宋　氏（夫人）	燉煌 燉煌	集注2／集成2
2	張幼達	5c中？	69TKM52:1	張幼達（本人）	敦煌	集注3／集成3
3	楊　氏	5c中？	75TKM60:1	張興明（夫）	敦煌	集注4／集成4
4	張　祖	5c後？	97SYM1:22	張　祖（本人）	……	新獲124／集成5

う[22]。

史料1　「北涼？年次未詳張興明夫人楊氏墓表」（灰磚・朱書，36.5×36.5×4cm）

折衝將軍・新
城太守，<u>敦煌</u>張
興明夫人楊氏墓表．

　この時代，トゥルファンには河西各地から避難民が移動してきたはずだが，数少ない墓誌の全てが張氏に関係するもので，しかもそのほとんどに敦煌（類似の表現を含めて，下線で示す。以下，同じ）というかつての本貫が明記されているのである。No.4は最終行が墨で塗抹されており，またもともと木板なので，敦煌の2字は確認できないのも致し方あるまい。しかしこれも含め，いずれも埋葬（予定）年月日や没年齢さえ記さないきわめて簡単かつ粗略な様式なので，死没した場所や理由などを欠いても不思議はないのだが，にもかかわらず申し合わせたように，姓名の直上にしっかりと敦煌（以下，「燉煌」を含む）というかつての本貫と思しき地名が明記してあるのである。張氏も宋氏も敦煌の名族として夙に知られた存在であるばかりか[23]，五胡時代には前涼や西涼など諸涼政

宋から河西王に冊封されていたことによる。またNo.3は，張興明の官歴にある新城（太守）が，439年まで河西地域に置かれていた郡である可能性が高いことによる。No.2については積極的な根拠を欠いているが，番号から判断して，出土墓どうしがNo.3と近接していた可能性が高いと同時に，No.1とほとんど同じ様式にのっとっており，夫人の宋氏のかつての本貫を欠いている点だけが異なるものである。

22）以下，墓誌の釈文については，写真などによりながら，『集注』の釈文を修正したが，煩雑になるので，逐一註記することは省略した。

23）池田温「八世紀初における敦煌の氏族」（『東洋史研究』24巻3号，1965年）参照。

権の中枢を占めてもいた[24]。そしてなによりも，張氏高昌国を立てた張孟明自身が敦煌張氏の出身であった（『魏書』巻101高昌伝）。したがってこれらの墓誌を残した彼ら（やその祖先）も実際に敦煌を本貫としていたことは疑いないであろう。それでは次の麴氏高昌国時代はどうであろうか。

2　麴氏高昌国時代（501〜640年）

この時代に属する墓誌は全部で229方に上る。出土墓も，アスターナ（TAM, Ast., 63A）・カラホージャ（TKM）古墓群，交河城西方のヤールホト古墓群（溝西，TYM，TYGXM，TYEIVbM）などのほか，魯克沁鎮にある田地郡の墓地（TCM），吐魯番市治南方にあるサイカン古墓群（TCM），同じく市治東方にあるムナル古墓群（TMM），さらには同市勝金口の南方にあるバダム古墓群（TBM）といった多くの古墓群に及んでいる[25]。

やはり前項と同じように，張氏の墓誌を取り出して表示してみよう。ただしこの時代の張氏の墓誌は多数に上るので，本項では敦煌など地名が併記されているものに対象を限定する（表2）。

地名が併記された張氏関連の墓誌は17方を数える。このうちNo.3だけは金城の張氏だが，これ以外の16方には敦煌と併記されており，敦煌張氏を名乗っていたことがわかる。ところで，麴氏高昌国時代の墓誌で，このように地名が併記されたものは229方中33方（38例）に上り，全体の14%強になる。その内訳は，敦煌が18例と圧倒的に多く，これに張掖

24）　多くの先行研究に恵まれているテーマだが，さしあたり佐藤智水「五胡十六国から南北朝時代」（榎一雄編『講座敦煌』2巻，大東出版社，1980年）参照。
25）　古墓群ごとの出土墓誌数は以下の通りである。

古　墓　群	記　　号	郡　県　名	墓誌数
アスターナ・カラホージャ	TAM・TKM 他	高昌（国都）	93
ヤールホト（雅爾湖）	TYM・溝西他	交河郡	115
ルクチュン（魯克沁）	SLM 他	田地郡	2
サイカン（采坎）	TCM	安楽県	1
ムナル（木納爾）	TMM	永安県	4
ウルタ（烏爾塔）	TWM	新興県	1
バダム（巴達木）	TBM	寧戎県	5
出土地不明	LI. 他	……	7

第 1 章　本貫の記憶と記録　　　　　　　　　　　　　　13

表 2　麴氏高昌国時代の張氏関連墓誌

No.	被葬者	紀年	整理番号	姓名（続柄）	地　名	備考（出典）
1	張文智	537	69TKM54:1	張文智（本人） 馬　氏（夫人） 韋　氏（夫人）	敦　煌 扶　風 張　掖	集注 5／集成 6
2	氾紹和	552	1930 溝西	張　氏（夫人）	敦　煌	集注 18／集成 18
3	張　氏	564	1912 カラホージャ	張　氏（本人）	金　城	集注 34／集成 34
4	索　氏	564	69TKM51:2	張孝眞（夫）	敦　煌	集注 35／集成 35
5	郭和兒	565	79SLM 出土	靳氏？（妻） 張　氏（妻）	隴靳？ 敦　煌	集注 38／集成 38
6	張德淮	565	69TKM50:1	張德淮（本人）	敦　煌	集注 39／集成 39
7	張阿□	572	1930 溝西	張阿□（本人）	敦　煌	「原出」集注 50／集成 50 ＊
8	麴彈那	577	1930 溝西	張　氏（夫人）	燉　煌	集注 62／集成 64
9	馬　氏	590	73TAM113:2	馬　氏（夫人） 張　氏（夫）	扶　風 敦　煌	集注 92／集成 95
10	張　孝	591	63A0053	張　孝（本人）	敦　煌	集注 95／集成 99
11	麴　氏	601	72TAM199:9	張阿質（夫）	敦　煌	集注 114／集成 121
12	張　忠	607	69TAM114:1	張　忠（本人）	敦　煌	集注 126／集成 133
13	張容子	609	05TMM203:1	張容子（本人）	敦　煌	新獲 387／集成 141
14	張武嵩	620	69TAM112:1	張武嵩（本人）	敦　煌	集注 154／集成 164
15	張鼻兒	620	73TAM503:2	張鼻兒（本人）	燉　煌	集注 156／集成 166
16	張阿質兒	620	72TAM199:8	張阿質兒（本人）	燉　煌	集注 157／集成 167
17	張伯玉	632	Ast.i.6.08	張伯玉（本人）	敦　煌	集注 180／集成 192

4 例（重複があるので実際は 3 例），武威 1 例，建康 2 例，晉昌 1 例を加えると，河西地域が 26 例に達する[26]。これ以外では，河西に隣接する金城が 5 例，そして扶風 2 例，燕国・太原各 1 例，不明（閗郡・隴靳・獼猴）3 例となる[27]。これらの地名が，いずれもトゥルファンに移住する以前の本貫を示しているとすれば，麴氏高昌国時代，トゥルファンにあった人びとの多くは，敦煌をはじめとする河西や隣接する金城郡などを本貫としていた人びとの末裔であったと言うことができるだろう。しかしこ

　26) 晉昌郡は，西晉時代の 295 年に敦煌郡東部を分置したものであり（『晉書』巻 14 地理志上涼州），また建康郡は，前涼時代に酒泉郡東部を分置したものである。なお後者については，拙稿「在高台県域内的古墓群与古代郡県制」（中共高台県委・高台県人民政府・甘粛敦煌学学会・敦煌研究院文献所・河西学院編『高台魏晉墓与河西歴史文化研究』甘粛教育出版社，2012 年）参照。
　27) 閗郡（集注 8／集成 9）について集注は，閗を閉と同義として閉→壁→彼という使用例を紹介し，さらに彼→他と釈して，これを「他郡」とするが，何に対して「他」なのかは不明である。また隴靳（（表 2）No.5）は，隴（西）の靳靰氏という可能性もある。獼猴（集注 117／集成 124）は不明。

こで重要なのは，河西地域のなかでも敦煌が26例中18例と他を圧倒していること，そしてそのうち16例までを張氏が占めていることである[28]。

　張氏が敦煌を代表する名族だったことは確かだが[29]，上のような数字を根拠として，トゥルファンに移住した中では敦煌の人びとが圧倒的な多数を占めていたとか，その敦煌の人びととは，とりもなおさず張氏の出身者であったとか，考えるのはやはり性急であろう[30]。墓誌自体，公式性を有するものではなく，本貫を記載するか否かは作製者である被葬者の遺族の判断に由来したであろうからである。ましてや，移動以前のかつての本貫であるから，なおさらであろう。そもそも全体の14％の墓誌にしか記載がないことがそのことを雄弁に物語っている。したがって敦煌張氏の墓誌にかつての本貫を併記したものが格別に多い背景には，特別の事情が潜んでいると考えるべきであろう。ちなみに，この時代の張氏関連の墓誌は71方，このうちかつての本貫が併記されているものが17方（敦煌16例16方，金城1例1方）あり，約24％に上る。本貫を併記していないものの中には，金城をはじめ他郡出身の張氏も含まれていたであろうから[31]，この敦煌張氏の出身者で墓誌に敦煌と併記した割合はさらに高くなろう。敦煌張氏の出身者はとりわけてかつての本貫や出自に強い愛着や誇りを抱き続けていたがゆえに墓誌にも，あえてかつての本貫である敦煌の2字を併記したと考えることもまた可能なのではあるまいか[32]。No.7はその意味で注目にあたいする。

　　28）　敦煌の残る2例は，索氏（集注49／集成49）・趙氏（集注77／集成79）が各1例である。このうち後者は，誌文から判断して張氏だった可能性もあるが，とりあえず趙氏として処理しておく。
　　29）　池田，前掲「八世紀初における敦煌の氏族」参照。
　　30）　トゥルファンにおける墓葬文化の諸相から考えて，高昌郡設置以降，敦煌の人びとがトゥルファンにおいて大きな影響力を発揮できたとは思えないのがその根拠の一つである。詳細については，拙稿「随葬衣物疏と鎮墓文――新たな敦煌トゥルファン学のために」（『西北出土文献研究』6号，2008年，拙著『もうひとつの敦煌――鎮墓瓶と画像磚の世界』（高志書院，2011年）参照。
　　31）　池田，前掲「八世紀初における敦煌の氏族」が指摘しているように，『元和姓纂』巻5陽部張氏は，敦煌張氏を安定・范陽・太原・南陽の張氏に次ぎ，第5位に置く。
　　32）　麴氏高昌国時代，この敦煌張氏が王室の金城麴氏と複数の世代で婚姻関係を結んだ一族であったことも一因として考慮すべきかもしれない。かつての本貫，金城を記した麴氏の墓誌も3方あるからである。表2のNo.11張阿質やNo.15張鼻児などのように，実例もある。

史料2　「高昌延昌十二年（572）望舒（12月）張阿□墓表」（磚質・
　　　　　朱書，33.6×34.2×5cm）

延昌十二年歲御壽星，
望舒建於星記，下旬九
日日維丙辰．新除鎮西
府散望將・□□省事，又
轉遷田兵參軍，復遷爲
戶曹司馬．字阿□，春秋
七十咸一．原出敦煌功
曹後也．靈柩葬題文於
墓．張氏之墓表者也．

　埋葬（予定）年月日・生前の官歷・字・没年齢を記し，末尾に「某氏之墓表」と書き入れる高昌國時代にごく一般的な様式に則しているが[33]，「原出」の2字により「敦煌功曹後也」なる章句が導かれているのである[34]。敦煌張氏の末裔であることはわかるが，「功曹後」とはどういうことなのだろうか。この功曹とは，漢魏交替期，太守不在の敦煌において，同郡の人びとから推擧を受けて長史の任を擔った（行長史事）張恭

しかし両氏の間の婚姻関係が常態化するのは，7世紀に入ってからであり，またNo.2, 7, 8（交河郡）や，No.5（田地郡）のように，同じ張氏でも地方豪族といった階層のなかにも，敦煌張氏を称する例があるので，これだけから説明することには無理がある。なお張氏と麴氏の婚姻関係については，白須淨眞「高昌門閥社会の研究──張氏を通じてみたその構造の一端」（『史学雑誌』88編1号，1979年，宋曉梅「麴氏高昌国張氏之婚姻」（『中国史研究』1994年2期）参照。

　33）麴氏高昌国時代の墓誌の様式については，白須，前掲「アスターナ・カラホージャ古墳群の墳墓と墓表・墓誌とその編年」，石見，前掲「吐魯番出土墓表・墓誌の統計的分析」などを参照。

　34）張氏以外の墓誌では，「高昌章和八年（538）二月朱阿定墓表」（集注8／集成9）に「元出閖郡朱阿定墓」とあり（「閖郡」については註27を参照），「高昌延昌廿六年（586）三月孟雍妻趙氏墓表」（集注77／集成79．註28）を参照）に「趙氏原出敦煌」とある。また墓誌以外にも，唐長孺主編『吐魯番出土文書（壹）』（文物出版社，1992年。以下，「文書」）に収録された随葬衣物疏にこのような例がある。「高昌和五年（535）正月令狐孝忠妻随葬衣物疏」（73TAM524:34（b）．文書130頁）に「元出敦煌，今來高昌民」，「高昌建昌三年（557）令狐孝忠随葬衣物疏」（73TAM524：28．同131頁）に「原出（中缺）民」とそれぞれある。令狐氏も敦煌の名族だったが，トゥルファン移住後の状況については，王素「高昌令狐氏的由来」（『学林漫録』9集，1984年）参照。

のことであろう。20年近い間，敦煌では彼のもとでいわば自治が行なわれていたのである[35]。彼は，その子張就を曹操のもとに派遣して新任の太守を求めたりもしており，その功を認められて曹魏が成立すると，恭は西域戊己校尉に，また就は西域戊己校尉から金城太守に上っており，父子ともに「西州に著稱せられ」たという（『三國志』巻18閻温伝）[36]。さらに就の子毄（勃）は西晋時代，広漢太守・匈奴中郎将に，その子固は黄門郎に至っているので（同伝注引『世語』），4代にわたり官途に就いていたことがわかる。No.7の被葬者張某にとって，敦煌がかつての本貫であるということは，とりもなおさず張恭の末裔であるということを意味したのである。

　西晋から五胡時代にかけて，それこそ流行のように敦煌で制作され埋葬された鎮墓瓶の銘文からわかるように[37]，敦煌の張氏には，敦煌県・東郷の張氏とこれに隣接する效穀県の張氏とがあり，さらに張恭とほぼ同時代に，父子2代にわたり武威太守の任についた張奐・張猛は淵泉県の張氏であった（『後漢書』巻65張奐伝）。張恭がこのいずれに属するのかは明らかではないし，後述するように，唐西州時代になると，南陽を姓望とする張氏と清河を姓望とする張氏という二系統の張氏の存在が確認されるため，No.7以外の墓誌を遺した張氏出身者がいずれも張恭の末裔なのかなど，未解明の問題も多い。そもそもNo.7の張某自身からして，ほんとうに張恭の末裔なのか，疑問なしとはしないのだが，とりあえずは，以下のようにまとめることができよう。すなわち，①麴氏高昌国時代にトゥルファンで作製された墓誌には，トゥルファンに移動して来る以前のかつての本貫を記すものが散見されること，②その本貫を記した33方38例中，河西地域とこれに隣接する金城が31例と大半を占め，さらに31例中では敦煌が18例にも上ること，③敦煌の18例中16例までが，張

　　35）　拙稿「漢魏交替期の河西」（『中国世界における地域社会と地域文化に関する研究』2輯，2003年），同「漢魏交替期的河西四郡」（復旦大学中国歴史地理研究所・張掖市人民政府・河西学院主弁「絲綢之路古城邦国際学術研討会」2013年8月7～10日，中国・張掖市，提出ペーパー）。

　　36）　このうちとくに張就は，長期にわたり西域戊己校尉として高昌にあったので，五胡時代を俟たず，3世紀前半のこの時期に，彼に近い張氏出身者が敦煌からトゥルファンに移住していた可能性も捨てきれないが，想像の域を出ない。

　　37）　拙編『中国西北地域出土鎮墓文集成（稿）』（新潟大学超域研究機構，2005年），拙稿「敦煌の古墓群と出土鎮墓文」（『資料学研究』4，5号，2007，2008年）参照。

氏のものであるが，当時この張氏は**表 2**から明らかなように，国都の高昌（アスターナ・カラホージャ古墓群）をはじめ，交河郡（ヤールホト古墓群）や田地郡（ルクチュン古墓群）など，トゥルファンの各地に分住していたこと，そして④張氏の墓誌の中には，No.7のように魏晋交替期に敦煌郡の功曹で郡政に大きく貢献した張恭の後裔であることをわざわざ記したものもあったこと，以上の 4 点である。

それでは，次の唐西州時代はどうだったのであろうか．節をあらためて検討しよう。

第 4 節　張氏墓誌にみる本貫の記述 II――唐西州時代

この時期（640〜792年）[38]に属する墓誌は129方と，麴氏高昌国時代に比べると大分少なく，とくに720年代以降のものはほとんど見られない。またアスターナ・カラホージャ古墓群出土のものが91方と，70％強を占めている[39]。この時期には，トゥルファンに令制の州（郡）県制と郷里制が導入され，トゥルファン内部に本貫が設定され，その本貫で附籍されることになったため，新たな本貫が記載された墓誌が急増するが，その一方で，なおかつての本貫が併記されたものも少なくない。張氏の墓誌で，このように依然としてかつての本貫と思しき地名を併記したものを表示しておく（表3）。

---

38) 唐によるトゥルファン支配の終末については諸説あるが，陳國燦『吐魯番出土唐代文献編年』（新文豊出版公司，2002年）に従い，トゥルファン出土文書（文献）の最後の紀年を以て示した。なお郭鋒『唐代士族個案研究――以呉郡・清河・范陽・敦煌張氏為中心』（厦門大学出版社，1999年）も副題にあるように，唐代の敦煌張氏を取り上げるが，その中心は北涼政権崩壊後，北魏の支配下に入った張湛の系統なので，本稿では対象外とする。

39) 古墓群ごとの出土墓誌数は以下の通りである。

古　墓　群	記　　号	県　郷　名	墓誌数
アスターナ・カラホージャ	TAM・TKM 他	高昌県	91
ヤールホト（雅爾湖）	TYM・溝西他	交河県	26
五星公社	なし	南平郷	2
ムナル（木納爾）	TMM	永安郷	2
バダム（巴達木）	TBM	寧戎郷	1
出土地不明	LI. 他	……	7

表3　唐西州時代の張氏関連墓誌

No.	被葬者	紀年	整理番号	姓名（続柄）	表　記	備考（出典）
1	張善和	658	72TAM209:1	張善和（本人）	白水	集注248
2	張安吉	669	72TAM203:1	張安吉（本人）	避難関西	集注274
3	張某	677	72TAM202:1	張某（本人）	出□南陽白水／避於□□	集注285
4	麴某	689	73TAM206:75	張太歓（夫）麴某（本人）	南陽白水人／敦煌之郡金城麴氏	集注297
5	張富琳	693	73TAM512:14	張富琳（本人）	出自白水／分枝中夏	集注298
6	張懐寂	694	新疆訪古録	張懐寂（本人）	南陽白水人／西宅敦煌	集注299
7	張禮臣	703	72TAM230:1	張禮臣（本人）	南陽白水人	集注304
8	張詮	703	73TAM508:1	張詮（本人）	清河人	集注305
9	張行倫	719	72TAM194:1	張行倫（本人）	南陽人	集注312
10	張行倫	719	72TAM194:2	張行倫（本人）	南陽人	集注313

　表から明らかなように，該当する墓誌は10方9例を数える（No.9と10はいずれも張行倫の墓誌である）。なお張氏関連の墓誌は39方で，総数の30％強を占め，張氏に限らずかつての本貫と思しき地名を併記した墓誌の合計は18方（推定1方を含む）19例なので[40]，本貫と思しき地名を併記した墓誌は全体では14％，張氏に限っては約26％となる。また18方のうち過半の10方が張氏のものということになる。しかしここで何よりも重要なのは，敦煌の2字が確認できるのは，10方中，わずかNo.4と6の2方にすぎないということである。今，この2方の該当箇所を引いておく。

史料3　「唐永昌元年（689）十一月張雄夫人麴氏墓誌銘」（墨地砂岩陰刻，74.5×74.5×12cm）

唐故偽高昌左衛大將軍張君夫人・永安太郡君麴氏墓誌銘并序
君諱雄字太歡．本南陽白水人也．天分翼軫之星，地列燉煌之郡．英宗得於高
遠，茂族檀其清華．西京之七葉貂蟬，東土之一門龍鳳．則有尋源崑閬，倚柱涼
城，跗萼散於前庭，波瀾流於右地．因家遂久，避代不歸，故爲高昌人也．祖務，偽

　　40）張氏以外の内訳を示しておく。渤海3例（楊氏・氾氏・高氏），金城2例（麴氏），晉昌酒泉（唐氏）・平陽（唐氏）・兗州＝魯郡（某氏）・不明（唐氏）各1例。

第1章　本貫の記憶と記録　　　　　　　　　　　　　19

朝左衞將軍・綰曹郎中．父端，僞建義將軍・綰曹郎中．（下略）

史料4　「周長壽三年（694）二月張懷寂墓誌銘」（墨地砂岩陰刻，71
　　　　×64×16cm）
大周故中散大夫・行茂州都督府司馬・上柱國張府君墓誌銘并序
君諱懷寂字德璋，南陽白水人也．昔軒后誕孕手，文疏得姓之源．錫
壤崇基白水，爲封侯之
邑．賢明繼軌，代有人焉．佐漢相韓，備該策史．襄避霍難，西宅燉
煌．餘裔遷波，奄居蒲渚．遂爲
高昌人也．曾祖務，僞右衞將軍・都綰曹郎中，器度溫雅，風神秀朗．
祖端，僞建義將軍・都綰曹
郎中，識鑒明敏，弘博多通．父雄，僞左衞大將軍・都綰曹郎中，神
性俊毅，志懷剛直．（下略）

　文言から明らかなように，**史料3**の張雄と**史料4**の張懷寂は親子であるが，この二人は南陽白水（波線で示す．以下，同じ）にかつての本貫を求め，敦煌を経由して，「高昌人」（類似の表現も含めて，破線で示す．以下，同じ）になったと言うのである．敦煌はあくまでも寄寓の地として記されるにすぎない．張懷寂の男子張禮臣の墓誌もあるので（No.7），あわせて見ておこう．

史料5　「周長安三年（703）正月張禮臣墓誌銘」（墨地砂石・陰刻，
　　　　90×90×25cm）
大周故游擊將軍・上柱國張君墓誌銘并序
君諱禮臣字崇讓，南陽白水人也．昔軒姬誕孕手，文疏得姓之源．析
胤開疆白
水，入封茅之域．爾其分柯列職，歷代騰芳．張安運籌於將帷，決勝
千里．張禹師
衡於帝道，賓穆四門．晉出王佐之才，魏居燮理之任．偉人繼踵，台
相不絕．屬符
堅肆虐，挺擾五涼．避難西奔，奄居右地．曾祖忠，僞高昌獻文王之
建義將軍・都

綰曹郎中．襟神俊毅，志性剛直．武略優長，言談可則．祖雄，僞光武王之左衞大
將軍・都綰曹郎中．志度宏遠，風神高亮．阿衡君後，匡俗濟時．七戎靜邊塵，四時
諸爕理．父寂，中散大夫・上柱囯・行茂州司馬．（下略）

　冒頭部分の章句は，その父張懷寂の墓誌と共通しているが，「南陽（郡）白水（県）人」とあるものの，敦煌という地名も，「高昌（県）人」になったという文言ももはや見られない。河西地域を経てトゥルファンに入ったということが，「屬，苻堅，虐を肆にして五涼を梴擾す．難を避けて西奔し，奄しく右地に居る」という章句からかろうじてわかる程度である[41]。もちろんこの張氏三代が，麴氏高昌国時代の敦煌張氏とは異なった別の一族だったというわけではない。張雄の祖張忠（張務忠または張武忠，607年没）と父張鼻兒（張端，620年没）の墓誌には，ともに「敦煌張氏」と明記されているからである[42]。このうち，張鼻兒と張雄は二代にわたり王室麴氏出身の女性を娶っており，まさに麴氏高昌国きっての名族であるが，その張氏はこのように，唐西州時代に入ると，かつての本貫である敦煌を捨てて，南陽白水の張氏を名乗るのである。敦煌の2字が墓誌に記されることはあっても，それはトゥルファン＝高昌に到る場合の単なる経由地でしかなく，**史料5**の張禮臣に至っては西州高昌県を本貫とした形跡さえ墓誌からはうかがえないのである[43]。そして10方

41）　厳密に言えば，この章句は正しくない。五涼とは，前涼・後涼・南涼・北涼・西涼の五つの政権をさすが，苻堅の前秦が併呑したのはこのうちの前涼（376年）であり，残りの政権は前秦の弱体化や崩壊にともなって成立したものだからである。この章句からわかることは，五胡時代，諸涼政権下にあった河西地域から右地＝トゥルファンに移住してきたことだけである。

42）　誌文全文を掲げておく。なお文中の「｜」は改行箇所を示す（以下，同じ）。
　①「高昌延和六年（607）五月張忠墓表」：「延和六年丁卯歲五｜月戊申朔廿三日庚｜午，辛除侍郎，轉殿中｜將軍，遷湟林令，轉長｜史，又遷庫部郎中，湟林令如故，追贈｜寧朔｜將軍・綰曹郎中，<u>敦煌</u>｜張氏忠之墓表」（表2 No.12）
　②「高昌重光元年（620）二月張鼻兒墓表」：「重光元年庚辰｜歲二月甲午朔｜廿八日辛｜酉，新｜除田地郡省事，｜遷侍郎，追贈建｜義將軍・都綰曹｜郎中，燉煌張氏｜鼻兒之墓表焉」（同上 No.15）
　この張氏の系譜については，呉震「麴氏高昌国史索隠──従張雄夫婦墓誌談起」（同『呉震敦煌吐魯番文書研究論集』上海古籍出版社，2009年，所収。初出：1981年）参照。

9例の最後となる張行倫の場合はもはや敦煌や高昌に類する表現さえも誌文には登場しない。No.10を掲げておく[44]。

史料6 「唐開元七年（719）八月張行倫墓誌」（墨地灰磚・白粉書，36×36.5×4 cm）

開元七年八月廿八日，八十郷君版授延州司馬，張府君墓
誌．君諱行倫，字父師季布．南陽人也．其増，高昌偽朝授明
威將軍．祖，偽朝授通事教郎，蓋慕儒風，妙閑經史．温良
有美，匡輔當時．（下略）

張行倫はあくまでも「南陽人」なのである。もちろん高昌国時代からトゥルファンにあったことは、先祖の官歴から疑うべくもない。しかしここに見えている高昌の2字は「偽朝」を形容するために用いられるにとどまっている[45]。

このようにして、高昌国時代の敦煌張氏は唐西州時代になると、南陽白水の張氏を自称するようになる。そして敦煌の2字はやがて誌文から消え、さらには新たに本貫とされたはずの西州高昌県さえ見えなくなるのである。

---

43) No.8〜10については、本文に後掲するので、それ以外の事例について、誌文の関連箇所を掲げておく。
　①「唐顯慶三年（658）十二月張善和墓誌」：「君諱□□字善和．張氏分源白水，□□諸邦．揆日．瞻星，保居高昌也．泮林令折仁之孫，虎賁將軍太隆之」子」（（表3）No.1)
　②「唐總章二年（669）十一月張安吉墓誌」：「州學生張安吉墓誌并序」君姓張字安吉，西州高昌人也．祖宗秀烈，家緒修」長．避難關西，保居高昌者也」（同No.2)
　③「唐儀鳳二年（677）五月張某墓誌銘」：「□□□□□田」南陽白水．街因避於□」□□□□□遂□西州高昌縣人也．會」□□□□曖田地司馬」（同No.3)
　④「周長壽二年（693）二月張富琳墓誌」：「上柱國張君墓誌」君諱富琳字仁禮，西州高昌縣人也．其先」出自白水，分枝中夏．子孫相繼，播業前庭．」祖父連輝，皆爲國儀？．祖仁，偽任廣武將軍．」允文允武，乃智乃仁．父隆，偽任武賁將軍・」偽駙馬都尉，身材挺特，武藝絶倫」（同No.5)

44) 表3に示したように、張行倫については、No.9とNo.10という2方の墓誌が出土している。誌文の一部に異同が認められるが、『集注』は前者を校正したのが後者という理解を提示しており、本稿ではこれに従った。ただこのNo.10では字を「父師季布」としているが、これはNo.9の「季布」が正しい。またそれ以外にも、本文に示したように誤字が散見される。

45) 唐西州時代の墓誌に見える「偽」字の意味については、裴成國「故国与新邦——以貞観十四年以後唐西州的磚志書写為中心」（『歷史研究』2012年5期）参照。

もちろん敦煌張氏のそもそもの本貫が南陽白水にあったという記録は見当たらない。ここではその問題を探るまえに，残る No.8 についても言及しておきたい。

史料7　「周長安三年（703）四月張詮墓誌」（黒地灰磚・白粉書，43×52×4cm）
　　大周<u>西州天山縣</u>，前天山府校尉上柱圀張府君墓誌
　　君諱詮字君行，<u>清河人也</u>。惟本枝高潔，前代隆
　　周。舊幹才良，鼎門大族。祖悊，僞任兵部侍
　　郎。（下略）

かろうじて冒頭の記載から彼の本貫が西州天山県にあったことがわかるが，その一方で「清河人」（二重波線で示す。以下，同じ）とも記されている。しかしやはり敦煌の2字もそれに類する表現もなく，かつての本貫は清河郡になっている。もちろんこの場合も，祖父の官歴に「僞」とあり，高昌国時代からトゥルファンにあったことは明らかである。ところで，710年頃に作成された「敦煌名族志」残巻（B.N.P.2625）から，清河・繹幕県から天水郡を経て敦煌に移住した北府張氏の末裔と称する存在が知られる[46]。張詮がこの北府張氏の出身に自らを擬えていたことは疑いない[47]。

それでは，なぜ高昌国時代の敦煌張氏は，唐西州時代になると，南陽張氏や清河張氏を名乗るようになったのであろうか。「郡望表」残巻（位字79=BD08679/B.L.S.5861+B.N.P.3191/B.L.S.2052/B.N.P.3421）を分析した池田温によると，宋代に成った『太平寰宇記』の姓氏部分の記事は，8世紀中頃以降の郡望表と内容上の類似点を有しているという[48]。そしてその『太平寰宇記』には，張氏が「南陽郡十一姓」（巻142山南東道1鄧州）

　46）「敦煌名族志」残巻をめぐっては，池田温「唐朝氏族志の一考察――いわゆる敦煌名族志残巻をめぐって」（『北海道大学文学部紀要』13巻2号，1965年）参照。
　47）詮は，唐西州時代には高昌県の墓域だったはずのアスターナに埋葬されているが，天山県に本貫をつないでいる点から判断して，南陽白水を姓望に選んだ張氏とは別の系統だった可能性もある。
　48）池田温「唐代の郡望表――九・十世紀の敦煌写本を中心として」（『東洋学報』42巻3，4号，1959，60年）参照。

や「清河郡六姓」(巻58河北道7貝州)の一つとしてあがっているのである。また南陽張氏については、『元和姓纂』巻5陽部張氏にも、安定・范陽・太原・南陽と第4位にあがっている[49]。張姓の姓望(当該の姓氏のうち、顕著な家系の出身地)は43を数えるというので上位ということになるが、敦煌張氏も南陽張氏に次ぐ第5位であり、かつ清河張氏の順位は不明である。それではなぜ南陽や清河に姓望を求めたのであろうか。その要因と考えられる事実がある。それは、敦煌に在住する文字通りの敦煌張氏にしてからが、唐代から五代にかけて、南陽や清河を姓望としていたという事実である。上記の「敦煌名族志」もその証左であるが、以下のような邈真讃もある。行論の都合上、2例だけを、掲げておく。

史料8　「後晉年次未詳(10世紀前期) 張懷慶邈眞讃并序」
　　　　(B.N.P.2482)[50]
晉故歸義軍應管内衙前都押衙・銀青光禄大夫・檢校左散騎常侍兼
御史大夫・上柱國、南陽張府君邈眞讃并序
府君諱懷慶、字思美、即南陽之派矣、受寄
龍沙、遂爲燉煌人也、公乃天資靈異、神
授宏才、(下略)

史料9　「後周年次未詳(10世紀後期) 張戒珠邈眞讃并序」
　　　　(B.N.P.3556)[51]
周故燉煌靈修寺闍梨尼・臨壇大德沙門、張氏■■
■香号戒珠邈眞讃并序

---

49)　『元和姓纂』は散佚しており、『姓氏辯證』所引佚文による。
50)　釈文は、鄭炳林『敦煌碑銘賛輯録』(甘粛教育出版社、1992年。以下、「輯録」) 499頁、饒宗頤主編『敦煌邈真讃校録并研究』(新文豊出版公司、1994年。以下、「校録」) 329頁。ただし、以下に掲げる邈真讃については、図録本、上海古籍出版社・法国国家図書館編『法蔵敦煌西域文獻』(上海古籍出版社、1995～2005年)などの写真によって修正を行なった箇所がある。なお宋暁梅『高昌国――公元五至七世紀絲綢之路上的一個移民小社会』(中国社会科学出版社、2003年) 4章は、邈真讃の出典を、鄭炳林『敦煌地理文書匯輯校注』(甘粛教育出版社、1989年)としているが、いずれも輯録の誤りである。
51)　釈文は、輯録398頁、校録345頁、および唐耕耦・陸宏基編『敦煌社会経済文献真蹟釈録(五)』(全国図書館縮微複製中心/古佚小説会、1990年。以下、「釈録」) 180頁。なお「■」は塗抹を示す。

闍梨者，即前河西隴右一十一州張太保之貴
　　姪也．父，墨釐軍諸軍事使・守瓜州刺史・金紫
　　光禄大夫・檢校工部尚書・兼御史大夫・上柱國張
　　公■之的子矣．闍梨乃蓮府豪宗，叶崆山
　　之瑞彩，清河貴派，禀洛之奇姿．（下略）

　いずれも10世紀の事例だが，**史料8**は南陽を，また**史料9**は清河を姓望としている例である（後者の「張太保」は帰義軍節度使張議潮をさす）。「敦煌名族志」と考えあわせると，敦煌にあった張氏も，唐代から姓望を南陽や清河に求めていたことは疑いない。

　ところで先の郡望表だが，これ自体は唐初から作成されていたと考えられているので[52]，敦煌の張氏は早い時期に，姓望を中国内地の南陽や清河に仮託したのではないだろうか。張氏をはじめ敦煌の氏族が，前漢時代以来，内地から移住して来たことは言うまでもなく，その姓望も全くの架空と決めつけることは躊躇されるが[53]，敦煌にあった張氏の当事者たちがその真偽を深く理解していたわけではないだろう。トゥルファンにあった敦煌張氏の出身者たちは，唐の支配下に組み込まれたのを契機に，敦煌にあった張氏に倣って，自分たちの姓望も，かつての本貫である敦煌ではなく，南陽や清河に繋げることにしたということではなかったのだろうか。おそらくは敦煌の張氏以上に，その真偽には無頓着であったに相違ない。かくして彼らにとってはしだいに，敦煌はもとより，640年以後新たに本貫になったはずのトゥルファンすなわち西州さえ，無意味かつ無価値な土地に転じていったのであろう。そして中国内地に姓望を繋ぐこうした動きは敦煌張氏以外の他の姓氏にも広がっていったのではあるまいか[54]。

　その結果，五胡時代に河西地域からの移動・移住によって誕生した高

---

52) 池田，前掲「唐代の郡望表」参照。

53) 宋，前掲『高昌国』は，南陽や清河から敦煌への張氏の移動を歴史的な事実として認めているようである。なお私も，前掲『もうひとつの敦煌』においては，内地から敦煌への諸氏族の移動伝承が歴史的な事実を一定度反映しているという立場をとったが，伝承の真偽は個別に検証する必要があると考えている。

54) 唐西州時代の墓誌で，かつての本貫と思しき地名を併記した，張氏以外の9例の内訳を示しておく。渤海3例（楊氏・氾氏・高氏）／金城2例（麴氏）／晉昌酒泉（唐氏）／

第 1 章　本貫の記憶と記録　　25

昌郡は，唐代になると，中国内地の姓望を標榜する姓氏が集う西州に変転したのである。

おわりに

　本稿では，トゥルファンから出土した敦煌張氏に関連する墓誌を取り上げ，そこに記載されている地名を手がかりとして，この地に落ち着いた人びと（正しくはその末裔たち）が，河西の原住地（かつての本貫）をどのように記憶しかつ記録したのか，という問題について考えてきた。諸氏高昌国と麴氏高昌国からなる高昌国時代，ならびに唐西州時代という時代ごとに明らかになった諸特徴をもう逐一繰り返すことはせず，若干の補足を加えて結びとしたい。

　先述したように，唐西州時代の張氏関連の墓誌は総数で39方を数える。これを出土地別に見ると，アスターナ・カラホージャ古墓群が35方で他を圧倒しており，これ以外はヤールホト古墓群が 2 方，ムナル古墓群が 1 方で，出土地不明 1 方となるが[55]，これらの中には，新たな本貫を明記しているものも少なくない。例えば出土地不明の「唐貞觀十九年(645)十一月張海佰墓表」（集注223）には，「高昌縣武城郷六樂里，張海佰者，高昌人也」とあり[56]，またヤールホト古墓群出土の「唐永淳元年（682）五月唐思文妻張氏墓表」（同290）には，「西州交河縣人唐思文妻張氏」

平陽（唐氏）／克州＝魯郡（某氏）／不明（唐氏）各 1 例。麴氏高昌国時代に王族だった麴氏の人びとが引き続き金城麴氏を称したのに対し，高氏（高耀，集注316）が姓望を渤海郡に求めているが，『太平寰宇記』では，高氏は渤海郡三姓（巻63河北道16冀州）の一つとして上げられている。渤海郡には，楊氏（楊保救，同273）や氾氏（氾達，同303）も姓望を繋ぐが，ともに『太平寰宇記』にはない。このうち敦煌の名族でもあった氾氏については，その家伝「氾氏家傳」残巻（B.L.S.1889）では，遠祖が濟北・盧県から敦煌に移住したとする。なお本家伝については，池田温「敦煌氾氏家伝残巻について」（『東方学』24輯，1962年）参照。また唐氏については，かつて晉昌に本貫を置いていたことがわかるが（唐氏，集注166／集成176），引き続き晉昌唐氏を称した例（唐智宗，集注306）と，平陽に姓望を繋いだ例（唐蕤，集注284）とがある。しかし前者の「晉昌酒泉」という表記はありえないし（晉昌郡は敦煌郡東部の県を中心に，一部酒泉郡西部の県を合わせて建置されたため），後者も『太平寰宇記』の該当箇所（巻43河東道 4 晉州）の平陽郡六姓には見られない。

　　55）石見，前掲「吐魯番出土墓表・墓誌の統計的分析」による。
　　56）本墓誌は，LI.4.35という出土地不明の整理番号が附されているが，本文に示したよ

とある。さらにアスターナ・カラホージャ古墓群出土の墓誌のなかにも，「唐永徽四年（653）十二月張團兒墓誌」（同237）や，「唐永徽四年（653）十二月張元峻墓誌」（同238）などのように，「高昌人」であることを明記しているものがある[57]。すなわちトゥルファンにあった張氏（その多くが敦煌張氏だと考えられるわけだが）の全てが南陽や清河に姓望を求めたわけではなく，むしろ令制によって設置された州県・郷里制によって新たな本貫となった地名を墓誌に明記した張氏の関係者が存在したことも忘れてはならないだろう[58]。そもそも郡望表には河西の郡姓も記載されていたであろうし，唐朝が3度にわたって編纂した氏族志には，「敦煌名族志」残巻に見られるような河西の名族も登載されたであろうから，敦煌の張氏にしても，わざわざ南陽や清河に姓望を求める必要性はなかったようにも思われる。にもかかわらず，それをあえて謳わねばならなかった事情は奈辺にあるのだろうか[59]。

　もはや本稿が扱うべき範囲を超えてしまった。今後に遺された課題であることを指摘して，ひとまずは擱筆したい。

うに武城郷すなわちかつての武城県を本貫としているので，その墓域だったと考えられているヤンヘ（洋海）古墓群から出土した可能性が高いことがわかる。

　57）この2方の墓誌は，同年同月の紀年を有するほか，類似の表現が見られるので，同じ作製者の手になった可能性も否定できない。

　58）これは，敦煌出土の邈真讃も同じで，南陽や清河に姓望を繋ぐものばかりではなく，敦煌が本貫であることを明記しているものもある。関連箇所を示しておく。①「唐年次未詳（10世紀前期？）故宣郎・試太常寺協律郎・行燉煌縣令・兼御史中丞・上柱國張府君寫眞讃并序」：「府君諱清通，字文信，裔派臨池，燉煌人也」（B.N.P.3718．輯録441頁／校録241頁／釈録271頁）。なお姜伯勤「敦煌邈真讃与敦煌名族」（饒主編，前掲『敦煌邈真讃校録并研究』）は，時代が降るに従って，南陽に姓望を繋ぐ張氏の関係者が増加傾向にあったことを強調するが，むしろ唐代の早い時期から南陽や清河を姓望として選択することが行なわれていたことを重視すべきであろう。姜の主張する増加傾向は，敦煌をめぐる特殊な政治的な動向と無関係ではあるまい。

　59）本文に示したように，『元和姓纂』巻5陽部張氏によると，張氏の姓望は，安定を筆頭にして，范陽・太原・南陽・燉煌・修武・上谷・沛国・梁国・滎陽・平原・京兆と続く。その中で，なぜ南陽と清河が選択されたのか，という問題もある。

第2章
「華麗なる一族」のつくりかた
――近世ベトナムにおける族結合形成の一形態――

蓮 田 隆 志

はじめに

　現代北部ベトナムの村落社会を見る上で重要な要素に，ゾンホ dòng họ という父系同族集団がある。ゾンホはしばしば無前提・非歴史的にベトナム人の伝統的親族組織形態とみなされてきたが，先行研究はゾンホ成立・普及の歴史性を明らかにしてきた。桜井由躬雄や嶋尾稔は北部紅河デルタの一村落を事例としてゾンホの歴史的展開を論じているが，18世紀末から19世紀に族結合の再編と強化が起こっている[1]。また，八尾隆生は15世紀に成立した黎朝の開国功臣一族の宗族意識確立について次のように仮説している。まず15世紀を通じて開国功臣の間に宗族意識が形成されはじめたが，17世紀以降も《開国功臣の子孫》であるという意識が宗族意識の核であった。そして様々な機会に入手した国家からの《証拠・お墨付き》を組み込んだ家譜（族譜）の編纂がこれを支えた[2]。

---

1) 桜井由躬雄「19世紀東南アジアの村落：ベトナム紅河デルタにおける村落形成」樺山紘一ほか編『アジアの〈近代〉（岩波講座　世界歴史20）』（岩波書店，1999年），嶋尾稔「十九―二〇世紀初頭北部ベトナム村落における族結合再編」吉原和男・鈴木正崇・末成道男編『〈血縁〉の再構築――東アジアにおける父系出自と同族結合』（風響社，2000年）。族意識自体はそれ以前に成立していたものの，その基盤はまだまだ脆弱であったという。桜井と嶋尾が扱ったのは，北部ベトナム紅河デルタ地域に位置する旧バックコック村（百穀社）である。この村は，挙業においては19世紀後半になって挙人を3人出しえただけだが，それでも紅河デルタ全体から見ると，かなりのエリート村に属する。

2) 八尾隆生「収縮と拡大の交互する時代――16―18世紀のベトナム」石井米雄（責任編集）『東南アジア近世の成立（岩波講座　東南アジア史3）』（岩波書店，2001年）226-227頁．

1990年代以降とみに盛行を見せている近世論においては，近現代の人間が「伝統」と見なす諸要素が成立する時代として近世を捉える視角が提起された。ゾンホもその一要素と言えよう。

現在ゾンホと称される人的結合形態の成立・普及において階層差・時代差があったことは，叙上の先行研究の成果からしてもはや明白といえるが，ある特定の同族結合形態が，族の資力や文化資本蓄積の度合いに応じて水が低きに流れるように支配階級から庶民へ，中心から周縁へと普及していったとも限らない。成立の契機や形態・性格，自己規定などにおいて別種であった各種の同族結合が，歴史を通じてゾンホという概念に収斂した可能性もまた考慮せねばならない[3]。そもそも，父系血縁を基本原理とした人的結合としての族形成を選択しなかった人々もいるはずである[4]。

各歴史段階・各階層・各地域の同族結合が何を契機として成立し，いかなる回路を通じて維持・強化されてきたのか／こなかったのかは，十全に明らかにされたとは言い難い。かかる課題に答えるためには，族結合の出現・展開を個別の族ごとに跡付け・分析し，それら集積してゆくほか無いのが現段階である。

ベトナムにおいては，16世紀初頭に始まった戦乱で前期黎朝が倒れた

同「藍山蜂起と『藍山実録』編纂の系譜——早咲きのヴェトナム「民族主義」」(『歴史学研究』789号，2004年) 48頁。家譜を用いてベトナムの族意識を検討した古典的研究としては，末成道男「ベトナムの「家譜」」(『東洋文化研究所紀要』127冊，1995年) がある。

[3] ゾンホという語自体は，『華夷訳語』の「安南訳語」には見えないが，1651年にローマで出版されたアレクサンドル・ド・ロードの『安南語＝ルシタニア語＝ラテン語辞書』に見える。ここでは dàō, dàō họ, dàō dõi に等しく familia の訳語が当てられており，また họ (漢字「戸 hộ」の越化漢越音) の項では同義語に dàō が挙げられて gèracão, prosapia/æ と訳されている (dàō, dõi は現代の綴りに直すとそれぞれ dòng, dõi となる)。その後の19世紀から20世紀初頭の各種辞書においても，dòng, dòng họ, dòng dõi いずれも家族・世代などの訳語が与えられている。19世紀末の『大南國音字彙』(1895年) に至って，やはり dòng dõi と同義で「一つの源の親族 một gốc bà con」「男系の子孫 con cháu nôi sanh」(nôi は nội のミスプリントだろう) という語釈が出てくる。以上のデータは，大阪大学の近藤美佳氏のご教示による。記して感謝します。

[4] 桜井由躬雄は，バックコックむらで族形成が一般化する前段階では，宗教などを媒介としたパトロン・クライアント関係が基本的な人的結合形態であったとする (桜井，前掲「19世紀東南アジアの村落」137-142頁)。また，青木敦は宋代の南中国を題材として，族形成を普遍的現象ではなく，選択的な生存戦略と捉える (同「宋元代江西撫州におけるある一族の生存戦略」(井上徹・遠藤隆俊編『宋－明宗族の研究』汲古書院，2005年))。

が，これを奪った莫朝と後期黎朝の並立・抗争，莫朝没落後は後期黎朝の正朔を奉じる鄭氏政権と広南阮氏との戦争が開始されるなど，100年以上に渡って戦乱が継起し，これに伴って支配階層の大幅な入れ替えが起こった。本稿は主として家譜史料に依拠しつつ，良舎鄧氏という一族を取り上げて，族人の行状を具体的に跡づけながら，族結合の成立・展開そして族としての自己規定を明らかにすることを目的とする。鄧氏は16世紀半ばに歴史の表舞台に登場した新興勢力であるとともに，18世紀末まで後期黎朝の政権中枢に座を占めた名族でもある。かかる一族の勃興・盛衰を闡明することは，上記課題の一端に答えるとともに，後期黎朝における支配階層の性格を明らかにして，王朝の政権構造解明にも資することになろう。

後期黎朝のハノイ奪還と莫朝倒滅に貢献した者たちには功臣号が与えられ，その受与者を中興功臣と呼ぶ[5]。だが功臣号は数次に亘ってかなり広汎にばらまかれたため，前期黎朝の開国功臣と異なってまとまった政治的社会的勢力として分析することは難しい[6]。酒井良樹は広南阮氏を含めた後期黎朝時代のベトナムを「チュア（鄭氏及び広南阮氏）の政権は十六世紀の戦乱を通じて各地に挙兵した武人たちによって支えられていた。彼らは直属の兵力でチュアに奉仕し，チュアは彼らに食邑を与え，この関係は世襲された。」と概括する[7]。新興武人層の登場自体は一般論として他の先行研究でも承認されるところだが，新興武人の代表格と見做されるのが次の史料に見える4人である。

史料1 正和本『大越史記全書』（以下，正和本）巻18，徳隆2年（1630）

---

5) 中興功臣は数種類有る。本稿に関わる範囲ではさしあたり，『欽定越史通鑑綱目』（以下，『綱目』）巻34, 6ab，永治2年秋7月条註（開国中興功臣），『綱目』巻36, 2a，保泰3年春正月条註（慎徳中興功臣）などを参照。

6) この判断は現時点で研究の蓄積が少ないことに起因するもので，将来においても中興功臣を一つの社会階層あるいは特定の性格を共有する政治的社会的勢力として措定し得る可能性を否定するわけではない。

7) 同「ヴェトナムの文化」（『南アジア世界の展開（世界の歴史13）』筑摩書房，1961年）227頁。酒井はチュアに「領主」と注釈している。また，酒井はここに史的唯物論における古代から中世封建制への移行を見るのだが，本稿は冒頭で近世論に触れているように，この立場を取らない。

冬11月～12月条[8), 9)]

　功臣を追想する。朝官に命じて靖国公范篤・厚沢公鄧訓・栄国公黄廷愛・陽国公阮有僚等の龕主を運んで，山南・山西・京北・海陽等処の宮廟に付け加えて，四季に祀らせた。

　なぜこの４人なのかは当然この1630年時点での政情を考慮せねばならないが，ここで注目するのは，この４人の子孫のうち鄭氏政権の中枢に留まり続けることができたのは鄧訓の子孫のみだということである。早没した范篤は除くにしても，黄廷愛・阮有僚の２人は赫々たる武勲を挙げた重臣である。彼らの子孫は失脚したわけではないが殆ど史料から姿を消してしまう[10)]。これに対して鄧訓の子孫はその後も政権の中枢にあって重きを占め続けた[11)]。以下，鄧氏の勃興と政権中枢への定着過程とを，特に鄭氏との関係に注目して時系列に沿って再構成する。

第１節　家譜の概要

　鄧氏を取りあげる理由は，①上述したように，鄧氏がこの時代に台頭した新興武人で一族であること，②鄭氏と密接な婚姻関係を結んでいること【系図】参照），③比較的詳しくかつ特徴的な２種類の家譜（『鄧家譜系纂正實録』・『鄧家譜記續編』）が存在し史料的に豊富であることの３点

　8）　追思功臣。命朝官齋靖國公范篤・厚澤公鄧訓・榮國公黄廷愛・陽國公阮有僚等龕主，附山南・山西・京北・海陽等處宮廟，四時配饗。

　9）　本稿では一部のベトナム史研究者以外アクセスが難しい史料を多用する。そのため，史料の引用にあたって本文に和訳を載せるだけでなく，註に原文を掲げるのを原則とする。

　10）　十二月，録重臣長子。進封黄廷愛子署衛事良義侯黄廷泰爲良郡公，阮有僚子参督扶良侯阮公明爲桂郡公。（NVH本巻20，丙午（弘定）７年（1606）12月条）。弘定19年（1618）の高平攻めでは鄭椿の属将に貢郡公黄廷逢の名が見え，Ａ４本は「黄廷愛子」と註している。『歴朝憲章類誌』（以下，『類誌』）。東洋文庫蔵写本）では，黄廷逢は重郡公に封じられたとするが具体的な記述はない（巻10，人物誌，名良之將，黄廷愛）。さらに『類誌』は阮有僚の孫が鄭擣の姓名を賜り少傳碧郡公として山西に鎭したとする（巻10，人物誌，名良之將，阮有僚）。鄭擣の名は『綱目』巻31　癸未（陽和）９年（1643）春３月条に南征に参加した武将の一人として見えるが，同名の別人である可能性もある。

　11）　『綱目』では鄧一族のうち12人に註が附されている。『類誌』では初代鄧訓が巻10，人物誌，名良之將に，その玄孫鄧廷相が巻８，人物誌，勲賢之輔に立伝されている。

第2章 「華麗なる一族」のつくりかた

である。そこでまずは家譜についての情報を簡単に整理しておきたい。

本稿で用いる二つの家譜は、ベトナム社会科学アカデミー漢文・チューノム研究院（以下，ハンノム院）に所蔵されている。架蔵番号はA633で，『鄧家譜系纂正實録』がA633/1-2,『鄧家譜記續編』がA633／3である。ハンノム院の目録では「鄧家譜記」として一つにまとめて扱われている。また，これを底本として解題付き翻訳が出版されている[12]。解題によれば、初代鄧訓の出身地である旧良舎社周辺に多数の子孫が残っており、それぞれ家譜を所蔵しているが、内容的には本稿で使用するものと大差ないとのことである[13]。構成は次表の通りである。

表1　鄧氏家譜構成

『纂正實録』	『譜記續編』
	目次
鄧族世譜序	鄧家譜記續編弁説
鄧家譜外記纂正實録	舊本世家譜系記
奉編忌日禮品	舊家譜終卷論
大安場社后神鯤海侯夫人胡氏碑記文	
陳鄧家譜記	世家譜系編輯
鄧家譜系纂正實録卷之二，義國厚澤公上等大王	厚澤公記
卷之三，河郡公上等大王	左司空河郡公記
卷之四，瀛郡公上等大王	太宰瀛郡公記
卷之五，燕郡公上等大王	統率大王燕郡公記
卷之六，胤郡公上等大王	大司徒嘉郡公記
	國老大王應郡公記
	左都督萊郡公記
	兵部尚書兼總理（北城）堤政常憲侯記
	付録：洪德官制圖，鄭王世次表

---

12) Trần Lê Sáng chủ biên, Trần Lê Sáng, Nguyễn Huy Thức và Nguyễn Hữu Tưởng nhóm biên dịch, *Đặng gia phả ký*. (Hà Nội: Viện Nghiên cứu Hán Nôm, 2000年).
13) 同前26頁。

『鄧家譜系纂正實錄』は序文などのほか全6巻で構成されている[14]。巻之一が存在しないが、「鄧家譜外記纂正實錄」がこれに相当する構成である。「鄧家譜外記纂正實錄」および各巻冒頭に「甲一支統武勝天雄大都督東嶺侯鄧進暕謹輯」とある。鄧進暕は巻之六の胤郡公鄧廷綿の息子だが、西山朝に仕えて、阮恵が清軍を破ったドンダーの戦いで先鋒を務めている[15]。序は同じく西山朝に仕えた文人呉時任によるもので、本文も阮朝の諱を避けておらず、西山朝時代に編輯されたと考えて良かろう。

しかし、現行本は編纂当初のものではない。巻6末尾で胤郡公鄧進綿の妻子を列挙しており、その末子鄧進暕にも触れているが、「事跡見在後」とあるものの、これが最終ページである。巻7は鄧進暕に充てられたのであろうが、失落したか阮朝を憚って削除したのかもしれない。また、年号の後にスペースを空けて西暦を書き込んである箇所もある。これは改編というよりも補足の書き込みとみなすべきである。

『鄧家譜記續編』は不分巻で、内題に奉抄参校訂鄧文派とある。現行本は阮朝以降の写本で、本文にも阮朝の避諱が施されている。維新年間の勅封が引用されており、付加・改変の下限は20世紀に及ぶ。3名の人物（鄧訓・鄧世科・鄧廷相）については、19世紀初頭成立の類書である『歴朝憲章類誌』人物誌からの抜き書きが数カ所付加されているが、その部分には葉数が付けられていない。また、欄外や行間に補足情報などの書き込みがしばしばあり、しかも鄭氏の家譜『鄭氏世家』を参照するなど[16]、複数の史料にあたっている。鄧文派による「抄参校訂」とはこれらのことだろう。本文最後の常憲侯鄧常（鄧陳常）は、黎朝滅亡後に阮福暎に投じ、阮朝成立に貢献して尚書にまで進んだが、後に罪を得て自死した人物である。

巻頭に景興24年（1763）付けの鄧寧軒による「弁説」がある。鄧寧軒については、第6世代に属する鄧廷瓊という人物の部分に「號寧軒」という書き込みがあり、官爵（權府事兼教授武學致仕起復参督顯忠侯）も弁説のそれと廷瓊の部分のそれが一致している。また、生没年も特に問題

---

14) 巻4以降がA633/2である。
15) Phan Huy Lê "Đô đốc Đặng Tiến Đông". *Tìm về cội nguồn*. tập II (Hà Nội: Nxb Thế giới, 1999年).
16) 『鄭氏世家』の引用例としては、『譜記續編』國老大王應郡公記, 63a。

ない[17]。チャン・レー・サンは,「年代」と「字・号の意味」から別人だとする[18]。前者は廷瓊以降の時代も書き継がれていることを指すのだろうが,寧軒が号として特に不自然とも思えず,鄧寧軒のあとも編纂が続けられたと理解すればよいだろう。後者がなにを指しているのか筆者にはよく分からない。また,「弁説」には「先考國老尊公」という表現がある。これは第5世代に属す鄧廷相のことと考えられ,鄧廷瓊は廷相の息子であるので,鄧廷瓊＝鄧寧軒説を補強する。後述するように廷瓊の父鄧廷相は家譜の編纂にも関わっているため,両者は同一人物だと筆者は考える。校訂者鄧文派は家譜内に見えず,その他の情報もないが,鄧氏の一族なのであろう。「舊本世家譜系記」の年次は盛德2年（1654）5月で,撰者は「翊運贊治功臣特進金紫榮祿大夫參從兵部尚書廉郡公鄧世科」である。もう一つの序跋類である「舊家譜終卷論」も同じ年次なので,これもやはり鄧世科によるものと考えられる。

　鄧氏は第3世代に支派に分かれたことになっているが,現行の家譜はいずれも長兄鄧世材の系統（甲支）に伝わったものである。この点で鄧氏の全貌を伝えるものではないが,「舊本」の撰者鄧世科は世材の弟で乙支の祖とされ,『纂世實錄』「奉編忌日禮品」では甲支だけでなく,鄧氏各支派それぞれに供出物品などを割り当てており,家譜編纂時点では鄧氏としてのまとまりが存在したことが確認される。一方で,どちらの家譜も黎末阮初までで記述が終わっており,その後の世代の情報が追加されていない点が大きな特徴である。

第2節　鄧訓と鄧氏の勃興

　鄧氏の初代は鄧訓である。『纂正實錄』はその先祖を陳朝王族で対モンゴル戦で活躍した救国の英雄陳國峻（陳興道）の裔陳文徹に求めるが[19],『譜記續編』が鄧訓を「興家之始祖也」とするように信を置くに

---

17)　『譜記續編』國老大王應郡公記,62b。没年は乙酉年とのみあるが,これは1765年とみてよかろう。
18)　Trần Lê Sáng, 前掲 Đăng gia phả ký. 28頁。
19)　1661年（永寿4）に状元となった鄧公質（京北仙遊県扶童社人）の一族の系譜と接合されているようだ。仙遊鄧氏の家譜の段階で,すでに陳國峻の末裔とする説が組み込まれ

足りない[20]。彼はもともと山西の彰徳県良舎社[21]の人であった。

　生没年は『纂正實錄』『譜記續編』ともに己卯光紹4年（1519）に生まれ庚寅光興13年（1590）の6月18日に72才で没したとする。『譜記續編』は生年に「舊本書癸卯，通計不合」，没年に「國史與舊本書癸未」と註している。1519年附近の癸卯年は1483年もしくは1543年である。他史料での鄧訓の初出は1551年なので[22]，年齢から見てどちらも成立しがたく，「舊本」の説は否定される。没年における「國史」とは正和本　巻17癸未（光興）6年（1583）6月18日条に「六月十八日，太傅義郡公鄧訓卒す。南軍都督府左都督掌府事太尉義國公を贈る。」とあるのを指すに相違ない[23]。家譜においてすら1579年に署府事となって以降の活動が記されていない点を考慮すれば，没年は正和本（及び旧本）の1583年説を採るべきだろう。だが，ここから享年をもとに逆算すると，生年は1512年（壬申洪順4年）となって家譜と合わない。

　その幼時は「公少くして辛苦に遭い，丕（わか）いに艱難を履む。」[24]とあるように貧しかったようで，父に従って山南の富川県の貝溪社，次いでその近隣の靖福社下村に移るも「貧窶の甚だしきこと，人の堪えざるあり。」[25]とその窮状は変わらなかった。良舎社は行政区分では旧ハタイ省（現在はハノイ中央直属都市に吸収）チュオンミー県ラムディエン社（x. Lam Điền, h. Chương Mỹ, TP Hà Nội）に属する村落で，ハノイ中心部の西南約20km，ダイ川右岸に位置する[26]。ダイ川は仏領期に可動堰が建

ていたようである。

20）『譜記續編』厚澤公記，8b。

21）もともとは莫舎社だったという（『譜記續編』5a，世家譜系編輯）。これが莫朝治下で帝姓「莫」を避けてのことか中興後に「莫」の字を嫌ってのことなのかははっきりしない。なお，社とは近世ベトナムにおける最も基本的な基層行政単位である。桜井由躬雄『ベトナム村落の形成――村落共有田＝コンディエン制の史的展開』（創文社，1987年）序章・第一章，桃木至朗『中世大越国家の成立と変容』（大阪大学出版会，2011年）345-348頁参照。

22）黎貴惇『大越通史』逆臣傳，莫福源，59b（Lê Mạnh Liêu dịch. *Đại Việt Thông Sử*. (Sài Gòn: Tủ sách Cổ văn, Uỷ ban dịch thuật, Bộ văn hoá giáo dục và thanh niên, 1973年）を使用），A4本巻17，辛亥（順平）3年（1551）4月条。

23）A4本巻19，同年六月条は生前の官爵を「西軍左都督署府事太傅義郡公」とし，詳しい注釈を加えている。

24）『譜記續編』厚澤公記，8b-9a。

25）『纂正實錄』巻2，1b。

26）Trần Lê Sáng，前掲 *Đặng gia phả ký*. 22頁。

第 2 章　「華麗なる一族」のつくりかた　　　35

設されて以降は小河川となったがそれ以前は紅河に匹敵する巨大河川であった。チュオンミー県一帯は西氾濫原と呼ばれる夏期冠水地域で，1930年代においても夏稲（五月稲）しか栽培できなかった[27]。靖福社下村（盛福社下村）は『同慶御覽地輿誌』富川県図にある盛徳社の事で，紅河の支流でダイ川と合流する鋭江（sông Nhuệ）の左岸，ハノイ南方約40km に位置する。現在の旧ハタイ省フースエン市フーイエン社（xã Phú Yên, thị trấn Phú Xuyên, TP Hà Nội）に属す村落である[28]。その後，同地で成長した鄧訓は莫氏に仕えることとなる。

史料 2　『纂正實錄』巻 2，1b[29]
その後，将軍の純郡公黎伯悌の門に投じて，その麾下で下っ端として暮らしたが，全く無名だった。莫氏が禁軍の兵士を募集していたので，公は応募したところ力では相撲が強く，武芸は群を抜いていた。このときの彼に匹敵する武勇の者はほとんどいなかったので，昇進させて都力士に任じた。

とある。有力武将黎伯悌の元ではうだつが上がらず莫朝の禁軍に入隊している。騎馬にも長けていたようで騎乗しながら地上の銭を拾うことができたという。特に戦功の記録はないがその武芸を買われて掌衛事孔里伯つまり禁軍の将校へと昇進している[30]。このような，食い詰めた人間が有力者の門客となることで出世への足がかりを摑もうとする行動様式は鄭検や後に鄧訓の義父となる黎伯驪にも確認され，当時においてかなり一般的な行動だったようだ[31]。また莫朝の軍制はよく分かっていないものの[32]，鄧訓の例からは禁軍の兵士については募兵あるいは武科挙が

27) 桜井由躬雄「雛田問題の整理：古代紅河デルタ開拓史論」（『東南アジア研究』17巻 1号，1979年）31頁。
28) フーイエンは漢字名 tên Chữ で，俗語 tên Nôm ではゼーハ村 làng Giẽ Hạ という。地理沿革は，Trần Quốc Vượng và Nguyễn Hồng Kiên "Làng Giẽ Hạ và phủ từ họ Đặng". Phượng Vũ et al. biên soạn, *Hà Tây: Làng nghề - làng văn (Tập 2: Làng văn)*. (Hà Tây: Sở Văn hóa thông tin Hà Tây, 1994年）に詳しい。現在は革靴作りの村として有名である。
29) 已而投于將府純郡公黎伯悌之門，微居麾下，無所知名。因莫氏募士隸入侍衛親軍，公應募力能交跌，武藝超羣。當時鮮有倫者，陞爲都力士。
30) 『譜記續編』厚澤公記，9a，『纂正實錄』巻2, 1b。
31) 『黎朝中興功業實錄』（ハンノム院蔵 A. 19本）9b，『鄭家世譜』（ハンノム院蔵 A. 1821本），『黎宗正派記』（ハンノム院蔵 VHv. 2616本）17a-19a。

行われていたことになる。次いで鄧訓は1551年（順平3／莫・景暦4）に元の主君黎伯悌の女黎氏玉瑄を娶っている。この年に黎伯驪は黎朝に帰服しているが、この婚姻との前後関係は曖昧でかつて黎伯悌に仕えていたことと関連するのかどうかも明言されていない。一方この婚姻記事の直前に伏線となる別のエピソードが挿入されている。

史料3　『纂正實録』巻2，2a[33]

但だその時の（別の）臣下に讒言され，とうとう（主君から）疎まれてしまった。以降，公は志を得ず，（宮殿に）宿直に入っても，鬱々として窮屈に感じるようになった。しばらくして銀牌を受けて孔里伯となったので，公は祖貫の良舎社に帰って，官田を受け取って自分の寓禄[34]としようとした。その時，（村人は）黄氏の権勢を頼んで言った「あなたは村を離れて漂流してからもう長いからには遮って故郷に帰るのを許さない」と。公は走って古號灣に至ると，すぐさま振り向き，これ（良舎社）を指して言った「後日，我が子孫で，世に名を挙げて高貴な身分になるものがいても，誓ってこの故郷を采邑とはしない」と。再び銀牌をもって靖福社にかえり，そして村人に次のように言った「莫氏はもとから功徳がなく，簒奪で天下を手に入れた。況んやまた戦乱で徳を失い，民が恨んでいる現状では，

32）概略は、Trần Thị Vinh "Chế độ quân chủ thời Mạc (1527-1592) và thể chế chính trị đồng thời". Viện Sử học biên soạn, *Vương triều Mạc (1527-1592).* (Hà Nội: Nxb KHXH, 1996年) 43-44頁などにあるが、徴兵と募兵どちらが基本なのかもよく分かっていない。一般に前期黎朝の体制を継承していると思われるが、前期黎朝の兵制は衛所制による徴兵制である（八尾隆生『黎初ヴェトナムの政治と社会』〈広島大学出版会，2009年〉第3章）。『殊域周咨録』（巻6　安南，中華書局本239-240頁）もベトナムの兵制の変遷を記すが、年次がはっきりしない上に現在まで知られている兵制と符合しない孤立した記事であり解釈し難い。俟後考。

33）但爲時臣譖訴，卒使見疎。由是公不得志，雖入宿直，鬱々有不伸之意。頃因受銀牌爲孔里伯，公回祖貫良舎社，及認官田爲寓禄。時倚黄氏勢謂「公漂流已久。遏拒不許回故里」。公走至古號灣，即回頭指之曰「後日，我之子孫，有揚名・顯身於世者，誓勿以此故郷爲采邑也」。更將銀牌回靖福，因謂郷人曰「莫氏本無功德，以簒逆取天下。況又荒亂失德，民心怨望。時雖荀安其危可翹從而待。且吾聞愛州黎氏復興。鄭氏爲輔，士民・豪傑多歸之。天意其在斯乎。奮志立功捨之何遲」。灣は bến（船着き場）のチューノム。『譜記續編』では古鴞渡につくる。「可翹從而待」は『譜記續編』に従って「可翹足而待」の誤りと考える。

34）寓禄については、上田新也「ベトナム黎鄭政権における鄭王府の財政機能――18世紀の六番を中心に」（『東南アジア研究』46巻1号，2008年）35-40頁参照。

第 2 章 「華麗なる一族」のつくりかた　　　　　　　　　37

いまかりそめに平穏だといっても危険がやって来るまで遠くない。
しかも私は愛州（清華）に黎氏が復興したと聞いた。鄭氏がこれを
助け，士民・豪傑が多く帰服しているという。天意はここ（黎氏）
に在るということだろうか。志を奮いたてて功を立てようとするな
らばこれ（黎氏）を捨ててどこに行こうというのか。」

このエピソード自体の真偽は確かめようもないが，鄧訓が故郷の良舎社
に地縁的血縁的バックグラウンドを持っていなかったことは，その生い
立ちと併せれば認めてよかろう。鄧訓が黎伯驪について鄭氏の元に赴い
た背景としては当時彼が活用できる資源が個人的な人的コネクションの
みだったことが大きく作用していたと考えられる。そして黎朝帰服時に
は，黎氏の主将である鄭検に直属勢力養成の一環として抜擢されてい
る[35]。『譜記續編』によればこのとき鄭検から様々な銭物を賜り，府門
の外に邸宅を構え雄馬一匹と精兵一百人を給されたという[36]。これは年
代が若干ずれるが『纂正實録』の次の記事に対応しよう。

史料 4　　『纂正實録』巻 2，癸丑順平 5 年（1553）条[37]
時に太師（鄭検）は順平皇帝（中宗）を助けて御駕は山すそから出
発した。公（鄧訓）を遣わして配下の兵を率いて莫将と美良県で交
戦させた。公は自分の馬を看戦舎人に与えて騎乗させた。公は鎧を
着て武器を取り，馬を下りて地上で戦ったところ，向かうところ敵
無しだった。莫兵が退いたので，追撃して金盃江から砂盤処まで至
り，討ち取った賊兵は二百あまりだった。帰還して成果を報告した
ところ太師（鄭検）は喜んで諸将に言った「千軍は得やすく一将は
求め難しというが，私が孔里伯（鄧訓）を用いて将としたのはその
人を得たと謂うべきだ。」と。命じて雄象一隻と精兵二百人を加賞
した。これより（鄭検の）寵愛は日ごとに厚く，（鄧訓の）威名は大

---

35)　A4本巻17, 辛亥（順平）3年（1551）4月条。
36)　『譜記續編』厚澤公記，11a。
37)　時太師翼扶順平皇帝大駕進發山脚。差公將本部兵馬與莫將交戰於美良縣。公以馬與
看戰舍人騎。公被堅執銳下馬地鬪，所向無敵。莫兵挫却，追自金盃江至砂盤處，斬得賊兵二
百餘級。將回獻功太師喜謂諸將曰「千軍易得一將難求。吾用孔里爲將可謂得其人矣。」命加賞
雄象一隻・精兵二百人。自是寵遇日隆，威名誕播。

いに広まった。

　またこの年に鄧訓は次室として太尉忠国公阮師尹の女を娶っている[38]。阮師尹は正和本でも確認される人物で，鄭検の後継争いでは鄭檜に付いて莫氏に降っている[39]。

　その後，正治2年（1559）から正治4年（1561）にかけての北伐に従軍して功を立てて義郡公に昇進している[40]。家譜では帰還後の正治5年（1562）5月に揚武威勇協謀竭節宣力功臣・西軍左都督に栄封されたとしているが[41]，これは管見の限り清華黎朝における五軍都督の初見である。全書系史料での五軍都督の初見は1582年（光興5）の論功行賞記事まで降るが，その内容は黄廷愛が太尉，阮有僚と鄭栢が左都督掌府事，鄭杜が左都督，鄭文海・呉景祐が右都督，鄭桐・鄭樽が都督僉事というものだった[42]。単純に比較すれば鄭松の長弟鄭杜と同じランクと言うことになり，家譜の記載を信ずるならば，この時点ですでに有力武将の地位を獲得していたことになる。ところがその直後，鄧訓は莫氏に降る。

　　史料5　正和本巻16，壬戌（正治）5年（1562）年11月条[43]
　　十一月，太師（鄭検）は兵を清華に引揚げ[44]，義郡公鄧訓に山明県に作った前線基地（営）を守備させた。鄧訓は背いて莫朝に降った。

　　史料6　正和本巻16，甲子（正治）7年（1564）年9月条[45]
　　九月，太師（鄭検）は天朝（黎朝）の軍を率いて，山南中路を平定し，

　38）『纂正實録』巻2，癸丑順平5年（1553）条。
　39）但し，爵位は家譜と食い違っている。全書系史料では1570年（正治13）4月時点で林郡公であり，同年8月に莫朝に降った際に莫朝から苊郡公が与えられている（正和本巻16，庚午（正治）13年8月，(10月）是時条）。
　40）『纂正實録』巻2，己未正治2年（1559）条。
　41）『纂正實録』巻2，壬戌正治5（1562）年5月条，『譜記續編』厚澤公記，14a。
　42）正和本巻17，壬午（光興）5年（1582）是年条，A4本巻19　同年2月〜5月条。なお『綱目』ではこの記事はその前の年に繋げられている。
　43）十一月，太師囬兵清華，使義郡公鄧訓守營。訓反歸於莫。
　44）九月，太師親督大兵，略定山南路，使世子與俱。兵至清池上福地方，使立大營于山明，令收稲粮貯之，以爲長久之計。（正和本巻16，壬戌（正治）5（1562）年9月条）
　45）九月，太師督大兵，略定山南中路，攻破長安府各縣。及至朱雀門駐兵，義郡公鄧訓復率部兵詣營門請罪。太師鄭検赦之仍其舊爵，復遣出懷安・山明與圖進取。

第2章　「華麗なる一族」のつくりかた　　　39

長安府の各県を攻略した。朱雀門に至って駐兵したところ，義郡公の鄧訓が再び配下の兵を率いて軍営の門にやってきて罪を請い帰参を願った。太師鄭検はこれを赦し元の爵位を安堵し，また懐安・山明両県へ（鄧訓を）派遣してともに進撃しようとした。

家譜では莫軍に包囲されたが犬死にしないための方便として投降したことになっている[46]。八尾が指摘するように莫黎戦争期には双方向への帰参・反逆が認められるが[47]，その形態は浪人が身一つで主家を渡り歩くようなケースばかりでなく，「部する兵を率いて」とあるように配下の兵を引き連れてのケースも目に付く。鄧訓が黎朝に使えるきっかけを作った黎伯驪の場合は，万余の軍勢を引き連れての帰参と言うことになっているし，鄭檜が鄭松を打ち負かせず莫軍とともにデルタに去った場合でも「その子弟男女千余人を率いて浮海し（莫）敬典に随いて京に赴く。」[48]と記されている。この「部兵」や「子弟」とはかつて鄧訓がそうだったように武将子飼いの私兵あるいは募に応じた職業軍人であったと見做してよかろう。鄧訓が与えられた「精兵」もおそらく後者に属する専業の兵士であろう[49]。その背景として15世紀後半の平和と開発の進展とによる人口増加，そしてその直後，16世紀初頭から始まる戦乱のため紅河デルタ内外での人口流動性が飛躍的に高まったことが想定される[50]。

史料7　Ａ４本「大越史記本紀續編」（以下，Ａ４本）巻19, 癸未（光興）6年（1583）10月条[51]

十月，節制府（鄭松）は出陣して山南中路を攻めた。安謨・安康両

---

46)　Ａ４本ではこの二つの記事は存在しない。
47)　八尾，前掲「収縮と拡大の交互する時代」239頁。
48)　正和本巻16, 庚午（正治）13年（1570）（10月）是時条。
49)　阮朝期の兵制では禁軍以外の中央・地方の正規兵を指す「精兵」というカテゴリーがあるが，ここでの「精兵」に兵種の意味はないと考える。桜井由躬雄「糧田制の研究：一九世紀ヴェトナムにおける兵士職田の成立」（『ベトナム村落の形成』創文社，1987年；初出：『南方文化』8, 1981年）参照。
50)　Vicotr Lieberman *Strange Parallels: Southeast Asia in Global Context, c.800-1830. Vol.1: Integration on the Mainland*. (Cambridge: Cambridge University Press, 2003) 394-395頁。
51)　十月，節制府出師攻山南中路。略安謨・安康収稲而還。莫奇郡公阮曰敬四岐人負罪來歸，封爲東郡公，命管弘化珠綴總兵民。

県を攻略して稲を刈り取って帰還した。莫朝の奇郡公阮日敬㈣岐県の人が罪を背負って降伏してきたので，東郡公に封じ清華の弘化県珠綴総の兵士と人民とを管させた。

とある。これも寝返りの例だが，帰参した阮日敬にある総[52]の兵士と民とを「管」させている。これは阮日敬を珠綴総の長官（行政官）として任命したわけではなかろう。おそらくは総内の税賦の収取権を与えられたと考えられる。そのように理解すれば（史料3）は良舎社の官田租（の一部）を自らのものとする権利を得たが，その行使を在地側に拒絶されたと解釈される[53]。銀牌は権利証書の如き機能を持っていたのであろう。阮日敬も単身で降伏したわけではなく上掲の諸例に同じく家丁を率いての帰参だったと考えられるが，それらを扶養する原資として珠綴總を「管」する権利が与えられたのだろう。また「兵民」とある故，総内で徴兵された兵士は彼の指揮下に入ったと見てよい。

帰参の後，鄧訓は正治8年（1565）の北伐に参加している[54]。正治13年（1570）には金城営[55]に鎮守したが，直後に鄭検が病死し鄭松のクーデターが起こった。このとき鄧訓は鄭松の誘いを受けていち早くこれに味方し，翌年2月の論功行賞で少傅となった。一方で義父阮師尹は檜について莫氏に降り，義叔黎克慎も2年後に莫氏の下に走ってその子三人が誅殺されている[56]。以降は年代記では1579年（光興2）の戦闘に名が見え[57]，1583年（光興6）に没して南軍都督府左都督掌府事太尉義國公を贈られている。家譜では1579年の戦いの行賞として掌府事に昇進した

---

52) 総 tổng は社が複数集まった単位で県と社の中間に位置する。その機能については未解明な部分が多いが，ディン・カック・トゥアンは，総をとりわけ信仰によって結びつけられた村落 làng の連合だとするチャン・トゥー Trần Từ の説（筆者未見）を承けつつ，総役人が県を助けて税賦の徴収を行った例を挙げて，莫朝期の総の主要機能は祭礼の組織であったが行政単位としても整備が進んだとする（Đinh Khắc Thuận Lịch sử triều Mạc qua thư tịch và văn bia. (Hà Nội: Nxb Khoa học xã hội, 2001年）166-168頁）。

53) 時代はかなり降るが，村落側が上級権力によって権益を与えられた人間を拒否する例は，上田新也「ベトナム黎鄭政権における徴税と村落」（『東方学』119輯，2010年）などにも見られる。

54) 『簒正實録』巻2，乙丑正治8年9月条。

55) 清華内の営塞と思われるが場所は不明。

56) 正和本巻16，壬申洪福元年（1572）条。

57) 正和本巻17，癸卯（光興）2年（1579）7月条。

とするが，この追贈を生前の記事に組み込んだものだろう[58]。

　以上が鄧訓の履歴だが，家譜によれば1571年に少傅に昇進した直後に次女の鄧氏玉瑤が鄭松の次妃となったとする[59]。鄭氏との婚姻関係の始まりである。玉瑤は1577年（嘉泰5）に代の当主鄭梈を出産している[60]。官爵から判断すれば家譜の記載によらずとも鄧訓が黎朝において一定の地位を占めた武将であったことは間違いない。だが戦歴を振り返ると他を圧するような抜群の戦功を上げたわけではない。このような人物が【史料1】にあるように四大功臣として祀られた背景に何らかのカラクリがあると見るのは自然である。故に潘輝注は他の三人と比較して次のように評している。

史料8　『類誌』巻10，人物誌，名良之將，鄧訓[61]
　鄧訓のごときに至っては戦功はまことに少なく，僅かに兵を持して守備にあたることができるのみだった。要するにまた良将だと褒めることが恥と言うほどではなかった。娘を王妃として，代々顕貴であること二百年あまりで，その声望は華々しく，かくして功臣諸族の筆頭となった。

「要亦不忝稱良」の一句が難解で誤脱があるのかも知れないが，娘が王妃となったことがその後の一門繁栄のきっかけだったという指摘は読み取れる。ただし鄭梈は生誕当時長子ではなく，正妃頼氏（頼世卿の娘）が生んだ嫡長子楠および妾腹の橿という二人の兄がいた点は注意しておかねばならない[62]。鄧訓が鄭松のクーデターを契機に鄭氏との関係を深めたのは間違いなさそうだが，これを機会にこれまで以上に有力な人物

---

58) 『纂正實録』巻2，癸卯光興2年（1579）7月条．『譜記續編』厚澤公記，17a．
59) 『纂正實録』巻2，辛未正治14年（1571）是時条．『譜記續編』厚澤公記，16a．
60) A4本巻19，丁丑（嘉泰）5年7月23日条．『纂正實録』巻2，同条．『譜記續編』厚澤公記，16b．
61) 至如鄧訓戰功殊少，僅能持兵守禦．要亦不忝稱良．以娘爲王妃，奕世顯貴二百餘年，聲華煒曄，遂爲功臣族之冠．
62) 『金鑑續編』8b-9a．鄭検の妃にはこの他に裴秉淵の娘裴玉朗がおり4子を生んでいるが，『金鑑續編』では鄧玉瑤と同じく太妃とされている。鄭橿の生没年は不明だが28才で事故死している。仮に鄭梈より10才年長だとしてもハノイ回復の後まで生存していたことになる。

として朝廷に重きを占めた様子も見られない。鄧訓の他の女は家譜によればみな郡公クラスに嫁いでいるが，長子進栄（世栄）の妻はとくに有力な氏族の人間ではないようである。

　鄧氏の2代目は鄧進栄（1562-1625）である。しかし彼の事跡は年代記類に全く見いだせず，家譜での情報も極めて乏しい。具体的記述としては光興元年（1578）に河郡公に封じられたこと，光興16年（1593）に黎帝がハノイに帰還する際に裴秉淵とともに安場府を留守したことの2事だけである[63]。しかも後者はA4本の次の記事を改作したものである[64]。

史料9　A4本巻19, 癸巳（光興）16年3月初3日条
三月初三日，祭告太廟，車駕發萬賴。命何壽祿・鄭文海鎭守清化，以戸部左侍郎文峯伯裴秉淵爲禮部尚書_兪，青池定功人，留守安場府。

家譜の記事はこの原文から裴秉淵に関する註を削り，「以戸部左侍郎文峯伯裴秉淵爲禮部尚書留守安場府」を「以太保河郡公鄧進榮同戸部左侍郎文峯伯裴秉淵爲禮部尚書留守安場府」と書き換えている（波線は筆者）。そのため不自然な文章になってしまっている。『纂正實錄』巻3　左司空河郡公記はこの二つの記事と次に掲げる巻頭のエピソードとを除けば，A4本を基本としてそこに進栄の子息の誕生記事が挿入されているだけである。だがその巻頭のエピソードは，その後の鄧氏の隆盛を暗示する重要な情報を含んでいる。

史料10　『纂正實錄』巻3，1ab[65]
ある日の深夜，（鄧進栄は）入侍しようとして王府の門を叩いた。門番は（進栄を）招き入れた。清王（鄭栁）はすでに寝ていたが，公がやってきたのを見てすぐに服を着て起き，次のように問うた「夜はすでに更けております。舅殿はあなたを煩わせるようなどんな一

---

63)　『纂正實錄』巻2, 戊寅光興元年2月条, 巻3, 癸巳光興16年3月初3日条。
64)　なお，正和本にはこの記事はない。
65)　一日夜深，入侍叩府門。守門者延入。清王已寝，見公入即披御衣而起問曰「夜已更深。舅何故煩勞之急耶。」公對曰「私第夜寝，思王不寝。故入侍以瀉渇懷。」王卽賜同寝。常入侍坐則同榻，食則同盤。

大事なんですか。」と。公は答えて言った「自宅にて夜眠ろうとしたのですが，王の事を思うと寝付くことができませんでした。だから入侍して（王に会いたいという気持ちを）癒やそうとしたのです」と。王は直ちに一緒に寝ることを賜った。（進栄は）いつも入侍した時には，座れば王と同じ団扇で涼を取り，食事の時には同じ盤[66]を囲んだ。

夜中に王府を訪ねるなど非常識な内容だが進栄と鄭梉の親密さが強調されている。この親密さを反映するかのように鄧進栄の子女は鄭氏一門とりわけ鄭梉およびその王子と極めて密接な婚姻関係を結んでいる（表2）（系図）。興味深いことに，鄭氏と鄧氏との婚姻関係はこれ以降，判明する限りほぼ全て鄧氏が鄭氏の女を受け入れる形となっており，しかもそれが18世紀に至るまで継続しているのである[67]。逆に鄧氏の女性達の嫁ぎ先は当然高位の者が見られるものの，特定の傾向は見出せない。また一門の中から二人が姓名を賜っている。事実上，何をしていたのか全く分からない2代目を挟んで，鄧氏は名族へと成長していく。節を改めてその過程を追っていこう。

第3節　鄧氏の抬頭と婚姻結合

前節末で示した鄧氏と鄭氏との密接な関係の端緒は鄭梉の王子時代に遡る。

史料11　『譜記續編』左司空河郡公記，23a[68]
文祖（鄭梉）が王世子のときに側に仕え，しばらくの後に（鄭松に）従って嘉遠県に駐兵して遙かに南方（阮氏か？）を威圧した。再び（鄭松に）従って横蒲県に進軍して海賊を討滅した。

---

66) ベトナム語でマム mâm と呼ぶ大盆。料理皿を載せた大盆を床に置き，それを囲むのが伝統的なベトナムの食事スタイルである。
67) 例外としては進栄の娘玉琪が鄭梉の義女となり国姓（鄭姓）を賜っている。
68) 奉侍文祖於潛邸之辰，既奉隨屯兵於嘉遠遙讋南方。再奉隨進於橫蒲勦除海賊。

史料12 『譜記續編』太宰瀛郡公記，31b[69]
曽て文祖（鄭栯）が王世子のときに側に仕えた。文祖は深くこれ（鄧世材）を逸材だとして，抜擢して騎将とした。

史料13 『纂正實録』巻4，壬申德隆4年（1632）条[70]
（鄭栯の）王世子時代の功績によって瀛郡公鄧世材を都督同知に，廉郡公鄧世科を都督僉事に昇進させる。

いずれも他史料に見えない独自の記事だが[71]，鄧進栄の二人の息子は王子時代から鄭栯に近侍していた。家譜によれば長子世材は永祚3年（1621）の高平攻めにも鄭栯に従って出陣しており[72]，鄭松の跡目争いの混乱でも弟の世科とともに鄭栯を支えている[73]。鄧訓没後，鄭松期には全く姿を見せなかった鄧氏一門の活動が史料に現れるようになった背景には，鄭栯に進栄の息子達が奉侍し，その鄭栯が当主となったことがあると言えよう。

　このような活動が【史料1】にあるような鄧訓の扱いに繋がったことは想像に難くない。そしてちょうどその前年にあたる德隆元年（1629）に世材・世科兄弟はそれぞれ郡公に陞っており，鄧訓の没後，年代記から消えていた鄧氏の具体的活動が再び確認できるようになる[74]。鄧世科は福泰5年（1647）に左都督から文班に改授されて陪従戸部左侍郎となりそのご参従兵部尚書にまで昇進している[75]。このような観点から鄧氏勃興の原因を考えるならば，潘輝注の指摘は的を外しているわけではないが，重要なのは娘を鄭松に嫁がせたことよりもその娘が生んだ王子が

69）曾奉侍文祖於潛邸之日。文祖深器異之，擢爲騎將。
70）以潛邸之功陞瀛郡公鄧世材都督同知，廉郡公鄧世科都督僉事。
71）【史料13】についてはNVH本の1631年後半から1632年前半に当たる部分が欠葉なので，あるいは記事があったかも知れない。
72）『纂正實録』巻4，辛酉永祚3年（1621）冬11月条。Cf. NVH本同条。
73）『纂正實録』巻4，癸亥永祚5年（1623）夏6月，秋8月，『綱目』巻31，同年7月の各条。
74）NVH本巻21，己巳德隆元年（1629）夏4月条。また，これに先立つ永祚8年（1626）正月26日付けの鄧訓宛勅封が現存しており，鄧訓に美字が加封されている。この勅封は，良舍に居住する子孫の方が所蔵されており，2013年9月3日に現地を訪れて実見させて頂いた。
75）『譜記續編』左司空河郡公記，25ab。NVH本巻22，丙申（盛德）4年（1656）2月条。

次の当主となったことであろう[76]。鄭梒側から見るならば，信頼できる部下である鄧世材・鄧世科兄弟を引き立てるために，鄧訓を四功臣の一人に列したと考えられる。

以上の鄭梒との繋がりは王子との関係にも影響を与えている。

史料14 NVH本「大越史記本紀續編」（以下，NVH本），辛未徳隆3年（1631）11月条[77]

十一月，北軍左都督副将西郡公鄭柞に命じて将士と配下の鄧世科を統率して布政州の官・兵と一緒に乂安を守備させ，真福県の安場社に軍営を置かせた。寺卿の江文明を督視とした。

属営奇はさしあたり配下と訳したが，鄭柞（鄭梒の後継者）に属する武将（および軍団）と言うことであろう。すなわち鄧世科はこれ以前のどこかの時点で鄭柞の麾下に配置替えされていたと考えられる。家譜からは同様の事例が複数見出される。世材等の弟鄧世卿はまず鄭梒ついでその嫡長子鄭橋に属しており[78]，かつ鄭橋の長女を娶っている。その弟鄧世添も正王府に奉侍した後に兄世材が開いた左鋭軍営に属している[79]。ただしこれはあくまで統属関係であり主従関係とは異なる。たとえば鄧世材は陽和9年（1643）の南征においては鄭梒の弟である堅郡公鄭梠に従って京師を留守し[80]，翌年再び鄭柞に従って高平遠征に赴いている[81]。さらに翌年に起こった王族鄭櫟・鄭橪の反乱では鄭柞の兄鄭杖に属して討伐に当たるなど[82]配置替えが頻繁に行われており，ある王子の下に

---

76) 前期黎朝時代の皇妃・皇太后・皇帝生母の役割と活動を論じたものとして，例えばJohn K. Whitmore "Queen Mother: The Origin of Family Politics in Early Modern Vietnam". Gisèle Dousquet et Nola Taylor direction, *Le Việt Nam au féminin*. (Paris: Les Indes Savantes, 2005年) などがあるが，これらとの比較はまだ行われていない。今後の課題である。

77) 十一月，命北軍左都督副將西郡公鄭柞統領將士及屬營奇鄧世科與布政州官兵鎮守乂安，營於眞福安場。以寺卿江文明爲督視。

78) 『譜記續編』左司空河郡公記，26b。ここでは「奉侍文祖議王」となっており，鄭梒即位後の事と考えられる。

79) 『譜記續編』左司空河郡公記，29ab。左鋭軍営の開営は1651年（慶徳3）なので，この正王府は鄭梒と鄭柞両方の場合が考えられる（『譜記續編』統率大王燕郡公記，35a）。

80) 『譜記續編』左司空河郡公記，32b。このとき鄭柞は南征に出陣している（正和本巻18，壬午（陽和）8年春2月条）。

81) 『譜記續編』左司空河郡公記，33b。

配属されるだけで自動的にその王子と強固な紐帯が形成されるわけではないようだ。鄭梴と鄧氏の場合も単に王子時代から近侍していただけではなく，血縁が加わることで関係が強固なものとなったのだろう。

2代目鄧進栄の影はかなり薄いが，息子達も含めて姻族としてかなり早くから鄭梴と信頼関係を築いていたと考えられる。進栄の息子たちのうち長兄二人が鄭梴の女を娶り，早没した鄭梴の嫡長子鄭橋の長女もやはり進栄の息子に嫁いでいることが両者の繋がりの強さを象徴している。そして，これがひとたび鄭梴が王位に就くことによって単なる姻族としての繋がりから「潜邸の功」へと変化し，鄧氏飛躍のきっかけとなったのである。

以降の時代についてはどうであろう。まず鄭柞の娘を二人娶り鄭柳の賜姓名を賜った鄧進署（世材嫡子）は陽徳元年（1672）に海陽・安広等処を兼鎮し，次いで徳元2年（1675）に勇将黎時憲の後任として20年以上にわたって乂安鎮守を務めた[83]。その嫡子鄧進潾も父に同じく賜姓名（鄭橉）の栄に浴し，柞の嫡孫良穆王鄭柈の娘を娶っている。進潾の二人の兄進楚と廷相もそれぞれ高位についている。特に鄧廷相は正和8年（1670）科の科挙に登第して朝貢使節も務めたが，後に武班に改授され最終的に国老参預朝政すなわち宰相位にまで至り，三人の息子と一人の孫が鄭氏の女を娶っている[84]。

保泰3年（1722），王権強化策の一環として鄭氏王族の統兵権が解除されて新たに六中軍営が設置された。この司令官六人のうち年代記類で姓名が判明するのは二人だが，うち一人は鄧進潾で当時の鄭王鄭棡の叔母（父鄭柄の同母姉）を娶っており，もう一人の添郡公張仍は鄭棡生母の弟である[85]。姻戚関係を意識した人事なのは明らかである。家譜はよ

82）『譜記続編』左司空河郡公記，33b-34a。

83）『譜記続編』統率大王燕郡公記，45b-47a，正和本巻19 乙卯徳元2年（1675）9月条，『史記続編』巻1，戊寅（正和）19年（1698）春正月条。

84）『類誌』巻8，人物誌，勲賢之輔，鄧廷相，『史記続編』巻3，乙卯（龍徳）4年（1735）春正月条。テイラーは鄭阮休戦後に教養ある武人が登場したとするが，鄧廷相はその一例であろう。かつ文班に改授された鄧世科はその先蹤と見なせるかも知れない。Keith Taylor "The Literati Revival in Seventeenth-century Vietnam". (*Journal of Southeast Asian Studies*. 18(1), 1987年） 2頁また, Lieberman, 前掲 Strange Parallels, 401頁も参照。

85）『史記続編』巻2，壬寅（保泰）3年（1722）冬10月～12月条，『史記続編』巻3，丙申永佑2年（1736）3月条。

り詳しく，鄧進潾が中翊營を，鄧廷相が中匡營を管したとする[86]。また，保泰10年（1729）に鄭棡が水軍の大演習を行った際には，その他の重臣たちとともに水軍を分掌したとする[87]。永慶3年（1731）の鄧進潾死没記事の直後には「命薰郡公鄧廷諫（進潾の甥，廷相長子）爲山南鎭守，開中翊軍營」とあり[88]，叔父進潾が管轄していた中翊軍を引き継いだとしている。いずれの記事も鄧氏が軍の中枢を占める重臣であったとする。

注目すべきことに，鄭氏はこの張氏とも婚姻関係を結んでいるのである。鄭棡生母張太妃には添郡公張仍と奮郡公張饒という二人の弟がいた。張仍は鄭棡の後継者鄭杠に疎まれて殺害されるが，張饒は引き続き軍権を握って朝廷の重職を勤めた[89]。鄧進署の女の玉圓は張仍に嫁ぎ，息子で兄進潾の養子となった鄧廷著の娘は張饒の子張演に嫁いでいる。同じく鄧進署の息子である鄧廷相は張氏の祀堂に飾る文章（対聯か？）を撰している[90]。その次男鄧廷謙は張仍の女を娶っており，張饒の次子張滙[91]は鄧廷相の外孫で鄧進暕の岳父でもある[92]。

歴代鄭氏の王位は有力王子間の争奪対象であった。第4代鄭根が長命だった上に嫡子と嫡孫が共に早逝したため，嫡曾孫の鄭棡が即位することとなった。そのため，彼は有力な叔父・大叔父に囲まれることとなってしまった。前年末の父の死を承けて，正和24年（1703）に鄭棡が節制・國公となって正式に鄭根の後継者となったが，その際，鄭根は重臣の阮

---

86) 『纂世實錄』巻6，28b-29a，壬寅保泰3年11月条。『譜記續編』大司徒嘉郡公記，57b

87) 『纂世實錄』巻6，29b-30a，己酉保泰10年春2月条。『史記續編』は同年正月条に対応する記事を掲げるが，「王東巡，大閱舟師于驩州海門。」とあるのみで，参加者の名前は記されていない。

88) 『纂世實錄』巻6，32b，辛亥永慶3年（1731）秋7月22日条。

89) 張仍殺害は『史記續編』巻3，丙辰永祐2年（1736）3月条（『綱目』は5月に繋げる）。張饒については例えば『史記續編』巻2，保泰6年（1725）冬10月条で，鄧廷諫（鄧廷相の子）とともに「五府（軍のトップグループ）」として見えるほか，『史記續編』巻4，辛酉景興2年（1741）春正月～3月条でも「府僚（宰相グループ）」の一員に挙げられている。なお，張饒と鄧廷諫は張仍殺害直後に山西と京北に出鎮させられている（『史記續編』巻3，丙辰永祐2年5月条）。

90) 『京北如瓊張氏貴戚世譜』（ハンノム院蔵 A. 959）。この史料については，八尾，前掲『黎初ヴェトナムの政治と社会』43頁参照。

91) 彼は鄭棡の長女（長公主）を娶っている（『鄭族世譜』58b，『金鑑續編』24b）。

92) 『譜記續編』國老大王應郡公記，61b，『纂世實錄』巻6，7a，辛卯永盛7年5月初8日条。

貴徳と鄧廷相とに相談している。彼らは鄭樞が「嫡曾孫」であることを理由に後継者とするよう答えたが，鄭樞が後継者となった翌年に王族の謀反が発覚している[93]。また，王族の統兵権解除は鄭氏政権史における一大画期であるが，その実現まで鄭樞が10年近くの歳月をかけている点は，王族の掣肘が強かったことを物語っている。傍系王族を遠ざければ，相対的に直系王族姻族の重要性が高まるのは当然であるが，彼の母方の祖父張譽の死亡記事は，その官爵を太宰延郡公とするものの[94]，張譽自身の活動は一切記録されていない。張仍・張饒兄弟が引き立てられたのも，張氏が鄭氏に嫁いで以降のことだと思われる。

鄭樞の政権基盤の弱さ，鄭樞の父方の伯母を通じた繋がり，後継者選定過程における鄧廷相の意見など，複数の要因が鄧氏を引き続き政権の中枢に留まらせたと言えよう。鄧氏と張氏との間には，それまで全く関係の無かった族同士としては異例なまでに密接な婚姻関係が短期間で築かれており，同じ鄭樞政権を支える勢力同士の同盟の証と考えられる[95]。家譜に鄧氏とは直接関係しない張氏の記事が唐突に挿入されていることも，この推測を補強しよう[96]。

鄧氏の活動は家譜史料によるかぎりでは，その後も黎末まで中央・地方の武臣として続くが，年代記類においては景興初年ごろを境に見られなくなる。また，これにやや先立つ形で，鄭氏との婚姻関係も先細りしている。鄭氏側家譜の黎末の記述が粗略になってゆくという事情もあるが，鄧廷謐が鄭樞の女を娶ったのを最後に鄭王公主の降嫁は途絶え，世代的に確認できるのは，第8世代に属す鄧好が宗室義郡公の女を娶ったとするのが最後である。

---

93) 『史記續編』巻1，癸未（正和）24年春正月条，甲申（正和）25年3月条。また，鄭樞には庶兄檘がいた。
94) 『史記續編』巻2，丙申永盛12年（1716）秋8月以降条。
95) 鄧廷諫の息子鄧廷謐は鄭樞の女を娶っている。
96) 例えば，『纂正實録』巻6，7a，辛卯永盛7年（1711）5月初8日条に張滙（原文は涯に作る）の誕生記事が，同巻6，33b，甲寅龍德3年（1734）秋7月条には張仍の父安出鎮記事がある。

第4節　族結合の諸相：鄧「氏」の場合

　以上，鄧氏の系譜を鄭氏との婚姻関係に注目しながら追ってきた。文班に改授された鄧廷科と進士に及第した鄧廷相を除いて，文臣として挙業に進出することなく，武臣として黎末まで活動している。だが，この二人は族結合の形成において重要な役割を果たしている。本節では，以上のような各鄧氏の人間の活動を，「族」の歴史として整形し，定着させてきたプロセスを扱う。

　家譜編纂の歴史は『譜記續編』の三つの序跋がアウトラインを与えてくれる。まず甲午盛徳2年（1654）に第3世代に属する廉郡公鄧世科が「祖父の功績」を顕彰し，子孫に「祖宗の餘風・遺澤」を伝え残すために，「諸名儒・賢俊（の文章・記録）を集め」「前後の事業を撰考」して作った。これとは別に，丙寅正和7年（1686）に第5世代の鄧廷相が父進署の命を承けて「本族の譜を作」った[97]。そしてこの丙寅譜作成から43年後，鄧廷相は「古堆の致仕官」から「乙支譜記」を入手したという。この「乙支譜記」は「甲午之譜」とも呼ばれている。甲午譜と丙寅譜を合わせて校訂・続修したのが鄧寧軒の『譜記續編』ということになる。

　「弁説」は二つの家譜を得たことで「祖宗の事跡は生辰・忌辰ともに備わらざるところなし」と評するものの，『譜記續編』にて乙支の人物，つまり鄧世科の子孫の行状はほとんど記されていない。鄧廷相が入手した甲午譜は，鄧世科が作った版のままで，増補されていなかったようである。

　鄧寧軒は二つの家譜の違いについて，興味深い証言を残している。

史料15　『譜記續編』「鄧家譜記弁説」[98]
　甲午譜について評価すると，見聞きした（時代が）やや遠いとはいえ，

---

97)　鄧進署の命によるという部分は『纂世實録』巻5，同年条。
98)　第甲午之譜，雖是見聞稍近，記録較詳又文辭渉於彫琢。丙寅之譜，但考國史略編，府詞編薄（ママ），事跡或有脱遺。余因参合二譜，記其事實，省其繁文，正其宗圖，補其闕漏，總以成編。

記録はけっこう詳しく,そのうえ文章も優れている。丙寅譜の方は,国史を節略して関連する文章やデータを集めただけなので,事跡に脱漏もある。私はよって二つの家譜を比べ合わせて,事実を記して文章の無駄を省き,系譜を正し,欠落を補い,(それらを)まとめあげた。

甲午譜を「記録較詳」と評しているが,第2世代鄧進栄個人の情報が全く含まれていないのは既に述べたとおりである。鄧世科の編纂目的を祖父個人の功績の顕彰(光顯祖父之功)と記す点から見ても,甲午譜の編纂範囲としては鄧訓以前を含むものの[99],鄧訓の事跡に焦点を当てて編纂された,いわば個人の伝記と呼ぶべき様なものだったのではなかろうか。というのも『譜記續編』の鄧訓の部分は,それ以降と比べると明らかにエピソード色が強いのだ。

　これは『纂世實録』にも当てはまる。鄧訓時代の記述を比較した場合,『譜記續編』は家譜の形式に従っているため,鄧訓と関係するエピソードを選択して拾っているが,『纂世實録』はそうではない。『纂世實録』の場合は鄧進栄の部分も含めて(つまり巻2と巻3),明らかにA4本「大越史記續編」そのものあるいはそれと同系統の年代記を下敷きに,これに族人に関するエピソードや記録を挿入して作り上げている。形式としてはまさに書名の如く「實録」なのである。第2節で述べたように,鄧訓の生没年につき,『纂世實録』『譜記續編』は一致している。また,『譜記續編』の言う「舊本」は甲午譜のことであるから,『纂世實録』は丙寅譜の「国史を節略」したスタイルに準拠していると考えてよかろう[100]。

　そして,この叙述スタイルは第3世代,つまり鄧世材・鄧世科世代の

---

99) 甲午譜が鄧訓の先祖について記していることは,『譜記續編』世家譜系編輯に記される鄧訓の父祖について「舊本＝甲午譜」と「新本＝丙寅譜」とを対校させていることから明らかである。

100) 本稿の主題とは直接関係しないが,この点は【史料15】の丙寅譜は国史を節略したものだという一句とともに極めて重要である。と言うのも,『纂世實録』の巻2・巻3の記述は正和本『大越史記全書』よりもA4本「大越史記續編」に近い。そして『纂世實録』の巻2・巻3部分が丙寅譜に主として依拠したのであれば,『譜記續編』の言う「国史」はA4本「大越史記續編」系統の年代記ということになる。A4本の史料的性格をめぐる問題については,拙稿「「大越史記本紀續編」研究ノート」(『アジア・アフリカ言語文化研究』66号,2003年)参照。

部分から変化を見せる[101]。『纂世實録』も年代を追って記述するスタイルは守るものの，鄧族に無関係な史実はあまり掲載しないようになる。また，族人（故人も含む）に頒布された勅封や冊文，あるいはそれを刻んだ石刻などを積極的に引用するなど，記述の材料も変化を見せている。巻5・巻6は主要族人の人事異動記事をかなり詳細に載せているが，正史類で検出できるものは殆ど無い。族に伝来する辞令書などを元にして編まれたのであろう[102]。

「弁説」に「乙支」という表現が出ていることも注目される。『纂世實録』に収められている「奉編忌日禮品」では鄧氏の甲から戊まで五つの支が確認できる[103]。つまり遅くとも18世紀中葉の段階には，鄧氏は複数の支派に分かれつつ互いに同族と認め合う意識が存在したのである。また，この点で『纂世實録』と『譜記續編』との間に齟齬がないことも確認できる。

祀堂や族産の整備も家譜に同じく同族結合を支える装置だが，これについては明確な記録はない。鄧訓は功臣かつ外戚なので生前から一定の賜田などがあったであろうし，その後も折に触れて皂隷・祀民などの恩典が与えられた。例えば以下のような史料がある。

史料16 『纂世實録』巻2，38a[104]
厚沢公（鄧訓）に美号を与えるのに，朱書した鉄券をもって山河に誓いを立て，皂隷・祀事[105]として5社を給付する。加えて，祭事

---

101) より正確には鄧進栄に割り当てられた巻3の年代記風叙述は1599年で終了しており，巻3末尾は事実上族人の生誕記事のリストである。また，鄧世材に割り振られた巻4は1621年からはじまるのだが，この時点で鄧進栄はまだ在世であり，巻分けは全く合理的ではない。

102) なお，『譜記續編』本文末尾の「兵部尚書兼総理（北城）堤政常憲侯記」については，『纂世實録』に近い年代記的叙述スタイルである。この部分がそれ以前と大きく性格が異なっており，年代的に見ても鄧寧軒とは別人の編纂によるものであることは間違いない。

103) 乙支以外は，甲一支，丙二支などのように，支の中でさらに複数に分かれている。

104) 加贈厚澤公褒封徽號，冊書鉄券，誓指山河，准給皂隷・祀民五社。又奉祭彰徳・富川二縣，逓年牌表戸分各錢歸給良舍・盛福二府祠香火奉事。鄭梡時代の出来事だが，正確な年代は分からない。

105) いずれも祭祀やそのための宗教施設の維持・管理を行うために設定される課役である。桜井，前掲『ベトナム村落の形成』185頁，上田，前掲「ベトナム黎鄭政権における徴税と村落」106頁参照。

を行うために彰徳・富川の2県では，毎年の牌表戸分各銭[106]は良舎・盛福にある二つの府祠での香火に充てて祭祀を行う。

また1647年には鄭柸が外祖（鄧訓）の勲業を追憶するという名目で，「銀一千三百三十両」を出して3社合計50畝もの土地を購入して祭田としているが，この管理は鄧世材に委ねられている[107]。これらはいずれも個人に与えられた廟宇であり祭田なのであって，そのまま族産へと移行するわけではないはずである。残念ながらそういった財産が，分割相続によって世代を跨ぐ間に散逸していくのか族産として何らかの形で残り得たのか，現存史料からその推移を追うことは難しい。

【史料16】に関してもう一点注目されるのは，良舎社に鄧訓を祀る府祠が設置されていることである[108]。【史料3】で絶縁宣言がなされた良舎社と遅くともこの時点で関係が回復している。鄧訓の逝去は黎朝の昇竜回復以前であり，どちらの家譜にも埋葬地が記されていない[109]。夫人の黎氏は盛福社に葬られているが，1607年に京城内で死去しているので，この段階で既に盛福社と鄧氏とは関係を取り結んでいたことが分かる[110]。18世紀末の鄧進㯖は少年時代，父の命で良舎社で学んだという[111]。現在，鄧氏の子孫は良舎社の地分に多数居住しており，良舎社が鄧氏の故地として認知されている。鄧進栄時代が不明であることと合わせ考えると，昇竜回復後の16世紀末から17世紀初頭の時期にまず盛徳社との関係を作り上げ[112]，鄭柸の即位それに伴う鄧世材・鄧世科ら兄

---

106) 不詳。
107) 『纂世實錄』巻4, 14a, 丁亥福泰5年（1647）条。
108) 2013年9月5日に現地を訪れたが，現存していないということであった。盛福社の府祠も現在は公民館 nhà văn hóa になっており，遺物などは残っていない。
109) 盛福社には，鄧訓の墓はこの地にあって，盗掘を防ぐためにそこに寺を建てたという伝承がある。鄧訓没時，黎朝はまだこの地を支配していなかったため，事実であったとしても1592年以降の改葬ということになる。また，寺自体は実在したが，戦争で破壊されて現存していない。Trần Quốc Vượng và Nguyễn Hồng Kiên, 前掲 "Làng Giẽ Hạ và phủ từ họ Đặng" 156-157頁参照。
110) 『譜記續編』厚澤公記, 18b。
111) 時，東（㯖）方十歳，承父親五老胤郡公命，往良舎水林寺受學尹舎先生（『纂世實錄』巻6, 50a, 丁卯景興8年（1747）条）。
112) なお，盛徳社には現在鄧氏の子孫は居ない。郷土史家のリュー・チャン Lưu Trang 氏によると，18世紀にはかなり少なくなって，19世紀にはいなくなったとのことである（2013年9月5日のインタビュー）。

第 2 章　「華麗なる一族」のつくりかた　　　　　　　　　　　　　　　53

弟の地位向上などと同じ時期に良舎社との関係が再構築されたのだろう。
　最後に族結合を支えるアイデンティティを検討したい。正和本の続編
である『大越史記續編』（以下，『史記續編』）[113]は鄧進署と鄧廷相の死亡
記事においてそれぞれ次のように記している。

> **史料17**　『史記續編』巻 1，戊寅（正和）19年（1698）春正月条[114]
> （鄧進署）には男子が十四人いた。進潾・進相（廷相）・進楚・進綸（廷
> 論）・進著は，みな高官となった。その福慶の盛んな様は，比肩す
> る者がいない。

> **史料18**　『史記續編』巻 3，乙卯（龍德）4 年（1735）春正月条[115]
> （鄧廷相の）子の廷顯・廷諫・廷瓊，孫の廷謐はみな公主を娶り，そ
> の他の者も多く高官となった。その声望・栄華は輝かしく，匹敵す
> る門地（の族）は無いほどだ。

『史記續編』の編纂時期ははっきりしないが，18世紀末頃に最終的に完
成されたと思われる。遅くともこの段階までに，外部からも名族と見做
される家門が成立したのだろう。これを鄧氏の側から見たとき，『譜記
續編』巻頭の「舊家譜終卷論」に「婚姻は世々歷して，父駙馬，子駙馬，
兄駙馬，弟駙馬，孫侄並びて駙馬に聯なる。」[116]なる記述が目に付く。
族譜とは言うまでもなく族のアイデンティティを示すものである。この
文言は歴代駙馬[117]を輩出しえた家柄であること，すなわち鄭氏との距
離の近さが族を表象する重要な要素として意識されていることを示すと
言えよう。かなり長文なので原文は掲載しないが，禁を犯したために庶

---

　113)　史料の性格については，陳荊和「解題　大越史記全書の撰修と伝本」（陳荊和編校
『校合本　大越史記全書（上）』東京大学東洋文化研究所付属東洋学文献センター・東洋学文
献センター叢刊　42輯，1984年）参照。本稿では陳荊和校合本を用いた。巻数もこれに従っ
ている。
　114)　子十四人。進潾・進相（廷相）・進楚・進綸（廷論）・進著皆爲顯官。福慶之盛，
罕有其比。
　115)　子廷顯・廷諫・廷瓊，孫廷謐皆尚公主，餘多爲顯官。聲華顯耀，門地無與爲比。
　116)　『譜記續編』舊家譜終卷論，6 b。
　117)　なお，中国と異なり，ベトナムでは駙馬に凡庸，毒にも薬にもならぬ人間といっ
たニュアンスはない。

人に落とされた鄭根を鄧進署が匿い,さらに彼の妻(根の同母姉)が術策を駆使して鄭柞に働きかけて赦免させ,ついには鄭根が王位を手に入れたとする挿話を『纂正實録』が載せているのもその現れと言えよう[118]。『纂世實録』そしておそらくその藍本となった丙寅譜が国史を下敷きにしているのも,王家と国史に寄り添う形での族史を編纂し,そのような一族であると自己規定したことを意味する。それゆえ,正史からの引用が減少した後半部分でも,家譜では鄭氏に係わる重要な事柄は掲載し続けているのである。

おわりに

　以上,本稿で取りあげた鄧氏の族形成の過程と在り方はどのように定位可能であろうか。冒頭で述べたように,八尾は1428年に成立した前期黎朝の最上位支配者集団である開国功臣の宗族意識は15世紀に成立し,17世紀には宗族意識の核が《開国功臣の子孫であること》へと変化したとする。これを援用するならば,鄧氏の宗族意識を支えたものは《鄭氏の女を受け入れる家柄》という事になろう。また,19世紀後半から20世紀前半に起こった村落レベルでの族譜編纂・祀堂建設ブーム[119]には,鄧氏のような大姓が都市ではなく村落に引き続き関わりを持ち,そこに祀堂や墓地といった施設を営むことで,「族結合とはこのようなものだ」ということを可視化したことが影響を与えたと考えられる。
　一方,同時代的文脈において,鄧氏の成長プロセスがどこまで一般化可能かは比較できる材料に乏しく,俄に結論は出せない。鄭氏との婚姻関係についてはやはり特別なケースと見るべきだが,王位争奪戦に敗れた王子達に付いたと思われる勢力の動向は検討課題である[120]。また又

---

　118)　『纂正實録』巻4,25b-28a。『纂正實録』巻6,7a,辛卯永盛七年五月初八日条。
　119)　嶋尾,前掲「十九―二〇世紀初頭北部ベトナム村落における族結合再編」,同「ベトナムの家礼と民間文化」(山本英史編著『アジアの文人が見た民衆とその文化』慶應義塾大学言語文化研究所,2010年)など参照。
　120)　ウラジミール・アントシェンコ氏のご教示によれば,鄭松に敗れて莫氏に降った鄭檜の子孫の家譜がハノイ近郊のムラに残されているとのことである(1999年)。筆者は今のところ黄廷愛・阮有僚一族の家譜の存在を知らないが,今後の研究の進展によって発掘が十分期待できる。

安石河の呉氏など在地土豪から成長した一族はまた別のプロセスを踏んだ可能性が高い。特に呉氏は管見の限り鄭氏との婚姻関係も特定の王子との繋がりも看取されないが，金洞の黄氏などと並んで，累代の将門として知られている[121]。これら同時代の新興武人層についても，本稿と同様の角度から検討を加える必要があろう。

　また，本稿では冒頭で触れながらも，国際的・広域的要素について一切言及しなかった。この点について，リ・タナが興味深い仮説を提出している。氏は近世ベトナムで儒教的素養や習俗が広がった要因として，16世紀末以降の中国における出版文化の発達に伴う印刷物の低廉化と北部ベトナムにおける絹を主力とする対外貿易の拡大（これはアンソニー・リードの言う交易の時代の一部でもある）との相互作用があったのではないかと仮説し，さらに，南中国における村落結合の強化や郷約の編纂がベトナムに波及した可能性を示唆している[122]。『譜記續編』「世家譜記編輯」には，北客（中国人商人）と風水の話が登場する。ベトナムの家譜では非常にポピュラーなエピソードである。過去に筆者も論及したが[123]，目の前に現れる生身の人間としての中国人には風水や医術，呪いなど儒教よりも道教的な要素が仮託されることが多い。書物を通じた規範の流入とは表裏一体の関係だったと考えるが，この点も今後究明されるべき課題である。

謝　辞

本稿は，平成23〜25年度科学研究費補助金・若手研究（B）「前近代ベトナムにおける地方行政システムの解明：地方文書の古文書学的検討を通じて」（代表：蓮田隆志／課題番号23720343）の成果の一部でもあり，2013年9月上旬に行った旧良舎社・旧盛徳社での調査結果を反映している。調査にご協力頂いたベトナム側の関係各位に深く感謝します。

　121）『類誌』巻10，人物誌，名良之將，呉景祐。
　122）リ・タナ（Li Tana）「海からの眺望：地域世界からみたベトナム北部海岸」（中砂明徳（訳），『東洋史研究』63巻3号，2004年）120-124頁。
　123）拙稿「「華人の世紀」と近世北部ベトナム——1778年の越境事件を素材として」（『アジア民衆史研究』10集，2005年）。

表2 主な鄧氏一門

世代	姓名	続柄	生没年	主な官職爵位	鄭氏との婚姻
1	鄧訓		1519 ? - 1583	義郡公	
2	鄧進榮	訓子	1558 - 1625	河郡公	
3	鄧世材	進榮子	1592 - 1660	太宰署府事副將瀛郡公	鄭㭲義子，娶鄭氏玉柘（鄭㭲2女）
3	鄧世科	進榮子	1593 - 1655	參從兵部尚書廉郡公	娶鄭氏玉珍（鄭㭲3女，溪郡公鄭杖同母妹）
3	鄧世卿	進榮子	1619 - 1644／74	欽郡公	娶鄭氏玉枚（鄭橋長女）
3	鄧氏玉琪	進榮子			鄭㭲義女，賜国姓。『纂正實錄』は玉福
3	鄧(世)棕	進榮子	1608 - 1644	參督樊麟侯	
3	鄧世添	進榮子	1612 - 1685	都督蘭川侯	
3	鄧進能	進榮子	1617 - ?	參督俊勝侯	娶鄭氏即（鄭杖女）
4	鄧世稱	世科子		瑞祿侯	娶鄭氏玉柄（鄭橋次女）
4	鄧世論	世卿子		永誠侯	
4	鄧成功	世卿子	1615 - ?	訴郡公	娶鄭氏主
4	鄧世鳳	世卿子		挺祿侯	
4	鄧世祿	世卿子		晒忠侯	
4	鄧廷康	世卿子		漕林侯	
4	鄧廷旅	進能子		允祿侯	
4	鄧進署	世材子	1631 - 1698	左都督太傅燕郡公	賜国姓鄭柳，娶鄭氏玉？（鄭柞女）・鄭氏玉栓（鄭柞長女，鄭根同母姉）
4	鄧進權	世材子	1617 - 1677	都督僉事秦郡公	娶鄭氏枚（廣郡公鄭杭女）
4	鄧進傳	世材子	1626 - ?	錦祿侯	
4	鄧進際	世材子		漢瑞侯	
4	鄧進泰	世材子	1629 - 1674	吏部員外郎祿溪子	
4	鄧進挺	世材子	1632 - ?	添祿侯	
4	鄧進森	世材子		該隊鄧祿侯	
5	鄧進佺	成功子		田郡公	娶鄭氏具（秉忠公鄭樹女）
5	鄧進慕	進權子		啓祿侯	
5	鄧進濚	進署子	1667 - 1731	掌府事嘉郡公	賜国姓鄭橈，娶鄭氏玉桹（良穆王鄭柡女）
5	鄧進楚	進署子	1650 - 1718	左都督萊郡公	娶宗室穎郡公女
5	鄧廷相	進署子	1649 - 1735	進士國老參預朝政左都督掌府事應郡公	
5	鄧廷詢	進署子		右校點瓊雲侯	
5	鄧廷綿	進署子		都指揮使胤郡公	
5	鄧廷論	進署子		總兵同知權府事繃郡公	
5	鄧廷棒	進署子	1682 - 1713	正隊長城壽伯	
5	鄧廷弼	進署子		右校點弼忠伯	
5	鄧廷助	進署子		都指揮使助義侯	
5	鄧廷著	進署子		右校點熒郡公	
5	鄧廷魁	進署子		指揮僉事溢海侯	娶鄭氏玉槻（晋光王鄭柄次女）
5	鄧廷譽	進署子		該隊質忠伯	
5	鄧廷璞	進署子		正隊長璞忠伯	
6	鄧進緒	進佺子		緒祿侯	娶鄭氏玉容（晋光王鄭柄季女）
6	鄧廷諫	廷相子	1675 - 1745	參從權府事	娶鄭氏玉璨（鄭柄女）
6	鄧廷琨	廷相子		總同知潤派侯	娶鄭氏玉桄（鄭柄女）
6	鄧廷識	廷相子		太僕寺丞	
6	鄧廷瓊	廷相子		權府事參督顯忠侯	娶鄭氏玉枋（晋光王鄭柄女）
6	鄧楮	進楚子		都指揮使	
7	鄧廷譜	廷諫子		記忠侯	
7	鄧廷謠	廷諫子		統領詠郡公	娶鄭氏玉棰（鄭棡女）
7	鄧廷懇	廷諫子		承政使	

(出典)『纂世實錄』『譜記續編』『金鑑續編』『鄭家世譜』。

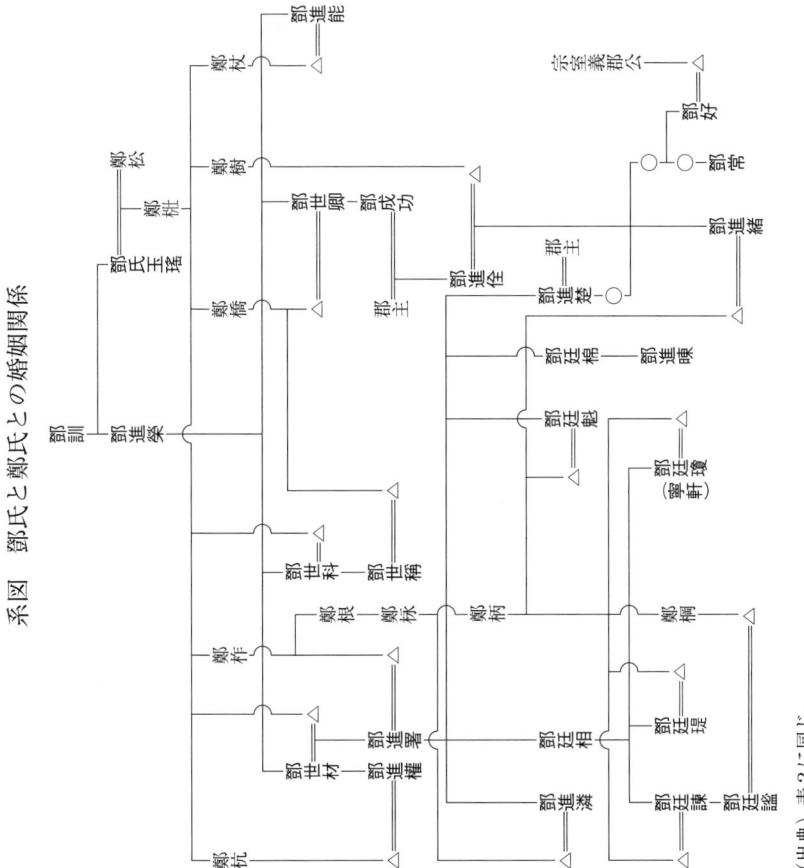

第2章　「華麗なる一族」のつくりかた　　　57

系図　鄧氏と鄭氏との婚姻関係

(出典)　表2に同じ。

第Ⅱ部
情　報
——生成と伝播——

第3章
酒泉丁家閘5号墓天馬図の運足表現

高 橋　秀 樹

はじめに——情報媒体としての画像とその「文法」の問題

　本論集のテーマは情報の流通と保存であるが，いうまでもなく情報の定義や媒体は多様でありうる。重要な情報や価値（体系）が，言葉（だけ）ではなく，図像によって伝えられ継承されていくことも少なくない。とりわけ識字率が現代ほどではなかった前近代世界において，情報の流通と保存について図像が担ってきた役割は極めて大きかったはずである。
　ところで，情報媒体としての言語や文字については，その機能は時空間によって厳しく制約されがちである。同じ言語の同じ単語であっても，時代や地域によって意味する内容は微妙に，あるいは大きく変化する。また，文書の書式，それどころか基本的な文法でさえ，時空を渡るうちに次々と変容していく。言語から情報を汲み取ろうとするとき，その時代と地域に即して理解していこうとする態度が不可欠である。
　同様のことは画像についても言うことができるし，むしろ一層注意されねばならない。絵は，現物をそのまま写しているように思われがちなので，言語より（とりわけ外国語より）理解しやすいように感じられ，好悪や巧拙，場合によってはその背後にある文化・文明の程度についてさえ，安易に判断されがちである。しかし，例えば古代エジプトの壁画における人物像がありえない姿勢で描かれている（顔は横向き，胸は正面，足は真横に揃えて描かれる）からといって，古代エジプト文明を過小評価する者はいないだろうし，古代ギリシア・ローマの壁画や壺絵で描かれ

る人物群像や建物が滑稽に感じられる比率になっているからといって，西洋古典古代の芸術が粗野なものだと笑う者はいないだろう。古代エジプトの彫刻を見れば恐ろしくリアルで繊細な筋肉表現に驚かされるし，画像表現の伝統から逸脱したことで知られるアマルナ時代の壁画を見れば，現代人からみて「自然な」姿勢で人体を描く技術に不足はなかったことがわかる。現代人からみて奇妙ないし稚拙と感じられる表現は，何がよしとされたかという価値観ないしルール（いわば「画像の文法」）の問題によるのである。また，西洋古典古代の図像の空間表現における法則性をつぶさに見るなら，三次元の立体を二次元の画像に変換するために，どのように「見える」かを精確に表現しようとする曲面遠近法が駆使されており，考えようによっては，ルネッサンス以来当然の表現となってきた平面遠近法よりも，眼球に映る像としては正確であるとも言える。

　情報媒体としての図像から情報を得ようとするなら，情報媒体としての文書から情報を得ようとするときと同じように，当該の図像が位置付けられる時代と地域に即した「文法」を理解しようとしなければならないし，場合によっては，情報内容を云々する以前に，「文法」そのものの追求が試みられるべきこともあろう。

　本稿は，情報媒体としての図像の文法について，古代世界から一つの例を取り上げようとするものである。ある神獣の図像表現であるが，そのもとになっている動物は比較的どこにでもいるものであり，さほど珍しいものではない。しかし，特定の時代と地域に即した表現上の約束事ないし制約のもとで描かれており，そこからその図像の当時の社会における位置ないし価値を推し量ってみたい。

第1節　酒泉丁家閘5号墓壁画天馬図の運足表現

　筆者は，2008年12月の甘粛省調査において，特に酒泉丁家閘5号墓の前室北壁壁画上段画面に見える天馬図に関心を抱いた（図1）[1]。当該の天馬は，山々の上で多数の雲が渦巻く中を飛行（疾走）している様子を，

　　1）墓室内では撮影禁止だったので，以下本稿の図版は以下の書籍による。『酒泉丁家閘5号墓壁画』（文物出版社，1989年）。

第3章　酒泉丁家閘5号墓天馬図の運足表現　　　　　63

図1

　向かって右に頭が向く形で，したがって右前後足が画面手前に，左前後足が画面向こう側に描かれている。その際，左前足が右前足より前（上）に描かれており，左後足が右後足よりも前に描かれている。前足は両足ともほぼ水平に前方に突き出され，後足については，左後足はほぼ水平に前方へ，右後足はほぼ水平に後方に突き出されており，四肢いずれも水平状に描かれているから，接地状態ではない。自ずと，蹄の向きについては，前足はいずれも前向きになっており，後足は，左後足が前向きで，右後足が後ろ向きになっている。右後足の蹄は後ろ向きになっているため必然的に，蹄の裏が上を向いている。
　実は，このような馬の足の向きは，馬の骨格から考えると，普通ではありえないものである。疾走時の馬の姿をもとに考えると，当該図は四肢いずれも水平であるので，接地しておらず空中にあると考えられ，したがって，いずれかの足の接地が次の動作として予想される図像である。疾走時は前足から地面を離れて後足から接地するのが馬の運足の原則で，馬体を前方に蹴りだすわけなので足は前向きに接地することになるが，当該図において，前に向き，かつ，より下方に位置している左後足が，まさにこれから接地しようとしている様子を表わしている，と解釈する場合，原理上次に接地することになる右後足は，すでに前を向いて接地の準備に入っていなければならない。しかし，当該の足はほぼ水平に後方に向けられており，これでは，次の動力を得ることはできず，つまり，

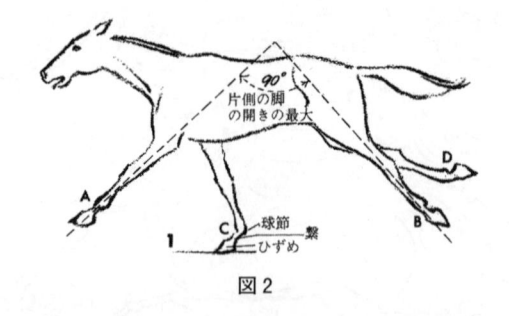

図2の位置に図と「片側の脚の開きの最大」「90°」「球節」「繋」「ひずめ」「A」「B」「C」「D」「1」などのラベル、キャプション「図2」。

走ることはできず，地面に腹這いの状態で叩きつけられることになる。また，疾走時であっても「馬の片側の前脚と後脚は90度以上開」くことはない（図2）[2]。これ以上の詳細には立ち入らないが，当該図を他の動作の段階にあるものと解釈する場合でも，必ず何らかの矛盾に突き当たる。要するに，当該図の四肢の描写は，自然科学的に言えば，間違った不正確なものであるということになる[3]。

　ところで，いきなり話が飛躍することになり恐縮だが，19世紀後半の欧米で馬の運足の実態について論争が行われたことがあり，それがおもしろい方法で決着を見た。1877年にエドワード・マイブリッジ Eadweard Muybridge が12台のスチルカメラを用いて，馬の運足をコマ送り状に撮影したのである。それにより馬の運足の様子が6種類——walk（常歩），amble（側対歩），trot（速歩），rack（軽駆歩），canter（駆歩），gallop（襲歩ないし疾走）——に分けて科学的に示されることになった（図3〜8）[4]。この出来事は，一般には，後の映画の発明に影響を及ぼしたものとして語られることが多いが，実はそれ以外の多くの領域にも影響を及ぼした出来事であり，美術界もその一つであった。1896年にアメリカで出版された動物画を描く画家のための参考書（E.T.Seton,

---

2)　J. ハム（嶋田照代訳）『動物の描き方』（嶋田出版，1977年）68頁。
3)　馬の疾走時の足の動きの原理と画像表現の手法については以下の文献が有益である。アーネスト・トンプソン・シートン（上野安子訳）『美術のためのシートン動物解剖図』（マール社，1997年）51-53, 144-145頁。J. ハム，前掲『動物の描き方』55-71頁，特に66-68頁。K. ハルトグレン『動物画の描き方　動物を生き生きと描く秘訣』（マール社，1978年）39-45頁，視覚デザイン研究所編『動物スケッチ2　大動物編』（視覚デザイン研究所，1986年）126-133頁。これらのうち，シートンとハムによる解説は特に有益である。
4)　図版4-9は，シートン，前掲『美術のためにシートン動物解剖図』51-53頁に掲載のものである。

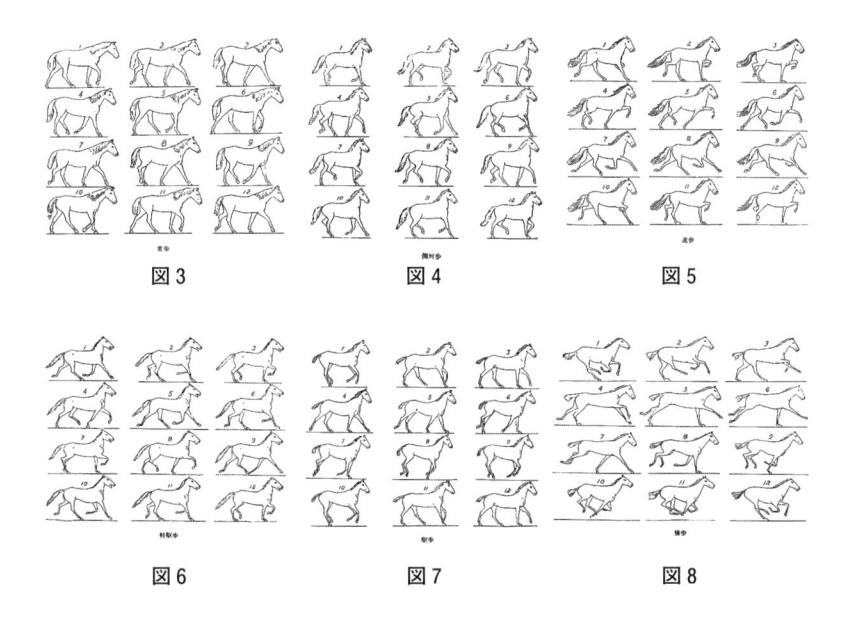

第3章　酒泉丁家閘5号墓天馬図の運足表現　　　65

図3　　　　　　　図4　　　　　　　図5

図6　　　　　　　図7　　　　　　　図8

Studies in the art anatomy of animals）では，当該の撮影写真をもとに馬の運足の様子が示され，詳しい解説が付されている[5]。その解説に興味深い指摘が示されているので，一部を以下に引用してみたい（上野安子訳）。

　　画家が四足獣の速い動きを表現しようとする時に伝統的に描いていた姿勢が，実はほとんど根拠のない，形式的な型にすぎないことは古くからわかっていた。ジョン・リーチのような独創的な考えを持つ多くの観察者たちは，型にはまった姿勢ではない，もっと本物らしい描き方ができないかと模索したが，結局無理なことだとあきらめてしまった。彼らが最終的に受け入れた結論は，簡単に言うと次のようになる：すべての芸術は，自然をある一定の約束にしたがって抽象化したものである。自然がわれわれの想像力に訴えかけるものは，教育によって影響されるところが大きい。つまり，現実にはありえない姿勢でも，そう教えこまれることによってそれが動きを

5）　シートン，同前144-145頁。

表わしているのだと意識することができる。だからそれらを受け入れなくてはならないのである。

人間の眼は，スピードカメラではない。だから，肉眼の情報をもとに高速の動体を正確に描画することには限界があるのは当然のことである。それでも敢えてそれを行おうとするならば，事実のみならず想像力にも依拠することになる。では，想像力に依拠して描かれるゆえに事実と必ずしも一致しないものは，事実と一致しないゆえに無意味・無価値なものなのであろうか。さらに引用を続けよう。

ただし，高速写真の映し出す真実それ自体を非難するつもりはないが，真実が必ずしもすべてに正しいとは限らない，ということをここであえて言う必要はないであろう。自らの判断なしに写真に映っている姿勢に盲目的に固執する画家は，満足できる作品を残すことはまずない。

事実を無機的に示しているものよりも，想像力を活かしながら生み出されたもののほうが，観者により大きな影響を与える場合がありうることは，言うまでもあるまい。ちなみに当該書の著者であるシートンEarnest Thompson Setonとは，『動物記』で有名なシートンである。シートンは当初動物画家として身を立てるつもりでおり，イギリスのロイヤル・アカデミーの奨学金を給付されたり，当時年齢制限のあった大英博物館図書室の入室を特別に許可されたりするほど優秀であった。その後健康上の理由から初志に即した活動を行うことができなくなり，結果的に『動物記』が生まれたが，彼の処女出版著書は上掲の動物画手引書であった。その後に出版された『動物記』と合わせて考えるとき，自然の客観的事実とそれに向き合う「人間」の姿勢ないし文化との関係について彼が指摘するところが有する含蓄は実に興味深い。

とまれ，疾走する馬の足を「人間」が描くことは，想像力を駆使せざるをえないものである以上，そのヴァリエーションは時代・地域によって多様に展開せざるをえず，その一つ一つが，歴史的な文化的産物であると言える。つまり，本稿で取り上げる天馬図における足の描写は，上

記の通り自然科学的に正確なものとは言えないが，逆にそれだからこそ確実に，その描法は単なる自然科学的な事実の無機的な写生なのではなく，歴史的な一つの文化なのだと言える。

　ここで注意しなくてはならないのは，かかる文化は（敢えて乱暴な言い方をすれば，自然科学的な法則からの逸脱・偏差は），描き手（ないし描き手チーム）が属する人的集団に共有されている習慣に由来する場合もあれば，描き手（ないし描き手チーム）自体に由来する固有のものである場合もある，ということである。前者の場合，描き手（ないし描き手チーム）の存在は特に意識されるべきものではなく，その時空のステレオタイプを示すものということになる。他方，後者の場合，それが周囲の人々から高く評価されるならば「芸術」となり，低く評価されるならば変人の駄作ということになろう。しかし，「芸術」となる場合でも，それを観る者たちが，それが何を描いているのか了解しあうことは最低限必要であろうから，「芸術」とされるものには必然的にその描き手（ないし描き手チーム）が属する人的集団に共有される習慣が内包・前提されていることが自然である。

　さて，酒泉丁家閘5号墓前室北壁壁画の天馬図という文化的遺物は，中国古代の墓壁画の文化の中でどのように位置づけられるものなのか。これを考える手掛かりとして，筆者は四肢の向きという技法上の細部に注目してみたいのである。

第2節　酒泉丁家閘5号墓壁画における四足獣運足表現

1　神獣運足表現

　さて，天馬図の運足表現を考えるにあたって，酒泉丁家閘5号墓には他にも四足獣が描かれているので，まずそこから見ていくことにしたい。それらの四足獣の運足表現と当該天馬図の運足表現はどのような関係にあるのだろうか。そして，酒泉丁家閘5号墓壁画の描き手（ないし描き手チーム）の四足獣運足表現の技法にはどのような特徴があるのだろうか。

前室西壁壁画上段画面は，中心に西王母が描かれており，そこに目が行きがちだが，実は画面右下隅には小さな天馬（以下，小天馬）が描かれている（図9）。この小天馬は，左向きに描かれているが，運足表現を見ると，一見して北壁天馬を厳密に左右反転させたものとなっていることがわかる。つまり，左前後足が画面手前に，右前後足が画面向こう側に描かれている。右前足が左前足より前（上）に描かれており，右後足が左後足よりも前に描かれている。前足は両足ともほぼ水平に前方に突き出され，後足については，右後足はほぼ水平に前方へ，左後足はほぼ水平に後方に突き出されており，四肢いずれも水平状に描かれているから，接地状態ではない。蹄の向きについては，前足はいずれも前向きになっており，後足は，右後足が前向きで，左後足が後ろ向きになっている。左後足の蹄は後ろ向きになっているため必然的に，蹄の裏が上を向いている。

　つまり，北壁天馬の運足表現は，それのみの独自のものではなくて，描き手が天馬を描く際の定型としている可能性がある。

　そして，南壁壁画上段画面に目をやると，画面中央下部左寄りに白鹿が描かれている（図10）。その四肢の描き方は，小天馬と全く同じである。また，この白鹿の左前足そばには大角羊の小さな姿が見える（図11）。この四肢の描き方も小天馬と全く同じである。

　つまり，北壁天馬の運足表現は，単に天馬のみに適用されるものではなく，白鹿であろうと，大角羊であろうと，疾走する四足獣の運足表現として適用される定型であろう。

　更に，前室西壁上段画面の中央を見てみると，中央の下部，向かって右よりに九尾狐の姿があるが，これは今まで見てきたものと若干異なる運足を示している（図12）。顔は向かって左を向いているが，両前足はほぼ直立になっており，左後足も足裏を下に向けた様子で描かれている。つまり，四肢すべてが接地する様態で描かれていて，両天馬，白鹿，大角羊と動作表現が異なる。しかし，前足，後足それぞれについて，左右の足の位置関係は小天馬図と一致している。つまり，観者からみて向こう側の足（右前足，右後足）が，手前の足（左前足，左後足）よりも，前方に描かれている。

　また，前室北壁上段画面の右側の下部に，羊らしき姿が見える（図1）。

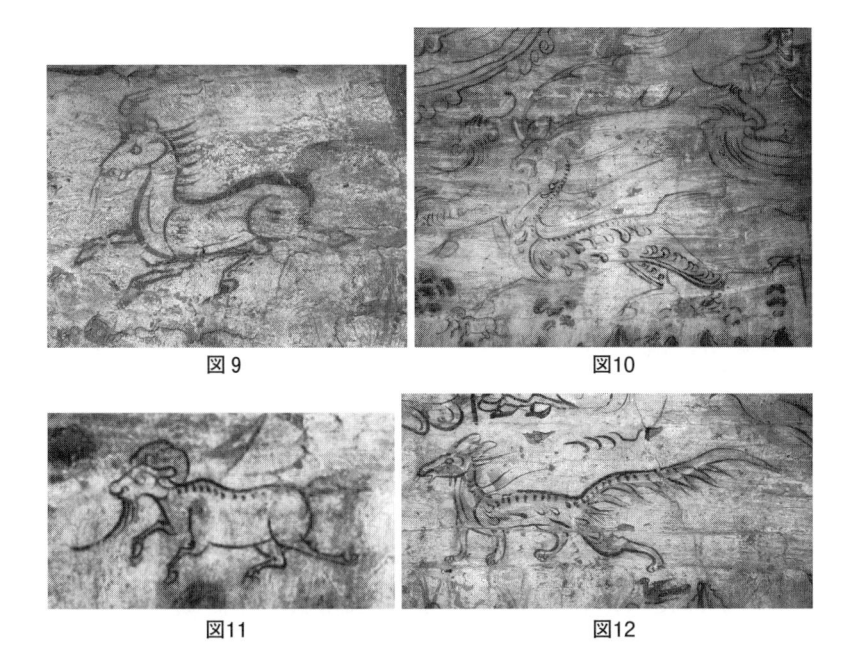

第 3 章　酒泉丁家閘 5 号墓天馬図の運足表現　　　　69

図 9

図 10

図 11

図 12

頭は向かって左を向いており，背中を丸め，頭を下方に向けている。前方に向かって進もうとする姿勢というより，その場で上方に跳躍する（ないし跳躍の後に着地しようとする）姿勢に見える。佇立しているわけでも疾走しているわけでもない固有の例である。そのため前足，後足をそれぞれ揃えているが，観者からみて向こう側の足（右前足，右後足）が手前の足（左前足，左後足）よりも前方に描かれていることは，他の事例と一致している。

よって，示す動作によって足の角度が異なることはあっても，観者から見て向こう側の体側の足が，こちら側の体側の足より前方に描かれることは一致している。これを仮に「向こう足前方・手前足後方」の原則と呼ぶことにする。

2　家畜運足表現

さて，神獣が描かれている上段の画面に対し，一般の家畜と思しき動物が描かれている中下段の画面の四足獣はどうなっているであろうか。

天馬図のある北壁から見ていくと，中段画面には 3 頭の牛が描かれて

図13　　　　　　　　　　　図14

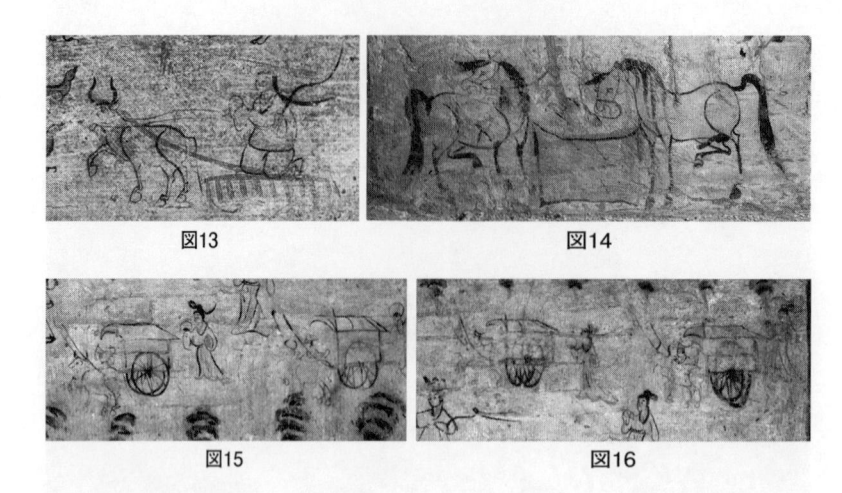

図15　　　　　　　　　　　図16

おり，足がはっきりと見て取れるものは「向こう足前方・手前足後方」に描かれている（図13）。下段画面には，木に繋がれた馬2頭が見え，どちらも「向こう足前方・手前足後方」に描かれている（図14）。

次に小天馬のある西壁に目を移すと，中段画面には動物の姿はなく，下段画面には四頭の牛が見える。足の様子がはっきり見て取れる2頭はいずれも「向こう足前方・手前足後方」である（図15）。数本の足がぼやけている残り2頭も，はっきり見える足から推察するとおそらく同様であると思われる（図16）。

そして白鹿のある南壁に向かうと，中段画面には2頭の牛が描かれており（図17，18），いずれも「向こう足前方・手前足後方」である。下段画面には四足獣らしき姿は見えない。但し中央の大木の中に猿らしき姿が見え，その姿は「向こう足前方・手前足後方」である（図19）。

最後に東壁であるが，中段画面に1頭の牛と3頭の羊ないし山羊が見え，いずれも「向こう足前方・手前足後方」である（図20）。下段画面では，7頭の牛と犬らしき姿が見える（図21）。牛については，四肢が確認できる3頭はいずれも「向こう足前方・手前足後方」である。犬については，墓室の通路を挟んで向かい合っていることからすると守護獣でもあろうかと思われるが，座っている姿勢のため向こう側の後足が表現されていない。前足については1頭が欠損しており，もう1頭は「向こう足前方・手前足後方」である。

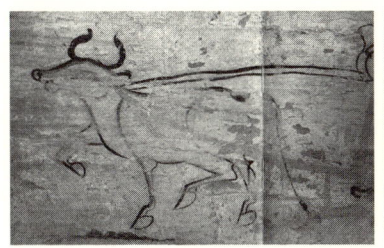

第3章　酒泉丁家閘5号墓天馬図の運足表現　　　　　　　　　　71

図17

図18

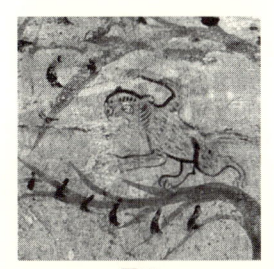

図19

図20

図21

なお、後室西壁壁画には、四足獣と思しき姿はない。

上記をまとめると、酒泉丁家閘5号墓の描き手は、四足獣について一貫して「向こう足前方・手前足後方」の原則を維持していると言える。

3　最前足

しかし、酒泉丁家閘5号墓壁画中の四足獣の四肢が、すべて同じ様態で描かれているわけではない。四肢すべて直立に接地した状態で描かれているものと、四肢のうち何本かを曲げて宙に浮かしている様子で描かれているものがある。そこには何らかの描き分けの法則性が認められるだろうか。

これを先ず、中段・下段の家畜の描写からみていこう。

鍵となる事例を与えてくれるのは、北壁の中段及び下段画面である。

北壁中段画面には犂を引く牛が描かれている。はっきりと四肢の様子がわかる1頭は、左向きになっているので、その四肢は左から（つまり前方から）順に右前足、左前足、右後足、左後足になっている（図13）。そのうち、一番前方の右前足のみが曲げて宙に浮いた様子で描かれており、残りの3本の足は直立に接地している。犂を引いているわけであるから、この牛は動いているが、その作業の内容から、走っているのではなく歩いているのだと察せられる。つまり、当該の牛の図について、牛が歩いているという動作は、最前方の足が曲げられているということのみで表現されているわけである。

他方、北壁下段画面の左下方には、木に繋がれた2頭の馬が描かれている（図14）。木に繋がれているのだから、走ったり歩いたりしている動作を描いているはずはない。では、これら2頭の馬の足はどうなっているかというと、前足は左右とも直立に接地しており、前方から見て3番目の足（向こう側の後足）のみを曲げており、最後方の足（手前側の後足）は直立に接地している。

上二つをまとめて言えば、四足獣の歩いている姿と佇んでいる姿は、最前方の足（右向きであれば右前足、左向きであれば左前足）を曲げて中に浮かせているかどうかによって描き分けられている、ということになる。これを仮に「最前足による歩行表現」の原則としよう。

では他の壁面ではどうなっているか。

第3章　酒泉丁家閘5号墓天馬図の運足表現　　　　　　　　73

　西壁下段画面には牛車を引いている（＝動いている）4頭の牛が描かれている。そのうち1頭は最前の足が欠落していてわからないが，残り3頭の最前足はいずれも曲げて宙に浮いており，残り3足は直立に接地している（図15,16）。「最前足による歩行表現」の原則は維持されている。
　南壁中段画面には犂を引く牛が2頭描かれている（図17,18）。どちらも最前足を曲げており，「最前足による歩行表現」に則っている。なお，前方から見て3番目の足（向こう側の後足）をいずれも曲げているが，この足については，北壁下段画面の馬の例からわかるように，必ずしも歩行状態を意味するものではない（図14）。しかし逆に言えば，歩行表現時に曲げて表現しても支障ない部位であるということになる。これについては後で再び言及する。
　東壁中段画面には犂を引く牛が1頭描かれており，最前足が曲げられている（図20,21）。この他に東壁中段画面向かって右側と下段画面向かって右側に羊ないし山羊が3頭と牛が7頭描かれているが，これらはいずれも森ないし林の中で単独で描かれているため，歩いているのか佇んでいるのか判断できない。これらの中には，四肢直立のものもあれば，最前足を曲げているものもある。
　以上からわかるように，犂とともに描かれることによって歩いていることが確実に判断できるものはいずれも「最前足による歩行表現」を示しており，佇んでいることが確実に判断できるものは最前足を直立接地させている。酒泉丁家閘5号墓の描き手は，四足獣について「向こう足前方・手前足後方」の原則と共に，「最前足による歩行表現」の定型に則っていると見てよいだろう。東壁中段および下段画面の単独で描かれている四足獣は，林ないし森のなかで農作業に従事せずに過ごしている家畜の群れが，それぞれに歩いたり佇んだりしている光景を描いているものと考えられる。

4　手前足

　ここで再び上段画面の神獣の図像に回帰しよう。
　上記でみた神獣たちは二つに分けることができる。疾走する姿の天馬，小天馬，白鹿，大角羊と，前足が両方とも垂直に接地しているがゆえに，佇んでいると判断することが可能になった九尾狐である。

では，疾走する姿の神獣たちと，中・下段の歩く家畜たち，佇む家畜たちとの違いは何かというと，観者から見て手前の足である。中段・下段の家畜たちは，歩いているものであれ佇んでいるものであれ，あるいはそのどちらかの姿のものであれ，手前側の足は，前足も後足も直立し，接地している。それに対し，天馬，小天馬，白鹿，大角羊は手前の前足は前方に水平に投げ出されて宙に浮き，手前の後足も水平に後方へ投げ出されて宙に浮いている。つまり，疾走の型としては，手前の前後足の向きが決定的なのである。

5　酒泉丁家閘5号墓壁画の型

以上の観察を整理すると以下のようになる。添付の概念図1「酒泉丁家閘5号墓壁画における四足獣運足表現の展開図」を参照されたい。

四足獣描写は凡そ「向こう足前方・手前足後方」の原則で描かれる。

そのうち，佇立の型としては，両前足と手前後足が直立し接地する姿となる（仮に「三足直立による佇立表現」とする）。前方から数えて三番目，つまり向こう側の後足は，曲げて中に浮いているときもあれば，直立して接地している場合もある。曲げていない場合をⅠ類とし，曲げているものをⅡ類とする。概念図に示したように，Ⅰ類は佇立型から歩行型へと連続的に展開する。Ⅱ類は佇立型から歩行型，さらに疾走型まで連続的に展開する。Ⅱ類が疾走型まで展開していくのは，Ⅰ類より動的性格が強いからであろう。しかし，佇立か歩行かという，より決定的な動作態の転換についてはⅠ類とⅡ類は等価である。

次に，歩行の型としては，最前方の足を曲げて中に浮かせる姿となる（「最前足による歩行表現」）。「三足直立による佇立表現」から最前足のみを変化させた形態である。よって，前方から数えて三番目の足は，曲げている場合（Ⅱ類）もあれば直立して接地している場合（Ⅰ類）もある。

そして，疾走の型としては，佇立の型，歩行の型のどちらにおいても直立接地していた手前側の前足と後足が，それぞれ前方と後方に水平に投げ出される姿となる（仮に「手前足による疾走表現」とする）。最前方の足は，歩行の型における最前方の足と同じ姿となるが，二番目の足（手前の前足）が今や水平に伸びているので，それと調和してより高い角度で描かれることになる。つまり，歩行型からの展開として理解できる。

第3章　酒泉丁家閘5号墓天馬図の運足表現　　　　　　　75

　また，前方から数えて三番目の足は，佇立時および歩行時において曲げている場合（Ⅱ類）と同じ姿となっている。
　以上のように，「向こう足前方・手前足後方」の原則の下，佇立型⇔歩行型⇔疾走型と連続的に型が展開されていることがわかる。酒泉丁家閘5号墓壁画の描き手は，一人かもしれないし複数かもしれないが，こと四足獣の運足表現については，統一的な形式ないし美意識に則っていたと言えるだろう。
　なお，酒泉丁家閘5号墓壁画の四足獣については，その多くが頭を左に向けた図像となっている。そのため，概念図の右向き図像の部分は完全には埋まらない。論理的に整然とさせるためにコンピュータで反転させた画像を張り付けることも可能ではあろうが，敢えて控えた。酒泉丁家閘5号墓壁画の画像における左右については別稿で触れる機会があるかもしれないが，本稿の課題——四足獣運足表現——については，左右等価と考える。

第3節　甘粛省墓壁画の四足獣運足表現

1　向こう足と手前足

　今回の調査において，筆者は甘粛省における多数の墓壁画，画像磚を見ることができた。それらは現物を見ることができた場合もあれば，博物館展示のレプリカや写真，或いは図録でしか確認できない場合もあった。その全てについて，筆者は四足獣の運足表現を注視してきた。本稿でその全部を表にまとめることはできないが，結論として言えば，一部の法則的例外（後に言及する）を除いて，四足獣運足の「向こう足前方・手前足後方」の原則がほぼ一貫していたことに気づいた。もとより甘粛省における古代墓壁画・画像磚すべてを見たわけではないから一般化することはできないが，ランダムに観たかなりの頭数（一つの画像磚に9頭の四足獣が描かれていた場合もある：（図22)[6]）の中でほぼ一貫した傾向

---

　6)　呂占光『嘉峪関文物集萃』（甘粛人民美術出版社，2000年）54頁。嘉峪関新城6号墓。M6：51（關尾史郎「河西魏晋墓出土磚画一覧(Ⅰ)」『西北出土文献研究』第10号，2012, pp.59-

図22

ということになると，甘粛省の古代における墓壁画・画像磚の文化において，四足獣の運足を描写する際に「向こう足前方・手前足後方」の原則は，単に一部の描き手（ないし描き手チーム）の手癖なのではなく，ある程度共有された文化ないし技法的慣習だった可能性を，視野に含めるべきではないかと思われる。これにどこまで一貫性，共有性を認めることができるか，今後の課題の一つとしたい。

2　疾走する四足獣

さて，それにもかかわらず，上で述べたように例外があり，しかもそれが，どうやら法則的であるらしいところがおもしろい。

まず，嘉峪関新城3号墓および5号墓の，「出巡」と呼ばれる一連の図像を見てみよう[7]（図23：5号墓，図24および25：3号墓）。これらはいずれも十数騎から数十騎の軍団が駆けていく様子を表現しているものだが，疾走する馬の運足表現がきわめて多様である。例えば，手前の前足が前方に水平に伸ばされておらず，後方に向いて曲がっていたり，手前の後足が前方を向いていたり，あるいはその両方が組み合わさって，手前前足が後ろ向きに，手前の後足が前向きになり，手前の前後の足が向き合っていて，他方向こう側の前足は前方に投げ出され，向こう側の後ろ足は後方に投げ出されて描かれている。皮肉なことに，この運足描

99に拠る。以下，關尾と略記）

　　　7）　前掲『嘉峪関文物集萃』73-75頁。図23：嘉峪関新城5号墓，M5前室東壁（關尾2012）。図24：嘉峪関新城3号墓，M3：2（關尾2012）。

第3章 酒泉丁家閘5号墓天馬図の運足表現　　　77

図23

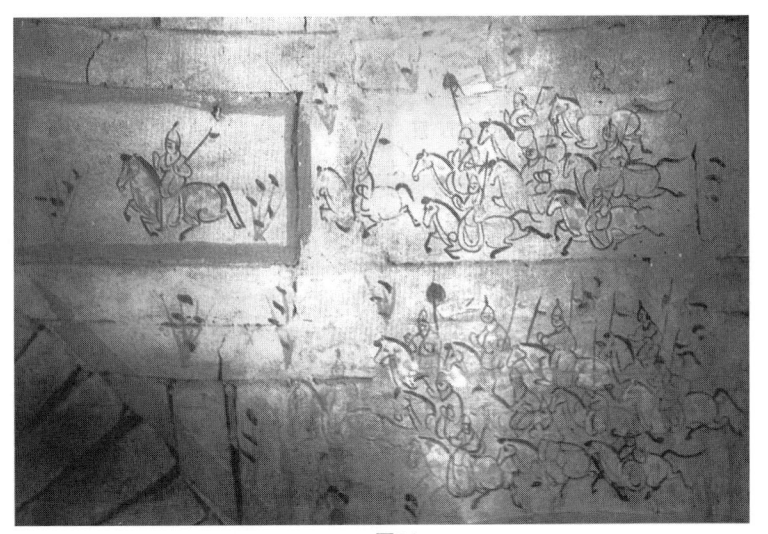

図24

図25

図26

写は生物学的には馬の疾走の様子として正しい姿である。そうかと思うと，酒泉丁家閘5号墓の天馬と同じ運足描写も見られたりする。

しかしこれらはいずれも，曲げた足の組み合わせで表現されているゆえに，一見したところ酒泉丁家閘5号墓の四足獣の疾走時の運足表現と著しく異なる印象を与えるものではなく，むしろその違いは見過ごされるのが自然である程度だと言える。

ところが，5号墓の「駅使」（図26）[8]は，一見して酒泉丁家閘5号墓の表現との違いが見て取れる。両前足が平行して前方に投げ出され，両後足が平行して後方に投げ出されている姿である。そして前足は手前の足が向こう側の前足の下に，後足も手前の足が向こう側の後足の下に描かれている。

これと類似した姿態で描かれているのが，嘉峪関新城6号墓の「犬猟」（図27）[9]と「狩猟」（図28）[10]である。特に興味深いのが「狩猟」のほうで，これには追われる兎と追う騎馬の狩人が描かれている。兎は左向きで，水平に平行する両前足は向こう側の足が上で手前の足が下に描かれ，水平に平行する両後足は向こう側の足が上で手前の足が下に描かれている。ところが，それを追う騎馬のほうは，水平に平行する両前足は向こう側の足が上で手前側の足が下に描かれ，水平に平行する後足は手前側の足が上で向こう側の足が下に描かれている。つまり，同じ画面の中で，前後方それぞれに両足を平行に投げ出す同じ姿態で描きながら，兎と馬と

8) 前掲『嘉峪関文物集萃』41頁。嘉峪関新城5号墓，M5：25（關尾2012）。
9) 前掲『嘉峪関文物集萃』57頁。
10) 前掲『嘉峪関文物集萃』57頁。

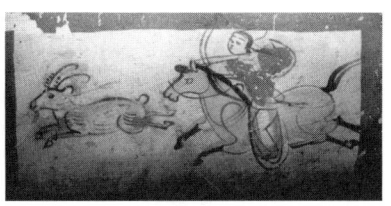

第 3 章　酒泉丁家閘 5 号墓天馬図の運足表現　　79

図27　　　　　　　　図28

で後足の上下が逆転しているのである。

　このような姿態は，印象的な跳躍風のものであるが，描画作業という点から言うと，他の疾走時の運足表現とは異なり，四肢別々に足の複雑な屈折を描く必要もなければ，またそれらが全体でバランスがとれるよう注意を払いつつ描く必要もなく，むしろ描きやすかったであろうと思われる。

　とまれ，上記のように，四足獣疾走時の運足表現について，嘉峪関新城3，5，6号墓はそれぞれの内部ですら一貫性がない——よく言えば多様なのである。

3　歩く四足獣

　では，四足獣歩行時の運足表現はどうであろうか。

　注目したいのは6号墓の「農耕」図3点[11]（図29～31），同墓の「牽羊」図[12]（図32）であり，「向こう足前方・手前足後方」の原則については一貫している。さて，「農耕」3点はいずれも犂を引かせている図であり，牛は歩いているはずである。しかし，「最前足による歩行表現」が見られるのは1点で，あとの2点は四肢直立接地している。また「牽羊」図では，人が羊を引いている様子を描いているから，羊は歩いているはずだが，四肢直立接地している。つまり，6号墓の中で，四足獣歩行時の表現は一貫していない。なお，6号墓には他に「捶牛」図があり（図33）[13]，今まで見たどの型にも当てはまらない不思議な運足表現を示し

　11）　前掲『嘉峪関文物集萃』58頁。図29：嘉峪関新城6号墓，M6：23（關尾2012）。図30：嘉峪関新城6号墓，M6：30（關尾2012）。
　12）　前掲『嘉峪関文物集萃』59頁。嘉峪関新城6号墓，M6：20（關尾2012）。
　13）　前掲『嘉峪関文物集萃』59頁。嘉峪関新城6号墓，M6：15（關尾2012）。

図29

図30

図31

図32

図33

ているが，逆にそのことがわかっていてこの図を見ると，鞭打たれている牛が暴れているのだということが生々しく感じられる。

　以上から次のように考えたい（概念図2「酒泉丁家閘5号墓壁画から見た場合の甘粛省における四足獣運足表現の偏差」参照）。四足獣の運足表現にはある程度の一貫性がある。しかしそれは，表現しようとする動作が激しくなるにつれ，崩れてくる。佇立の表現については，殆ど偏差がなく，「向こう足前方・手前足後方」で四肢直立接地の姿態である。ところが，歩行表現になると，「向こう足前方・手前足後方」は維持されつつも，必ずしも「最前足による歩行表現」が示されるとは限らない。さらに疾走表現になると，「手前足による疾走表現」どころか「向こう足前方・手前足後方」の原則すら維持されるとは限らず，多様な表現が見られる。

4　酒泉丁家閘5号墓壁画の位置

さて，ここでようやく酒泉丁家閘5号墓壁画の位置づけの問題を語ることができる段階に至った。上で示したように，酒泉丁家閘5号墓壁画の四足獣運足表現には，佇立表現から歩行表現，疾走表現へと連続的に展開される表現技法の一貫性があり，他方，嘉峪関新城3，5，6号墓には一貫性よりも多様性が認められる。

このことを解釈する立場は二通りあるだろう。一つは，表現の多様化へと向けて進展していった甘粛省の古代における墓壁画文化において，酒泉丁家閘5号墓は固陋に古い定型に拘り，表現技法の進化から置き去りにされていった事例だった，という解釈である。そしてもう一つは，雑多な表現形式が林立する中で，当時の当地の人々にとって洗練されていると感じられた方向へと向かって表現技法が束ねられつつあり，酒泉丁家閘5号墓壁画は望ましい方向へと表現技法を成熟させ，ブレを無くしていく先頭集団にいた，という解釈である。つまり，酒泉丁家閘5号墓壁画の描き手（ないし描き手チーム）は，墓壁画文化の最後尾ランナーだったのか，それともトップランナーだったのか。

これを考えるヒントを与えてくれるのが，漢代画像石と秦漢代の瓦當である。

第4節　漢代画像石と秦漢瓦當

筆者は上記で，四足獣のいくつかの運足表現を細かく説明してきたが，実はそれらのすべては既に漢代画像石に現れている。それどころか，上記で示した以外の多様な運足表現をみることができ，特に騎馬や馬車の馬群の図像における運足表現は，多様かつ生き生きとしたものである。また，上記で扱ったものの中には出てこなかったが，漢代画像石には馬の首の向きにもいくつかのヴァージョンがあり，全体としてきわめて豊かな姿態表現の類型群を示している。

残念ながら甘粛省における漢代画像石の出土例は少ないようだが，近隣の陝西省では集中的に出土している[14]。また，漢代の中心地であり，

画像石を出土してもいる洛陽・長安から近いことも考えれば，おそらく酒泉丁家閘5号墓壁画やその他甘粛省の古墓の壁画の描き手たちの前にも，漢代以来の多様な四足獣運足表現の使用可能なヴァリエーションがあったのではないか。漢代の画像石について同一のモティーフが広範囲にわたって分布していることからすると，各種の表現形式がその後の時代の描き手たちの資産となっていたと考えるのが自然だろう。嘉峪関新城3号墓および5号墓の一連の「出巡」図にみられる馬の運足表現の多様性は，あるいは漢代画像石の文化を前提としているのかもしれない。

さて，ここで改めて注目したいのは，嘉峪関新城5号墓「駅使」図（図26），6号墓「犬猟」図（図27），「狩猟」図（図28）である。上で述べたように，これらにおいては，四足獣の疾走が，前足と後足をそれぞれ左右の足を平行させて水平に前方と後方に伸ばす運足表現によって示されている。

このような運足表現は漢代画像石でもよくあるもので，手近な書物を見るだけでも，塩井画像磚[15]，肥城県欒鎮村出土画像石[16]の第1石，第2石，沂南画像石墓の戯車の図[17]，孝堂山祠堂西壁胡漢戦争図[18]，山東嘉祥宋山祠堂側壁画像，山東嘉祥紙坊鎮敬老院祠堂西側壁画像[19]，沂南画像石墓中室八角擎天柱画像[20]，唐河電廠墓画像東主室西壁[21]および西主室東壁[22]，離石馬茂荘三号墓後室左門柱および右門柱[23]，狩猪紋図案[24]などによって事例を知ることができる。

また，漢代画像石だけでなく，秦漢代の瓦當にも見られるもので，鹿犬樹形瓦當[25]，馬紋瓦當[26]，蟾兎紋瓦當[27]などがある。

14）信立祥『中国漢代画像石の研究』（同成社，1996年）第二章　漢画像石の区域分布と出現の社会的背景」5-12頁。
15）渡部武『画像が語る中国の古代』（平凡社，1991年）129頁。
16）曽布川寛『中国美術の図像と様式』（中央公論美術出版，2006年）図版篇88頁。
17）曽布川，前掲『中国美術の図像と様式』図版篇96頁。
18）信，前掲『中国漢代画像石の研究』106頁。
19）信，前掲『中国漢代画像石の研究』132頁。
20）信，前掲『中国漢代画像石の研究』214頁。
21）信，前掲『中国漢代画像石の研究』219頁。
22）信，前掲『中国漢代画像石の研究』219頁。
23）信，前掲『中国漢代画像石の研究』225頁。
24）呉徳新・曾令先『実学簡史』（重慶出版社，2007年）228頁。
25）傳嘉儀『秦漢瓦當』（陝西旅游出版社，1999年）274頁。

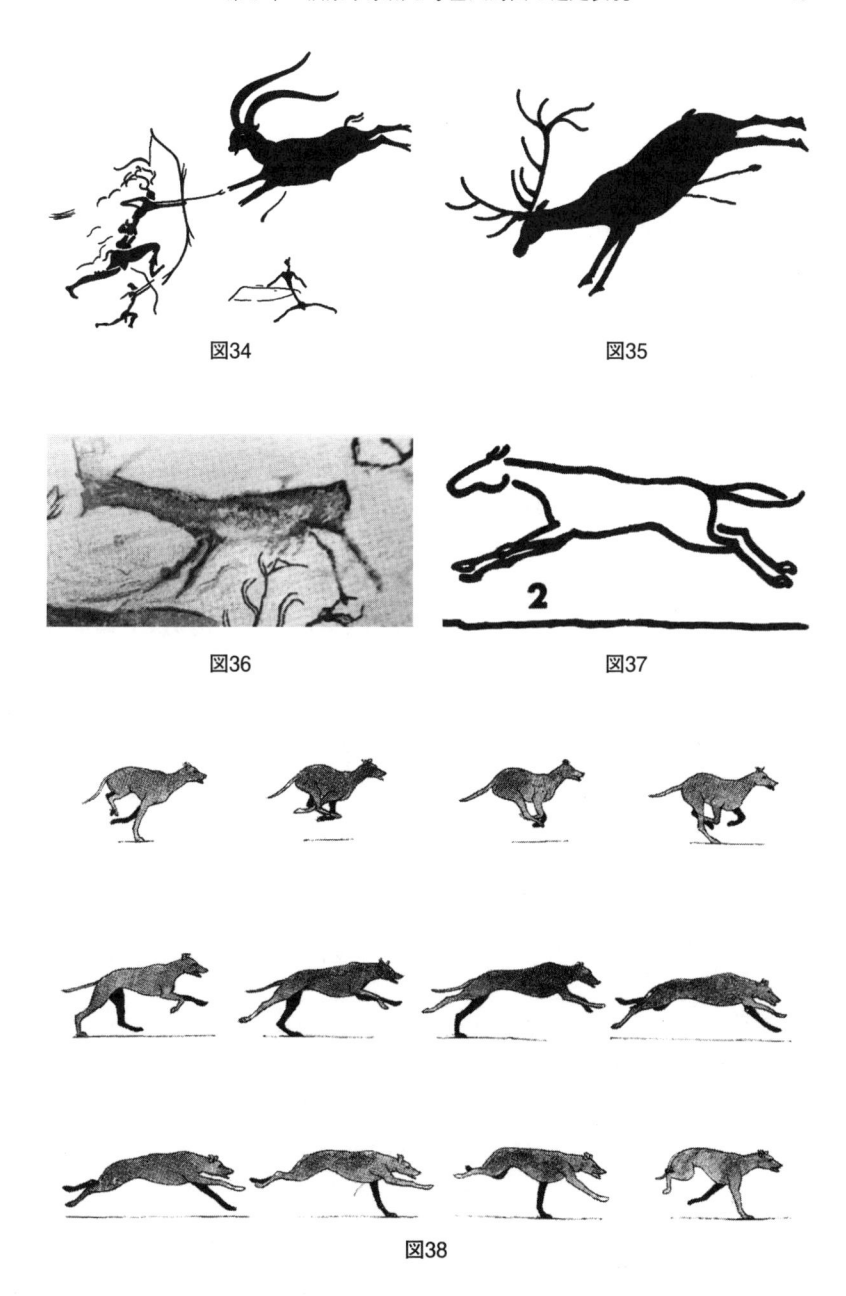

第3章　酒泉丁家閘5号墓天馬図の運足表現　　　　　　　83

図34

図35

図36

図37

図38

大きく視野を拡げさせてもらえるならば，実はこの運足表現はかなり古くから確認できるもので，スペインのカスティリヨンのガスルラの洞窟壁画[28]（図34），バリユトルタの洞窟壁画[29]（図35）など，多数の事例を見ることができる[30]。印象的な跳躍風の姿態であることや，足の複雑な屈折表現がなく描きやすかったであろうことなどが，この表現が古くから用いられてきた理由であろう。

この運足表現は，前掲のシートンの書物で，「「木馬」のような姿勢」と揶揄されているもので[31]，現実の馬の疾走姿勢としてはありえないものであって，ハムの言うように「全速力で走っているときでさえ（中略）脚がそろって伸びていたり（中略）することは絶対にありえません」（図38）[32]。シートンはこのような姿で馬が走る姿を描くことは時代遅れであると指摘しているが，おもしろいことに，犬の場合に限って言えば，全速力で走る運足表現として科学的に正しい[33]（図36）。だから，皮肉なことに嘉峪関新城6号墓「犬猟」図（図33）の犬は正しく描かれていることになる。とまれ，そのような（断言はできないが，おそらく）偶然の一致は例外として，「木馬」の運足表現は，事実とは関係なく（むしろ事実とは異なって）古くから四足獣の疾走時の運足を示すものとして用いられてきた。古い伝統に固執する立場なら，この運足表現こそ，最も直截で分かりやすく，保持されるべきものであったろうし，しかも，四肢それぞれに異なる4種類の足の屈折表現を描く手間も要らず，描くのが楽であったろう。

さて，上で述べたように，酒泉丁家閘5号墓壁画やその他甘粛省の古墓の壁画の描き手たちの前にも漢代以来の多様な四足獣運足表現の使用

---

26) 傅，前掲『秦漢瓦當』306頁。
27) 傅，前掲『秦漢瓦當』307, 308頁。
28) ダグラス・マゾノウィッツ（田口實訳）『世界の洞窟壁画』（佑学社，1979年）90, 92, 96, 126-7, 128頁。
29) マゾノウィッツ，前掲『世界の洞窟壁画』109, 125頁。
30) 但し，スペインの洞窟壁画では，水平方向であることは必ずしも重要ではなく，2本の前足と2本の後足がそれぞれ平行であるように描くことが重要だったようである。ラスコーの壁画（図版36，マゾノウィッツ，前掲『世界の洞窟壁画』39頁）など。
31) シートン，前掲『美術のためにシートン動物解剖図』144頁。
32) ハム，前掲『動物の描き方』68頁。
33) シートン，前掲『美術のためにシートン動物解剖図』54, 146頁。

第3章　酒泉丁家閘5号墓天馬図の運足表現　　　　　　　　　　　　85

可能なヴァリエーションがあったのだろうが，しかし彼らはその全てを用いたわけではなかった。そして酒泉丁家閘5号墓壁画の描き手（ないし描き手チーム）は，疾走する四足獣を四度描く機会がありながら，そして他の描き手たちのなかには用いる者もいたにもかかわらず，あえて「木馬」の運足表現を用いなかった。このことだけで判断することは適当ではないかもしれないが，それでもなお，このことの意味は大きいと筆者は考えたい。当該の描き手（たち）は，古い伝統に安易に盲従することをもって良しとする者（たち）ではなかったのではないか。

　筆者が注視したいもう一つの事柄は，上記1，2で示したように，酒泉丁家閘5号墓壁画の疾走する四足獣の運足表現がすべて一致していること，そして，当該壁画の四足獣運足表現全体から合法則的傾向が抽出できるということである。当該の描き手（たち）は，自らが提示するものに一貫性を持たせようとしている。彼らは，単なる客観的事実の写生でもなく，また，単に古い伝統を取り込んでそれを再使用するだけでもなくして，自覚的に称揚しようとし守ろうとする美的類型を求める者（たち）であったのではないか。

おわりに

　現在のところ筆者は以下のように考えている。
　漢代画像石に見られるように，既に漢代において，四足獣の絵画的な運足表現は多様に展開していた。現在の甘粛省にあたる地域の人々には，画像石を用いた厚葬の習慣は広まらなかったが，四足獣の運足表現について様々な事例を知っていた。それは後に甘粛省魏晋古墓群の画像磚に見られる四足獣の運足表現に流れ込んでいくが，類型の数という点から言えば，拡散より収斂の傾向を見せていった。美術史的にはこれを進化とみるか退化とみるか評価は分かれるだろうが，その収斂の傾向は，単に虫食い状にランダムに類型群が朽ち欠けて，単純・簡単なものが残って複雑で面倒なものが摩滅していくようなものではなく，むしろ，簡単に描くことができる類型（「木馬」の疾走型）が捨て去られ複雑な姿態を示すもの（天馬の疾走型）が遺される事例が現れるような，意志的な選

択が垣間見える動きであった。この意志的な動きは，佇立型から歩行型そして疾走型へと連続的・法則的に展開される四足獣運足表現の体系を形成するに至る。酒泉丁家閘5号墓壁画における四足獣運足表現は，その形成過程の一定の到達段階を示すものである。それが，その過程の完成形だったのか，それともその先に更なる洗練の極みがあったのかは，今のところわからない。

　筆者は甘粛省古墓の画像群すべてを見ることができたわけではない。だから，上記はあくまで方法的試論に過ぎない。今後，より多くの事例を見ていくことが筆者の課題となる。また，本稿でみた運足表現と，古代エジプト世界や，西洋古典古代における馬画像の運足表現とは，いろいろと異なる部分がある。四足獣運足表現について古代文化圏どうしの比較研究も，今後の課題として視野に収めておきたい。

＊　本稿は，『西北出土文献研究』2008年度特刊（2009）に掲載された原稿を加筆・修正したものである。（高橋秀樹「酒泉十六国墓前室北壁上段壁画天馬図運足表現」，65-101頁）

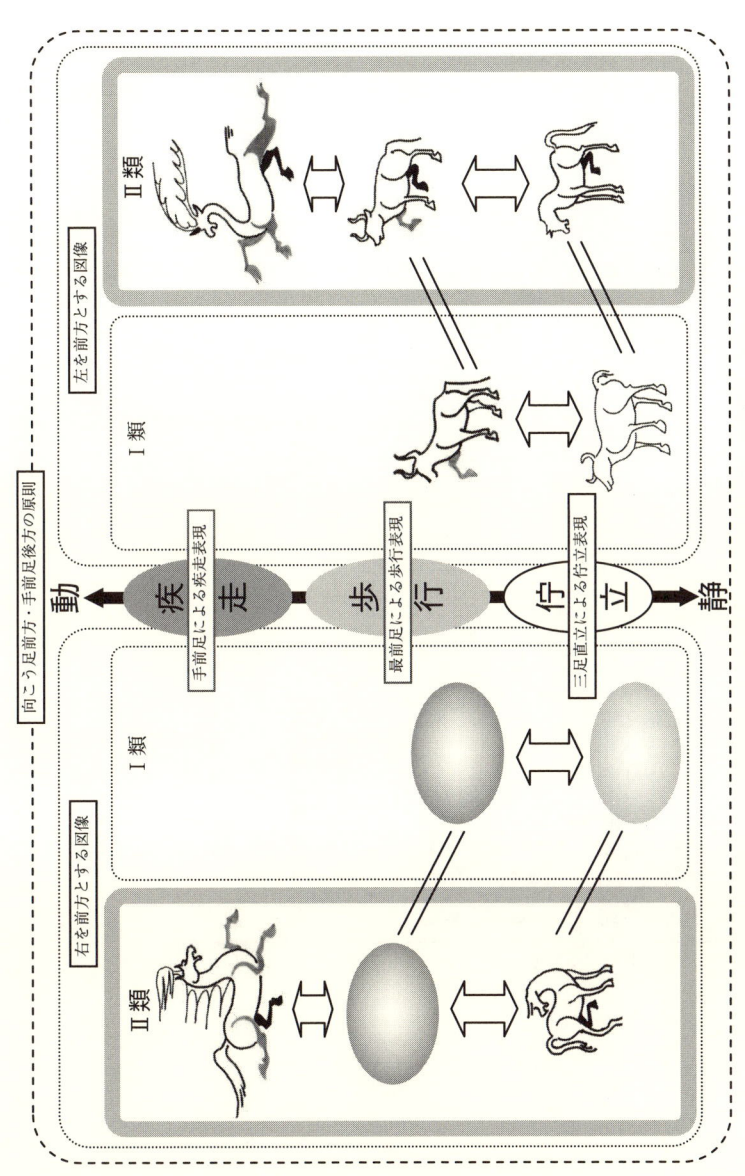

第3章　酒泉丁家閘5号墓天馬図の運足表現　　　　　　　　　　　　　87

概念図1　酒泉丁家閘5号墓壁画における四足獣運足表現の展開図

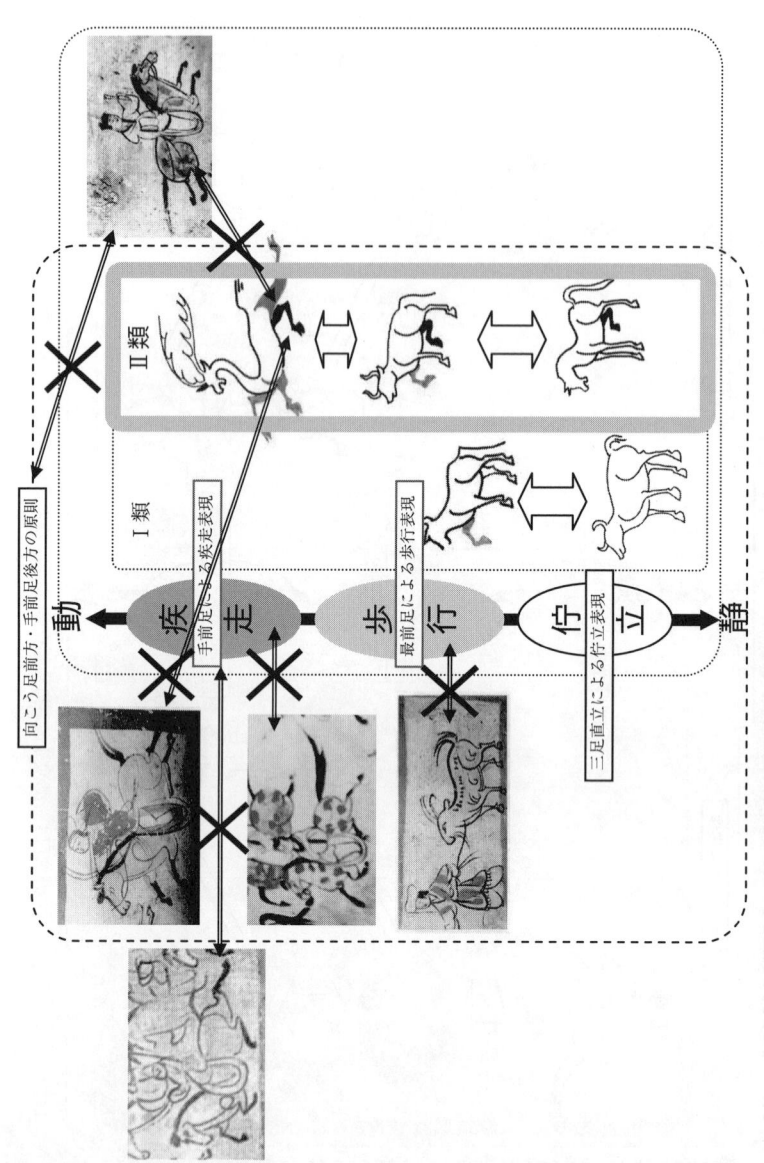

88　第Ⅱ部　情報──生成と伝播

概念図2　酒泉丁家閘5号墓壁画から見た場合の甘粛省における四足獣運足表現の偏差

第 4 章
奈良時代における「先人の遺風」としての「風流」とその展開

荻　美　津　夫

はじめに──「風流」について

　「風流」は，「ふうりゅう」「ふりゅう」とも読まれる。『日本国語大辞典』（小学館）によると「ふうりゅう」「ふりゅう」それぞれの項目が立てられており，両項目に共通している意味として，次のようにみられる。

① 　上品で優美な趣のあること。優雅なおもむき。みやびやかなこと。また，そのさま。詩歌を作り，その趣を解し，あるいは趣味の道に遊んで世俗から離れることにもいう。
② 　芸能の一種。華麗な仮装をし，囃し物を伴って群舞した，中世の民間芸能。また，その囃し物。後には趣向をこらした山車などや，それを取り巻いて踊ることをもいった。

　これによると，①では，状態や性質をあらわし，ここから「為人（ひととなり）」をあらわす詞としても使われたことが推察される。②は中世に流行し発展したいわゆる風流芸であり，近世にかけて流行した囃し物や踊りをともなう山車などの芸能もこの範疇に含まれるものであった。したがって，「風流」の読み方の変遷とその意味合いの歴史的変遷が窺われるのであり，中世における芸能としての「風流」がいかように形成されていったのかは，「風流」をめぐる大きな課題の一つであろう。
　ところで，中国における「風流」は，いかなる意味をもっていたので

あろうか。諸橋轍次の『大漢和辞典』（大修館書店）によると，

① 遺風。なごり。
② みやびやかなこと。品格の優雅なこと。洒落で世俗の事を超脱していること。

などとみえる。小川環樹は，中国古代における「風流」の有した意味の歴史的変遷を検討し，漢代には遺風など道徳的政治的意味から魏晉時代には個人の風格をあらわす意味が主要になるとする。しかし，三国時代には道徳的風格の義であったのに対し，晉代には逆に道徳から離脱した「道家的な自由を求める特定の人々の性格をあらわす語」へと変化したとされる。さらに六朝時代には「官能的な美，なまめかしさ」という意味でも使われたという[1]。中国の事例をいくつかみていくと，『漢書』巻69，趙充國傳贊には「其風聲氣俗自古而然，今之歌謠慷慨，風流猶存耳」とあり，『後漢書』巻56，王暢傳に「士女沾教化，黔首仰風流」とあり，ともに先人の「遺風」の意味でとらえられ，土地や人々の様態についての表現に用いられている。また，『西京雜記』巻2には卓文君について「文君姣好眉色如望遠山……十七而寡爲人放誕風流」とその「爲人」について述べているが，「放誕風流」とされているように，すでに小川のいう「道徳から離脱した」自由奔放な性格に使われていることが知られる。南朝宋の劉義慶『世説新語』第9品藻に，殷仲堪と韓康伯を比較した話の中で，「居然有名士風流，殷不及韓」として，その立ち居振る舞いについて表現するなかに使用されている。ほかに『續晉陽集』では，王献之について「爲風流之冠」とし，『晉書』巻36衞玠傳には「此君風流名士」，同書巻77殷浩傳では「先朝風流士」とみえ，同書巻93王濛傳では「稱風流者」として王濛や劉惔があげられている。小川は，『世説新語』にみられる「風流名士」「名士風流」について「浮世ばなれした清談に日を送り，儒家の経典をけいべつし，それまでの道徳思想に対する反逆を公然と口にするごとき人々が名士であり，そのような行為が風流と考えられたのである」としている[2]。

---

1) 小川環樹「風流の語義の変化」（『中国語学研究』創文社，1977年）。

わが国においても，以下みていくように『萬葉集』や『藤氏家傳』（以下，『家傳』と略記）に「風流」の詞がみられ，「風流士」や「風流侍従」などと使用されている。奈良時代の「風流」に関する研究は，国文学を中心にかなりの数の論考がみられる。なかでも「風流侍従」の経歴と家系を詳細に検討した村山出の研究，「風流侍従」の一人長田王について検討した池田三枝子の論考，「風流」の変遷と「風流侍従」の役割を論究した福沢健の論考等があるが，いずれも元正・聖武朝の音楽的政策を分析した上でその背景に礼楽思想を考えている点において注目される[3]。また，当該時期の「風流」の意味については，井村哲夫が「風流侍従」の人々の経歴から「唱歌管弦を意味する名詞であろう」とした[4]のは卓見であろう。

奈良時代における「風流」に関しては，ほぼ出尽くした感はあるが，小論では『萬葉集』や『家傳』にみられる「風流」とは中国の本源的な「先人の遺風」としての古歌・古舞を意味するものであったことを明らかにし，次にその担い手の「風流士」「風流侍従」の出自や活動等を検討することによって，その歴史的背景と，「先人の遺風」として天武朝の古歌・古舞が考えられていたことなどについて明らかにしていきたい。

第1節 「風流士」「遊士」の意味とその内容

『萬葉集』巻第2，石川女郎の歌の中に「風流士」，その詞書き中に「風流」がみえ，同書巻6の詞書きの中に「風流意氣の士」や「風流秀才の士」，同書巻第16の中に「風流の娘子」とみられる。また，『家傳』の「武

---

2) 小川，前掲「風流の語義の変化」206頁。
3) 村山出「風流侍従の論」（『奈良前期万葉歌人の研究』翰林書房，1993年），池田三枝子「風流侍従長田王考」（『上代文学』69号，1992年），福沢健「平城京の風流」（『中村学園大学・中村学園大学短期大学部研究紀要』34号，2002年）。
4) 井村哲夫『赤ら小船 万葉作家作品論』（和泉書院，1986年）182頁。また，村山出は，「風流侍従」らは，「典故・儀制・格式などに明るく，古歌舞・音曲にも通じた『風流有る者』であった」と述べ，さらに「風流侍従は，風流が先王の遺風を正しく承け伝えようとする態度を意味することにおいて，いわば伝統派である」と「先王の遺風」という漢語の意味を継承していると述べているが（村山，前掲「風流侍従の論」48・49頁），この指摘は後述するように非常に重要であろう。

智麻呂傳」には,「風流侍従」として8名の諸王臣子があげられている。石川女郎は後述するように持統朝前後の人物と推定され,『萬葉集』巻第1,巻第2の大部分は,慶雲・和銅・養老年間に順次成立したと考えられている[5]。また,『家傳』の成立が天平宝字4年(760)～6年(762)頃と推定されている[6]ことから,「風流」に関わる言葉は,少なくとも7世紀末から8世紀前半にかけて使用され,「風流」人としての存在が注目されていたものであろう。本章の中心は奈良時代前半であるが,「風流」の意味を検討する本節では,石川女郎等持統朝頃の歌も含め,それぞれの時期の「風流」とは,いかなる意味であったのか,順次検討していこう。

『萬葉集』巻第2,「石川女郎,大伴宿禰田主に贈る歌一首」は次のようにある。

　　　遊士とわれは聞けるを屋戸貸さずわれを還せりおその風流士

これに対して,「大伴宿禰田主,報へ贈る歌一首」は,

　　　遊士にわれはありけり屋戸貸さず還ししわれそ風流士にはある

とみられる[7]。この歌のやりとりの事情は両歌の間に記されている詞書きにみられるように,石川女郎が身を賤しい老女にやつして火を借りに訪れたが,田主はそれと気付かず男女の関係を結ばずにそのまま還したが,その行為に対して「おその風流士」とたわぶれ皮肉ったもので,田主はその返歌では,そのまま還した自分の行為こそが「風流士」なのだと主張している。これまで,この「風流士」の解釈については「遊士(みやびを)」と同様とみて,石川女郎歌中の「風流士」を「色好みの男」など好色的な意味でとるのに対し,田主歌中の「風流士」は「節操高潔

---

5)『日本古典文学大系　萬葉集　一』(岩波書店,1957年)解説25頁。
6)　沖森卓也・佐藤信・矢嶋泉『藤氏家伝　鎌足・貞慧・武智麻呂伝　注釈と研究』(吉川弘文館,1999年)凡例1の1。
7)　前掲『日本古典文学大系　萬葉集　一』巻第2。『萬葉集』の引用は,以下も同書による。

第4章　奈良時代における「先人の遺風」としての「風流」とその展開　93

の人」の意で用いられているとされる[8]。これでは「遊士（みやびを）」と重ねて捉えられているのであるが，「遊士」を「みやびを」とする読みは平安中期の源順や清原元輔等によるものである[9]ことから，『萬葉集』で使用されている漢語の「遊士」の意味を検討する必要があろう。「みやびを」ならば「宮廷風・都会的に洗練された男」の意味が適当であろう[10]。「遊士」については，『大漢和辞典』では「遊説する人」「他国を巡行する使者」「士分の人々」とみられるのみだが，『漢語大詞典』では「四方に遊ぶ文人」[11]の意がみられる。『萬葉集』で使われている「遊士」は，漢語の意味の中では「四方に遊ぶ文人（詩文・書画など風雅の道にこころを寄せる人）」がもっとも適当であろう[12]。すなわちここでの「遊士」とは「詩文・書画など風流・風雅の道に遊ぶ人」の意であり，石川女郎の歌後の詞書き中で田主を評して「風流秀絶」としている風流も，ほぼ遊士と同様の意味で使われていよう。したがって，歌の中に使われている「遊士」と「風流士」は，「詩文・書画など風流・風雅の道に遊ぶ人」の意で共通点を持ち，田主の歌中の風流士は「詩文・書画など風流・風雅の道に遊ぶ節操・高潔な人」の意味で使われ，石川女郎も「おその風流士」とし，やはり「まぬけな風流・風雅の道に遊ぶ節操・高潔な人だこと」と冷やかしているように，特に「色好みの男」と解する必要はないのではないかと考える。大伴宿禰田主は詞書きから，佐保大納言大伴

---

8)　『新日本古典文学大系　萬葉集　一』（岩波書店，1999年）では漢語の「風流」は「超俗脱俗を中心的な意味として，高潔・洒脱・放逸・好色の意までを含」み，この歌では「漢語『風流』の意味と和語『みやびを』とを重ねて『色好みの男』の意」とし，田主の「風流士」を「節操高潔の人」の意で用いているとしている（105・106頁脚注）。また『新編日本古典文学全集　萬葉集①』（小学館，1994年）では中国の「風流」の意味は時代によって変遷があり，「晉代以後①個人の道徳的風格，②放縦不羈，③官能的な退廃性を帯びたなまめかしさ，などと推移した」とし，田主の風流は「伝統的な風流①」であるのに対し，石川女郎の風流は「風流③の延長ともいうべき，『遊仙窟』など唐代小説類に多い好色的な意味」にとっている（96・97頁頭注）。なお，漢語の風流の語義の変遷については既述のように，小川，前掲「風流の語義の変化」がある。また，福沢健は，石川女郎の「風流」を「好色」，田主の「風流」を「礼を守ること」として捉えている（福沢「石川女郎・大伴田主贈報歌と藤原京」『中村学園大学・中村学園大学短期大学部研究紀要』33号，2001年）。

9)　前掲『日本古典文学大系　萬葉集　一』解説37頁。
10)　前掲『新日本古典文学大系　萬葉集　一』105頁脚注。
11)　『漢語大詞典』「游士」に「泛指云游四方以謀生的文人」とみられる。
12)　前掲『新編日本古典文学全集　萬葉集①』97頁，頭注で，「遊士」を「風流を求めて遊ぶ男子の意」としているのは妥当であろう。

安麻呂の第2子で，大伴旅人（665-731）の弟であることが知られ[13]，持統朝頃の歌ではなかったかと考えられる。
　『萬葉集』ではほかに，天平年間の歌とされる中に，「風流士」や「遊士」について以下のようにみられる。

① 『萬葉集』巻第6, 1011・1012歌
　　　冬十二月十二日に，歌儛所の諸王臣子等の，葛井連廣成の家に集ひて宴する歌二首
　　比來古儛盛に興りて，古歳漸く晩れぬ。理共に古情を盡して，同に古歌を唱ふべし。故に此の趣に擬へて，輙ち古曲二節を獻る。風流意氣の士，儻し此の集の中に在らば，爭ひて念を發し，心心に古體に和せよ。
わが屋戸の梅咲きたりと告げやらば來ちふに似たり散りぬともよし
春さらばををりにををり鶯の鳴くわが山齋そやまず通はせ
② 『萬葉集』巻第6, 1016歌
　　　春二月に，諸大夫等の，左少辨巨勢宿奈麿朝臣の家に集ひて宴する歌一首
海原の遠き渡を遊士の遊ぶを見むとなづさひそ來し
　　　右の歌一首は，白紙に書きて屋の壁に懸着けたり。題して曰はく，蓬萊の仙媛の化れる嚢蘰は，風流秀才の士の爲なり。こは凡客の望み見る所にあらずあらむかといへり。
③ 『萬葉集』巻第8, 1429歌
　　　櫻の花の歌一首　　短歌を幷せたり
嬢子らの　插頭のために　遊士の　蘰のためと　敷き坐せる　國のはたてに　咲きにける　櫻の花の　にほひはもあなに

　これらによると[14]，①では「葛井連廣成の家に集ひて宴」する「風流意氣の士」，②では「左少辨巨勢宿奈麿朝臣の家に集ひて宴」する「風流秀才の士」とみえ，後者では歌の中で「遊士の遊ぶ」とも言っている

---

13) 石川女郎については諸説があるが，「草壁皇子に愛され大津皇子とも交渉のあった石川女郎」や「大伴宿麻呂に歌を贈った」のと同一人であろうともされる（前掲『新編日本古典文学全集　萬葉集①』96頁頭注）。

第4章　奈良時代における「先人の遺風」としての「風流」とその展開　95

ように,「風流の士」とは「風流・風雅の道に遊ぶ人」の意で, 天平期においては宴等においてその真価を発揮していた諸王臣子であったろう。先の持統朝の「風流士」は,「詩文・書畫など風流・風雅の道に遊ぶ節操・高潔な人」の意味としたが,「節操・高潔な人」という道徳的な意味の部分は諸王臣子という身分の中に解消され, その「風流・風雅の道に遊ぶ」諸王臣子が「風流の士」とされたものであろう。それでは, かれらが宴において遊ぶ遊びとは,「風流・風雅の道」とは何であったのであろうか。

　②によると, 歌の中で, 蓬莱の仙媛は「遊士」の遊ぶのを見ようと海原を渡ってやってきたとし,その詞書きに,仙媛が化けている嚢縵は「風流秀才の士の為」であるとする。嚢縵とは,「ふくろのような形のかずら」[15],「袋状のカヅラ（鉢巻状の髪飾り）……あるいは頭頂に束ねた髪もとどりを冠の中に入れるカヅラのようなものがあったか」[16] などとあるが,③の歌に「遊士の縵」とあることからも,「嚢の形の頭髪の飾り」のようなものと推察できよう。すなわち③の歌によると, 嬢子らの「挿頭」と, 遊士の「縵」が対になっており,「縵」とは「珠を連ねた緒や植物の蔓や柳の枝などを輪に巻き, 髪飾りとして頭に載せるもの」[17]とされているように頭飾りを意味するものであった。②・③の「風流士（遊士）」は頭に髪飾りを付けて舞ったものであろう。すなわちここでの「風流の士」の「風流・風雅の道」の遊びとは, 歌舞であったと推察される。しかも①において「風流意氣の士」に対して,「古體に和せよ」としているように古舞・古歌であったのであり, これは「先人の遺風」ともいうべき「風流・風雅の道」であったろう。古舞・古歌の実態については, 後に触れることとして, 続いて「風流の士」とされた人々の出自等を検討し,「風流の士」の活動した時代背景とその実態について考えてみたい。

　14）　これらのほかに『萬葉集』巻第7, 1295歌として「春日なる三笠の山に月の船出づ遊士の飲む酒坏に影に見えつつ」がある。
　15）　『日本古典文学大系　萬葉集　二』（岩波書店, 1959年）174頁頭注7。
　16）　『新編日本古典文学全集　萬葉集②』（小学館, 1995年）154頁頭注2。
　17）　前掲『新日本古典文学大系　萬葉集　一』466頁817歌の脚注。

第2節 「風流士」の人々

「風流士」は，持統朝では大伴宿禰田主が確認できた。その出自等については，大伴安麻呂の第2子で，旅人の弟にあたり，先に引いた『萬葉集』巻第2の歌の詞書きによると，字は仲郎で「容姿佳艶にして風流秀絶なり。見る人聞く者歎息せざることなし」とみえるのみで，このほかほとんど知られておらず，ここでは持統朝ということだけを確認しておきたい。「風流士」という言葉は，『萬葉集』ではほかに天平年間にみられたように，奈良時代初頭に多くの人物を確認できる。もっとも著名なのは『家傳』にみられる「風流侍從」の人々である。また，天平6年(734) 2月癸巳朔に朱雀門外で行われた歌垣に参加した「有風流者」のうち頭として唱和した4名の王[18]，あるいは，先に引用した①『萬葉集』の天平8 (736) 年12月12日にみえる葛井連廣成やその家に集い宴に参加した歌舞所の「風流意氣の士」等をあげることができる。

1 『家傳』にみられる「風流侍從」

『家傳』の「武智麻呂傳」には「風流侍從」として，六人部王，長田王，門部王，狹井王，櫻井王，石川朝臣君子，阿部朝臣安麻呂，置始工の名があげられている。以下，それぞれの出自等をみていくことになるが，その前に，「風流侍從」について，いつ頃のこととして考えられるかを検討してみよう。

「武智麻呂傳」には，武智麻呂について養老5年 (721) 正月に中納言に任ぜられ[19]，神亀5年 (728) 7月播磨守に遷り按察使を兼ね，翌天平元年 (729) 6月に大納言に遷るとみえる[20]。この後その人となりや，重臣として重要な役割を果たしていたとし，次に当該期の公卿や，「風流侍從」を含めた専門知識人等を掲げた後に，天平3年 (731) 9月大宰

---

18) 『續日本紀』天平6年2月癸巳朔条。なお，以下においても特に断らない場合は『續日本紀』による。

19) 『續日本紀』では養老5年正月壬子条。

20) 『續日本紀』では天平元年3月甲午条。『公卿補任』では大納言に任じられたのを3月4日とする。

第4章　奈良時代における「先人の遺風」としての「風流」とその展開　97

帥を兼任したとしている[21]。したがって，ここであげられている公卿や「風流侍従」等専門知識人等は，天平元年（729）から同3年（731）9月までの間の時期が想定されることになる。しかし，『家傳』に「參議高卿」の一人としてあげられている中納言多治比（丹比）眞人縣守が中納言に任ぜられたのは天平4年（732）正月のことであり[22]，「風流侍従」の一人，六人部王は天平元年（729）正月に卒しており，この二人についてはこの時期の外になる[23]。この点を考慮するならば，時期は神亀年間（724～729）から天平4年（732）頃の聖武朝初期までを想定しなければならないであろう。以下，六人部王から順に，その出自や「風流侍従」として出仕した時の年齢等について検討してみよう[24]。

（イ）　六人部王

六人部王（身人王）は『萬葉集』巻8所載笠縫女王の歌一首（1611歌）の注に「六人部王の女なり。母を田形皇女と曰ふ」とあるように，笠縫女王は六人部王と田形皇女との女であったという。六人部王の出自は未詳だが，和銅3年（710）正月甲子，鈴鹿王とともに無位より従四位下に叙せられており，選叙令蔭皇親条に「凡蔭皇親者，親王子従四位下」とあることや，同時に叙せられている鈴鹿王が高市親王の子であることからも，親王の子であったものと察せられる。同令授位条には「凡授位者，皆限年廿五以上〈謂，入色年限，起自十七也〉[25]，唯以蔭出身，皆限年廿一以上」とあるが，実際に21歳で蔭位にあずかったのは延暦14年（795）10月8日の太政官符以後のことであった[26]。しかし，皇族の場合

---

21)　『續日本紀』では天平3年9月癸酉条。
22)　『續日本紀』天平4年正月甲子条。
23)　このほか知惣管事新田部親王が大惣管に任ぜられるのは『續日本紀』によると天平3年11月丁卯であり，三弟式部卿藤原宇合，四弟藤原麻呂，大蔵卿鈴鹿王，左大弁葛城王が参議に任ぜられるのはいずれも同書では天平3年8月丁亥である。知機要事二弟壮卿藤原房前については「知機要事」が明白でないが，日本思想大系所載「武智麻呂傳」では養老5年元明太上天皇の不予にあたり長屋王とともに詔を承けるが，房前への同年10月戊戌条の詔が知機要事にあたるかとする（『日本思想大系　古代政治社会思想』〈岩波書店，1979年〉「武智麻呂伝」347頁補注）。
24)　同様な検討は，村山出「風流侍従——経歴の検討」（同，前掲『奈良前期万葉歌人の研究』）によって行われている。
25)　〈　〉内は，割り注を示す。以下同じ。
26)　『新日本古典文学大系　續日本紀　一』（岩波書店，1989年）373頁補注3-65では，野村忠夫『律令官人制の研究』（吉川弘文館，1967年）に基づき，蔭の適用を受ける資格のある者が出身する場合，三つのコースをあげている。

には,『令集解』選叙令蔭皇親条に延暦15年（796）12月9日の勅をひいて「皇親之蔭,事具令條」とあることから,臣下の場合とは異なり,原則としては令の規定通り叙位に預かるのは21歳以上と考えられる。従って,六人部王が,和銅3年（710）正月無位より従四位下に叙せられ時は21歳以上とみなせるであろう。その後,霊亀2年（716）8月甲寅には志貴親王の喪事を監護し,神亀元年（724）2月壬子には正四位下より正四位上に叙せられ,同3年（726）9月壬寅には聖武天皇播磨印南野行幸の装束司を勤めている。同5年（728）「風流侍従」を勤めた時には正四位上で,年齢は39歳以上であったものと察せられる。しかし,その翌年の天平元年（729）正月壬寅,正四位上六人部王が卒したことがみえる。このとき40歳以上であったろう[27]。

（ロ）長田王

長田王は,出自未詳である。和銅4年（711）4月壬午に従五位上より正五位下に叙せられている[28]。選叙令蔭皇親条には諸王子等について「諸王子従五位下,其五世王者,従五位下」とあることから諸王子または五世王の可能性が考えられる。年齢は,『令集解』選叙令蔭皇親条所引延暦15年（796）12月9日勅により,和銅4年（711）4月の段階で21歳以上であったと察せられるが,後述する櫻井王や佐為王は,従五位下より正五位下まで10年間を要していることから,長田王の場合も同様に10年前後かかったと想定した場合,およそ30歳以上と察せられる。野村忠夫は700〜740年代前半における五位到達年齢について,王族は20代での受爵と30〜40代前半での受爵の場合のあったことを指摘しているが[29],この例からも,およそ妥当であろう。『萬葉集』巻1によると和銅5年（712）4月,長田王を伊勢の斎宮に遣わしたときの歌が3首掲載されており（81〜83歌）,これらは「山邊の御井にして作る歌」とされているが,「右二首,今案ふるに,御井の所の作に似ず。けだしその時誦する古歌か」

27) 村山出も選叙令を根拠に,和銅3年正月従四位下に叙せられた時の年齢を「二十一歳くらい」,「没した時は四十歳くらい」としている（前掲「風流侍従――経歴の検討」）。

28) 村山出は,和銅4年4月に従五位上より正五位下に叙せられた長田王と,天平7年4月無位から従四位下に叙せられた長田王の二人をあげ,前者と考えた上でその系譜等を検討している（前掲「風流侍従――経歴の検討」）。

29) 野村,前掲『律令官人制の研究』445-447頁。これは,後述する門部王,狭井王,櫻井王の場合も当てはまるであろう。

第4章　奈良時代における「先人の遺風」としての「風流」とその展開　99

として，3首中2首については古歌を誦したものであろうと推測している。古歌を誦していることに注目したい。神亀元年（724）2月壬子には従四位上，天平元年（729）3月甲午に正四位下に叙せられている。「風流侍従」のときには従四位上か正四位下であったと察せられる。天平元年（729）9月乙卯には衛門督，同4年（732）10月丁亥摂津大夫としてみえ，天平6年（734）2月癸巳朔，聖武天皇が朱雀門に御して行われた歌垣では正四位下長田王が頭の一人として唱和を主導している。歌垣頭の際には53歳以上であったろう。従って，天平9年（737）6月辛酉に散位正四位下で卒した時には56歳以上であったと推察される。

（ハ）　門部王

　門部王は天武皇子長親王の孫にあたり，川内王の子で，兄には高安王・櫻井王がいる。和銅3年（710）正月戊午，無位より従五位下に叙せられている[30]。この時，選叙令授位条，蔭皇親条等より21歳以上であったろう。神亀5年（728）5月丙辰には正五位上より従四位下に叙せられており，「風流侍従」の際も従四位下で，年齢は39歳以上であったと察せられる。天平6年（734）2月癸巳朔の歌垣には従四位下とみえ，長田王等とともに頭を掌っている。この時，45歳以上であったろう。『萬葉集』巻第6には，同9年（737）正月，門部王の家に宴が行われ，後述する風流侍従の一人橘少卿（佐爲王）など諸大夫が集い，その時の門部王の歌が掲載されている（1013歌）。同歌の詞書き「門部王」の割り注に「後姓大原眞人氏を賜ふ」とあることから，門部王は同11年（739）に兄高安王らとともに大原真人姓を賜ったものと察せられる[31]。

（ニ）　狹井王

　狹井王（佐爲王）は敏達天皇後裔美努王の子，母は縣犬養三千代で，葛城王（橘諸兄）の弟である。和銅7年（714）正月甲子，無位より従五位下に叙せられている。このとき選叙令授位条，蔭皇親条等より21歳以上であったろう。兄橘諸兄は天武天皇13年（684）生まれであると推察されること[32]から，このとき30歳となるので，弟狹井王は21歳以上30

---

30)　村山出は，和銅3年正月に無位から従五位下に叙せられた門部王と，同6年正月無位から従四位下に叙せられた門部王の二人を検討し，前者の長皇子の孫と考えたいとしている（前掲「風流侍従——経歴の検討」）。
31)　『續日本紀』では天平11年4月甲子条。
32)　『橘氏系図』・『公卿補任』天平勝宝9年条等による。

歳未満となる。養老5年（721）正月には東宮首に侍し，同年（721）9月に斎王に任ぜられた井上内親王を北池内親王新造宮に移したときの前輿長に奉仕している[33]。神亀元年（724）2月壬子には正五位下，同4年（727）正月庚子従四位下，天平3年（731）正月丙子従四位上に叙せられている。「風流侍従」の際は正五位下，従四位下，従四位上のいずれの可能性もあろうが，神亀5年（728）には従四位下で35歳以上44歳未満であったと察せられる。天平8年（736）11月には葛城王とともに橘宿禰姓を賜っている[34]。同9年（737）正月，門部王の家において行われた宴に参加しているが，同年（737）8月壬寅朔に卒している。このとき44歳以上53歳未満であったろう。

　（ホ）　櫻井王

櫻井王は既述の門部王の兄で，和銅7年（714）正月甲子，無位より従五位下に叙されている。この時，選叙令授位条，蔭皇親条等より21歳以上であったであろうが，弟門部王が既述のように同3年（710）に無位より従五位下に叙位され，このとき21歳以上としたのにしたがうと，同7年（714）には門部王は25歳以上となり，兄櫻井王は26歳以上と想定される。養老5年（721）9月，元正天皇が内安殿に御し，伊勢奉幣のために皇太子（首）の女井上内親王を斎王に任じ，北池辺新造宮に移したときに，櫻井王は後輿長として奉仕している[35]。神亀元年（724）2月壬子には正五位下，天平元年（729）3月甲午には正五位上，同3年（731）正月丙子には従四位下に叙せられている。「風流侍従」の際は正五位下，正五位上，従四位下のいずれの可能性もあるが，神亀5年（728）には正五位下で40歳以上であったと察せられる。天平11年（739）4月甲子には高安王・門部王らとともに大原眞人姓を賜ったであろう。同16年（744）2月丙申には，太政官事鈴鹿王らとともに恭仁京の留守となっている。

　（ヘ）　石川朝臣君子・阿倍朝臣安麻呂・置始工

石川朝臣君子（若子，吉美侯）は，和銅6年（713）正月丁亥，正七位上より従五位下に叙せられている。同族と思われる石川朝臣年足につい

---

33)　『政事要略』巻24，年中行事9月。
34)　『續日本紀』天平8年11月丙戌条。『萬葉集』巻第6，1009歌。
35)　『政事要略』巻24，年中行事9月。

て，野村忠夫は688年（持統天皇２年）生まれとし，天平７年（735）正六位上より従五位下に任ぜられた時には48歳としている。また，700～740年代前半における上・中級貴族層出身の受爵は30～40代前半，下級貴族以下の受爵は40代後半～60代という一般的傾向が認められると指摘している[36]。野村の指摘から，石川朝臣君子が従五位下に叙せられた年齢を，仮に40代後半（45～49歳）と想定したい。君子は，播磨守・兵部大輔を経て，養老５年（721）６月辛丑には侍従に任ぜられている。神亀元年（724）２月壬子に正五位下，同３年（726）正月庚子に従四位下に叙せられており，「風流侍従」の際には正五位下か従四位下で，同５年（728）頃の年齢は60代前半（60-64歳）であったと察せられる。

阿倍朝臣安麻呂は，慶雲２年（705）12月癸酉には従六位上より従五位下に叙せられている。野村忠夫は，同族と思われる阿倍朝臣首名について，664年（天智天皇３年）生まれで，慶雲元年（704）正月に従六位上より従五位下に任ぜられた時には41歳としている[37]。野村の指摘より，阿倍朝臣安麻呂が従五位下に叙せられた年齢を仮に40歳代前半（40～44歳）と想定したい。安麻呂はその後，神亀元年（724）２月壬子には正五位上，同５年（728）５月丙辰に従四位下に叙せられており，「風流侍従」の際には正五位上か従四位下で，同５年頃の年齢はおよそ63～67歳であったと察せられる。

置始工（多久美）は，『萬葉集』巻第16の詞書きに「その小鯛王は，更の名を置始多久美といへる」とあるように（3820歌）元王族であるが出自は未詳である。受爵についても明白ではないが，既述のように野村忠夫によると，700～740年代前半における五位到達年齢について，王族は20代での受爵と30～40代前半での受爵の場合があったという。この指摘を考慮するならば，「風流侍従」の際においては，少なくとも30～40代前半以上の年齢と推察できよう。この詞書きの前半部分に「右の歌二首は，小鯛王，宴居する日に，琴を取れば登時，必ずまづ此の歌を吟詠せり」とあり，琴（和琴）を弾いて歌謡を歌うことに巧みであったことが知られる。

36）それぞれ，野村，前掲『律令官人制の研究』439, 447頁。
37）野村，前掲『律令官人制の研究』439頁。

2 歌垣に参加した「有風流者」と歌舞所の「風流意氣の士」

天平6年（734）2月癸巳朔，朱雀門外で行われた歌垣に「頭」となり本末を唱和したのは正四位下長田王，従四位下栗栖王・門部王，従五位下野中王であった。長田王は既述のように「風流侍従」の一人であり，この歌垣の際には53歳以上であったと察せられる。門部王についても同様で，このとき45歳以上であったろう。また，天平8年（736）12月12日に葛井連廣成の家に集い宴に参加した歌舞所の諸王臣子は「風流意氣の士」とされているが，その人物は「風流侍従」や以下の歌垣に参加した「有風流者」と重なるであろう。

(ト) 栗栖王

栗栖王は天武天皇長親王の皇子であり，養老7年（723）正月丙子，無位より従四位下に叙されている。このとき選叙令蔭皇親条や『令集解』同条等により，21歳以上となる。天平勝宝5年（753）10月甲戌，中務卿・従三位で薨じている。『本朝皇胤紹運録』においても薨年を同年とするが，『公卿補任』では同4年（752）とし年齢を71歳とする。また，同書では天武天皇10年（681）壬午生まれとするが，『日本書紀』では壬午は天武天皇11年（682）とされ混乱している。没年齢を『公卿補任』の71歳とすると，682年（天武天皇11年）生まれとなり，養老7年（723）に無位より従四位下に叙された時の年齢は41歳ほどとなる。これは，既述の野村忠夫が説いた王族の30〜40代前半の受爵に相当しよう。しかし，弟の大市王（文室眞人大市，大市は邑珍とも）は宝亀11年（780）11月戊子の薨伝によると長親王第7子とみえ，77歳で薨じていることが知られる。これによると大市王は慶雲元年（704）生まれとなり，兄の栗栖王との年齢差は22歳となる。しかし，なによりも父の長親王自体が天武天皇5年（676）以後の生まれと推定されており[38]，子の栗栖王との年齢差は最大でも6年としかならないことから，薨年を71歳とする『公卿補任』の情報には無理があるであろう[39]。大市王の生年を考慮すると，兄の栗栖王は慶雲元年（704）以前の生まれとなり，前年の生まれと想定した場合

---

38) 前掲『新日本古典文学大系　続日本紀　一』282頁補注1-118。
39) 『新日本古典文学大系　続日本紀　二』（岩波書店，1990年）498頁補注9-19でも，『公卿補任』の生年を「これは何かの誤りか」としている。

には，栗栖王が養老7年（723）無位より従四位下に叙された時には21歳となるので，21歳以上であったとみなすことができよう。また，弟大市王は天平11年（739）正月丙午無位から従四位下に叙せられた時には，35歳であったことが窺われることから，栗栖王の初叙は21～35歳であったと想定しても大過ないであろう。栗栖王は，天平5年（733）12月には雅楽頭，翌6年2月に歌垣の頭を勤めているが，この時にはおよそ31・32歳以上～45・46歳以下であったと察せられる[40]。

（チ）野中王

出自未詳であるが，天平6年（734）正月己卯に無位より従五位下に叙されていることから，諸王の子で，このとき21歳以上であった。野中は河内國丹比郡野中郷に由来し，『令集解』喪葬令遊部条の古記に，「但此條遊部，謂野中古市人歌垣之類是」とあることから[41]，野中王が何らか歌垣に関わっていたことが想定される。同年（734）2月の歌垣に頭の一人となった年齢は，4名の中で一番若かったことが考えられる。美努王の子で橘諸兄弟の狭井王の初叙が21歳以上30歳未満であることから，野中王の初叙もほぼ同様に察せられよう。

（リ）葛井連廣成

葛井連廣成は，もと白猪史廣成で，養老3年（719）閏7月丁卯，大外記，従六位下で遣新羅使となり，翌4年（720）5月壬戌葛井連姓を賜っている。天平3年（731）正月丙子に正六位上より外従五位下に叙せられているが，先には「風流侍従」中の石川朝臣君子と阿倍朝臣安麻呂が従五位下に叙せられた年齢について，君子が40歳代後半，安麻呂が40歳代前半と想定した。廣成は連姓で，野村の指摘する下級貴族の受爵とみなすことができるならば，40代後半から60代での受爵となる。のちの活動状況を考えるならば，廣成も同様に，天平3年（731）正月に外従五位下に叙せられた年齢をおよそ40代としても問題ないであろう。天平8年（736）12月12日に歌舞所の諸王臣子が「風流意氣の士」と葛井連廣成の家に集い宴が行われたときには，40代半ばから50代半ばほどの年齢

---

40) 栗栖王の弟とされる智奴王（文室眞人智奴）は『公卿補任』によると693（持統天皇7年）生まれとされる。これによると兄の栗栖王はおよそ692年以前の生まれとなり，栗栖王の初叙は31歳以上となる。しかし，既述のように長親王は天武天皇5年（676）以後の生まれとされており，智奴王の生年についても問題が残ろう。

41) 前掲『新日本古典文学大系　続日本紀　二』275頁脚注36。

表1

	「風流侍従」年齢神亀5→天平3　位階	「歌垣頭」年齢　位階	「風流意氣の士」年齢　位階
六人部王	39以上→42以上　正四上		
長田王	47以上→50以上　従四上カ	53以上　正四下	
門部王	39以上→42以上　従四下	45以上　従四下	
狹井王	35〜44→38〜47　従四下		
櫻井王	40以上→43以上　正五下カ		
石川朝臣君子	60〜64→63〜67　従四下		
阿倍朝臣安麻呂	63〜67→66〜70　従四下		
置始工	30〜40代前半以上		
栗栖王		31・32以上〜45・46以下　従四位下	
野中王		21以上〜30未満　従五位下	
葛井連廣成			40代半〜50代半　外従五位下

であったと察せられる。その後、廣成は同15年（743）6月丁酉には備後守に任ぜられ、同20年（748）8月己未には聖武天皇による廣成宅行幸があり、宴飲が行われている。聖武天皇行幸宴飲時の廣成の年齢は、50代後半から60代後半となり、およそ妥当な年齢とみてよいであろう。

　ここまで検討してきた「風流侍従」と歌垣頭等に奉仕した人々について、ここであらためて表にまとめると（表1）のようになる。
　これによると、「風流侍従」や歌垣頭に奉仕した諸王臣子は、40歳代から60歳代であり、王族はほぼ40代が中心であったものと推察される。それでは、神亀から天平にかけて「風流侍従」などとして奉仕した彼らの役割はどこにあったのであろうか。それを考えるためには『家傳』に、「風流侍従」に次いで記載されている学者・文人才子等について検討しなければならない。

第3節 『藤氏家傳』にみられる学者・文人才子等

「風流侍従」に続けて，「宿儒」「文雅」「方士」「陰陽」「暦算」「咒禁」「僧綱」の人々が掲げられている。それぞれについて検討しよう。

「宿儒」として，守部連大隅[42]・越智直廣江・背奈行文・箭集宿禰虫麻呂・鹽屋連吉麻呂・楢原東人があげられている。養老5年（721）正月甲戌（27日）の元正天皇の詔により，百僚のうち学業に優遊し師範たるに堪える者が選ばれて特に賞賜が加えられたが，その中に明経第一博士として鍛冶造大隅（守部連大隅）・越智直廣江，第二博士として背奈公行文，明法家として箭集宿禰虫麻呂・鹽屋連吉麻呂等が含まれていた。また，越智直廣江・鹽屋連吉麻呂は養老5年（721）正月庚午（23日）の詔により，退朝後東宮首皇子に侍せしめられている。さらに，鍛冶造大隅は大宝律令撰定，箭集宿禰虫麻呂と鹽屋連吉麻呂はともに養老律令撰定に関わっていたことが知られる[43]。また，背奈公行文は大学助，箭集宿禰虫麻呂と鹽屋連吉麻呂は大学頭[44]，楢原東人は大学頭兼博士を勤めている[45]。以上のように，「宿儒」とは大学頭や博士などとして，律令の撰定に携わった明法家や儒学者の人々であり，養老5年（721）正月には皇太子首の教育係となり，「國家所重」の学業に優れた師範として賞賜されていることは注目されよう。

「文雅」としては，紀朝臣清人，山田史御方，葛井連廣成，高丘連河内，百濟公倭麻呂，大倭忌寸小東人が掲げられている。これらのうち，紀朝臣清人，山田史御方，高丘連河内（樂浪河内）については，養老5年（721）正月庚午の詔により退朝後東宮首皇子に侍すことが命じられ，同月27日には「文章」として賞賜が加えられている。いずれも文章博士であり，山田史御方・高丘連河内は大学頭を勤めている[46]。葛井連廣成について

---

42) もと鍛冶造大隅。神亀5年2月守部連の姓を賜る（『續日本紀』同年同月癸未条）。
43) それぞれ，『續日本紀』文武4年6月甲午条，養老6年2月戊戌条。
44) それぞれ，『懐風藻』，『續日本紀』天平4年10月丁亥条，『懐風藻』による。
45) 『文德天皇實録』仁壽2年2月乙巳条滋野朝臣貞主卒傳。
46) それぞれ『續日本紀』天平13年7月辛亥条，『懐風藻』，『續日本紀』神護景雲2年6月庚子条高丘宿禰比良麻呂卒傳。

は，既述のようにその宅に歌舞所の諸王臣子が集い「風流意氣の士」の一人として知られたが，『懷風藻』に漢詩2首，『經國集』に對策2文が掲載されており，百済公倭麻呂も『懷風藻』に漢詩がみられる。大倭忌寸小東人（大和宿禰長岡）は，養老律令や刪定律令の撰定に関わったことが知られる[47]。

「方士」には，吉田連宜，御立連呉明，城上連眞立，張福子があげられている。これらのうち，吉田連宜，御立連呉明（呉肅胡明）は養老5年（721）正月27日の詔により医術の学業に優れ師範たるにより賞賜されている。城上連眞立は，天平2年（730）12月20日付「大倭國正税帳」に「正六位上行大掾兼侍醫勲十二等」とみえ[48]，張福子は典薬允・侍医・内薬正を歴任した若江造家繼の父祖と察せられ[49]，『萬葉集』巻5には「薬師張氏福子」として歌が掲載されている（829歌）。以上のように，「方士」とは医術家であったことが知られる。

「陰陽」として，津守連通，余眞人，王仲文，津連首谷，陏康受があげられている。このうち津守連通，王仲文については，養老5年（721）正月27日の詔により陰陽の学業に優れ師範たるにより賞賜されている。また，このときに賞賜されている中に余泰勝がいるが，これは余眞人の同族と察せられよう。

「暦算」としては，山口忌寸田主，志紀連大道，私石村，志斐連三田次があげられている。このうち山口忌寸田主，私石村（私部首石村），志斐連三田次（悉斐連三田次）は，養老5年（721）正月27日の詔により算術の学業に優れ師範たるにより賞賜されている。また，山口忌寸田主，私石村，志斐連三田次は，天平2年（730）3月辛亥（27日）の太政官奏に年歯衰老により，その業の廃絶を恐れて弟子をとりその業を習わせている。

「咒禁」として，余仁軍，韓國連廣足がみえる。仁軍は養老7年（723）正月丙子に正六位上より従五位下となったことが知られるが，そのほかは未詳である。廣足は，文武3年（699）5月丁丑の役小角が伊豆島に流された記事によると，はじめ小角に師事，後にこれを讒し，天平4年

47) 『續日本紀』養老6年2月戊戌条，神護景雲3年10月癸亥条大和宿禰長岡卒傳。
48) 天平2年12月20日付「大倭国正税帳〈正倉院文書〉」（『大日本古文書　一』413頁）。
49) 佐伯有清『新撰姓氏録の研究』（吉川弘文館，1983年）考證篇第5，157頁。

第4章 奈良時代における「先人の遺風」としての「風流」とその展開　107

表2

『續日本紀』養老5・正　賞賜　元正朝		共通数	『家傳』神亀～天平初年　聖武朝
明經	5人	3人	宿儒—6人
明法	2人	2人	
文章	4人	3人	文雅—6人
算術	3人	3人	暦算—4人
陰陽	6人	2人	陰陽—5人
醫術	4人	2人	方士—4人　咒禁—2人
解工	5人		
和琴師	1人		
唱歌師	5人		
武藝	4人		

＊）宿儒は明經・明法と，醫術は方士・咒禁と同等とみなした。

（732）10月丁亥に典薬頭となっている。

　僧綱としては，少僧都神叡，律師道慈があげられている。神叡・道慈とも，養老3年（719）11月乙卯朔の僧綱への詔において顕賞されている。

　『家傳』では，以上の「風流侍従」から僧綱に至る人々をあげた上で，「並順天休命，共補時政」とし，「由是國家殷賑，倉庫盈溢，天下太平」とする。すなわち，「風流侍従」等は「時政（その時の政治）」を「補（たすける）」ものとして重視されているのである。神亀～天平初年にみられるかかる政治的姿勢は，既述の養老5年（721）正月の賞賜の詔にみられるところであり，「文人武士，國家所重，醫卜方術，古今崇」とし，百僚のうち学業に優遊し師範たるに堪える者を擇げて賞賜を加え後生を勧励すべしとして，明経五人・明法二人・文章四人・算術三人・陰陽六人・医術四人等があげられている。これらを整理すると（表2）のようになる。

　表中の共通数というのは養老5年（721）正月の詔と『家傳』ともにみられる人物であり，詔中の明経から醫術まで24名と，『家傳』の宿儒から咒禁まで27名とを比較すると，15名までが重なっていることが確認できる。しかし，元正朝の賞賜の中には，「風流侍従」と僧綱は含まれておらず，聖武朝に付け加えられたとみなせるであろう。ただ「風流侍従」に相当するものとして，元正朝の和琴師・唱歌師が考えられる。元

正朝も聖武朝も，歌舞・楽舞に携わる者が「補時政」ける存在として重視されていることが注目される。賞賜がなされた養老5年（721）正月甲戌（27日）の4日前の庚午（23日）には，退朝後，東宮である首皇子に侍した者として，佐爲王（狹井王），伊部王，紀朝臣男人，日下部宿禰老，山田史三方，山上臣憶良，朝來直賀須夜，紀朝臣清人，越智直廣江，船連大魚，山口忌寸田主，樂浪河内（高丘連河内），大宅朝臣兼麻呂，土師宿禰百村，鹽屋連吉麻呂，刀利宣令等があげられているが，この中の佐爲王（狹井王）は「風流侍從」，山田史三方と紀朝臣清人と樂浪河内（高丘連河内）は「文雅」，越智直廣江と鹽屋連吉麻呂は「宿儒」，山口忌寸田主は「曆算数」の道の「優遊學業堪爲師範」者であった。かれらは，皇太子首の家庭教師的存在として学業等の国家的重要性を説いたものであろう。そして，この中には後に「風流侍從」とされる佐爲王が加わっていることが注視される。元正朝では「國家所重」として和琴師と唱歌師が賞賜されているものの，聖武朝になり聖武は自らの意志で，これらを含み込んだ新たな「文人才子」として「風流侍從」を「共補時政」ものとして加えたものであろう。聖武朝には，天平6年（734）2月癸巳朔に聖武が朱雀門に御しての歌垣，同8年（736）12月，葛井連廣成宅での宴に歌舞所の諸王臣子の古舞・古歌，同9年（737）正月には門部王宅，2月には巨勢宿奈麻呂宅での宴で，それぞれ「風流」の士が積極的な活動をしているのもかかる政策に基づくものであったと考えられる。

　ここであらためて，「風流侍從」「風流」についてまとめると，「風流侍從」とは，聖武朝に設置された歌舞所において古歌・古舞を教習する諸王臣子のことであり，「風流」とは，漢語の原義の「先人の遺風」を含んだ「先人の遺風としての古歌・古舞」を意味するものであったと考えられる。それでは，ここでいう「古」，「先人」とはどの時期をいうのであろうか。これらに触れる前に，元正・聖武朝における学業，歌舞・楽舞等に関する政策についてさらに検討してみよう。

第4節　元正・聖武朝における楽舞の集中

　元正天皇は，霊亀元年（715）9月庚辰（2日），母元明天皇の譲位によって即位するが，元明は譲位の宣命の中で，

> 以此神器，欲譲皇太子，而年歯幼稚，未離深宮，庶務多端，一日万機，一品氷高内親王，早叶祥符，夙彰音，天縦寛仁，沈静婉孌，華夏載佇，謳訟知帰，今傳皇帝位於内親王，公卿百寮，宜悉祇奉，以稱朕意焉。

と述べ，皇太子首が年歯幼稚ゆえに，姉氷高内親王に譲位するとしている。その背景には，首の健康上の理由や天武皇子や孫の中に他の候補者がおり首の即位を容認しない動きがあったとされているが[50]，いずれにせよ元正即位は首が即位するまで，その環境を整えていく時期であったとみなされ，養老5年（721）正月に「風流侍従」から「暦算」等の学者が退宮後に東宮に侍すなどして首への教育も進められていったものと考えられる。
　元正は，養老5年（721）正月に学業優遊者を賞賜するなど，学業を「國家所重」としたが，歌舞・楽舞に関しても積極的な政策がとられ，これは聖武朝にも継受される。
　元正が即位した翌々年の養老元年（717）4月甲午（25日）には，天皇が西朝に御し大隅・薩摩隼人が風俗歌舞を奏している。隼人の定期朝貢と，一定期間在京した隼人が次の朝貢で上京した隼人と交代する大替隼人の制度は，和銅2年（709）10月と霊亀2年（716）5月の大宰府の上奏によって確認できるが[51]，交替で上京してきた隼人がその風俗歌舞を奏すのはこの元正朝の養老元年（717）以後のことであった。ここののちも養老7年（723）5月辛巳（17日）に朝貢してきた大隅・薩摩二国の隼

50）吉田孝「八世紀の日本」（『岩波講座　日本通史』4巻，1994年）38頁。
51）それぞれ『續日本紀』和銅2年10月戊申条，霊亀2年5月辛卯条。なお前掲『新日本古典文学大系　続日本紀　一』404頁補注4-50参照。

人が甲申（20日）にその風俗歌舞を奏し，聖武朝の天平元年（729）年6月庚辰（21日）に調物を貢してきた薩摩隼人が癸未（24日）に大極殿に御した天皇の前で風俗歌舞を奏し，同7年（735）7月己卯（26日）にも大隅・薩摩二国の隼人が調物を貢し，同年（735）8月辛卯（8日）に大極殿に御した天皇の下で両国の隼人が方楽を奏しているように，大替制で6年ごとに朝貢するたびに隼人の歌舞を行わせるようにしたのである。

　また，養老元年（717）4月，元正天皇が西朝に御し大隅・薩摩隼人に風俗歌舞を奏させたおよそ5か月後の同年9月戊申（12日）に近江国に行幸し，その行在所において，山陰道の伯耆以来，山陽道の備後以来，南海道の讃岐以来の諸国司に引率された土風歌舞が奏された。また，同月甲寅（17日）には美濃国に行幸し，同様に行在所において，東海道の相模以来，東山道の信濃以来，北陸道の越中以来の諸国司に引率された風俗の雑伎が奏されている。このように，元正天皇は即位後，積極的に国内諸地域の土風歌舞・雑伎を行わせ，異種族隼人の朝貢のたびにその風俗歌舞を奏させているのであり，歌舞奏上によって天皇への奉仕を確認させる目的での行幸であったと考えられる。

　養老7年（723）8月には新羅使金貞宿等を朝堂に宴し，射を賜い諸方楽を奏させている。新羅使等を饗しての奏楽はすでに，天武天皇2年（673）9月，慶雲3年（706）正月，霊亀元年（715）正月にみられ[52]，それぞれ「種々樂」「諸方樂」が行われているが，これらは朝廷に集中された国内の歌舞や，外来の楽舞で，国威を示す役割をもって奏されたものであろう。これらの歌舞・楽舞は，天武天皇以降整備されていった雅楽寮で教習されていったものが中心であったと察せられるが，文武朝に成立した大宝令下の雅楽寮は大宝元年（701）7月戊戌に雅楽諸師が画工や算師とともに判任官に准ぜられたことが窺えるほか，翌年正月癸未に群臣を西閣に宴して雅楽寮によって五帝太平楽が掌られ，霊亀元年（715）正月己亥新羅使等を宴したときに「諸方樂」が奏されたものと察せられるものの，その後の活動については明白ではなく，元正朝以降になって再び確認できるのである。すなわち，養老3年（719）2月壬戌にはじめて把笏の制が導入されると，6月丙子には雅楽寮諸師が神祇官

52）　それぞれ『日本書紀』天武天皇2年9月庚辰条，『續日本紀』慶雲3年正月壬午条，霊亀元年正月己亥条。

第4章　奈良時代における「先人の遺風」としての「風流」とその展開　111

宮主，画工司の画師，主税寮の算師らとともに把笏していることが知られるのをはじめ，聖武朝神亀5年（728）正月甲寅にははじめて来朝した渤海使を宴して雅楽寮の楽が奏され，天平3年（731）7月乙亥には雅楽寮雑楽生員と楽生・舞生等の選抜方法が定められ，同17年（745）2月20日・10月20日付「雅樂寮解」では歌女の人数が定められる[53]など，雅楽寮に関する改変の動きが活発に窺われる。天平年間（729-749）の頃のものとされる『令集解』所引大屬尾張淨足説において歌師・舞師・舞生があらためて定められているのも，元正・聖武朝における，歌舞・楽舞に関しての積極的な政策を示唆するものであると考えられる。

　仏教に関しても，養老2年（718）10月庚午の僧綱への太政官符において，経文唱誦の声曲について「所以燕石楚璞各分明輝，虞韶鄭音不雜聲曲」とし，虞韶（虞舜の作った韶という美しい音楽）と鄭音（鄭声。鄭の国のみだらな音楽）を雑えず，良いものとそうでないものを見極めて，仏教界を清浄にすることが説かれている。この2年後の同4年（720）12月癸卯の詔においても，

　　釋典之道，教在甚深，轉經唱禮，先傳恆規，理合遵承，不須輒改，
　　比者，或僧尼自出方法，妄作別音，遂使後生之輩積習成俗，不肯變
　　正，恐汚法門，從是始乎，宜依漢沙門道榮，學問僧勝曉等轉經唱禮，
　　餘音並停之。

とあり，転経唱礼を正さないことは法門を汚すことになるとして，声明を統一している。

　また，天平7年（735）4月に帰国した遣唐使吉備眞備は唐礼・太衍暦経などのほか，『樂書要録』十巻・銅律管一部・鉄如方響写律管声十二条等の楽書や楽律器をもたらし献上したが，眞備一行の遣唐使任命は，元正即位の翌年霊亀2年（716）8月癸亥，渡唐は翌養老元年（717）3月己酉のことであり[54]，これら楽書や楽律器も当初の遣唐使派遣の目的に含まれていたものであったろう。元正朝における歌舞・楽舞を他の学

　53）　それぞれ天平17年2月20日・10月20日付「雅樂寮解〈正倉院文書〉」（『大日本古文書　二』389・471頁）。
　54）　また，宝亀6年10月壬戌条吉備眞備薨傳からも窺われる。

業とともに,「國家所重」として重要視する政策的意向に基づくものであったといえよう。

さらに,宝亀8年(777)5月戊寅の飯高諸高の薨伝によると,「奈保山天皇御世,直内教坊」とあるように,元正朝に内教坊が成立していたと察せられる[55]。これは玄宗朝開元2年(714)成立の唐の内教坊に倣ったものであるが[56],養老元年(717)年渡唐の遣唐使船帰国の際に情報がもたらされ,わが国においても内教坊が設けられたものであったろう。遣唐使は10月には大宰府に帰着していることから,養老3年(719)から元正が譲位する同8年(724)2月以前に女楽の教習機関として新たに設置されたものと察せられる。唐新設の音楽機関がただちに採り入れられたことは,国家運営における楽舞の重要性を認知していたことを示唆するものであろう。

神亀元年(724)2月甲午(4日),元正天皇譲位の同日に即位した聖武天皇は,その宣命の中で,この「食國天下」は父文武が首(聖武)に賜った天下であること,元正が即位の宣命で引いた天智の定めたとされる不改常典を引き,元正は首にあやまりなく天皇の地位を授けることなどという元正の詔を引用し,即位を正当化している。聖武は,元正の歌舞・楽舞も含めた学業の「國家所重」とする政策を継受し,「風流侍従」「文雅」「方士」「陰陽」「暦算」「咒禁」「僧綱」等の学業に優遊な師を「順天休命,共補時政」けるものとして重視していったのである。

元正朝ではじめられた,交替で上京してきた隼人がその風俗歌舞を奏すことは,既述のように聖武朝の天平元年(729)6月,同7年(735)7月と継受されて行われた[57]。聖武は天平6年(734)3月丙子,難波宮に行幸し摂津職が吉師部楽を奏しているが,これは難波を本拠地とする吉士集団に行わせたものと察せられる[58]。また,同12年(740)2月丙子,やはり難波宮行幸に際し,河内を本拠地とした百済王氏[59]らに風俗の

---

55) 拙著『日本古代音楽史論』(吉川弘文館,1977年)237頁。
56) 林屋辰三郎『中世藝能史の研究』(岩波書店,1960年)201頁。
57) この後は藤原廣嗣の乱のために中断し,天平勝宝元年の孝謙即位後の8月に復活する(『續日本紀』天平勝宝元年8月壬午条)。前掲『新日本古典文学大系　続日本紀　一』404頁補注4-50参照。
58) 林屋,前掲『中世藝能史の研究』151・152頁。
59) 前掲『新日本古典文学大系　続日本紀　二』362頁脚注7。

第4章 奈良時代における「先人の遺風」としての「風流」とその展開　113

楽を奏させている。さらに同年9月廣嗣の乱が起こると12月には不破頓宮に到り，ここで新羅楽と飛騨楽を奏させている。新羅楽はここに居住する新羅人[60]に奏させたものであろう。これらの行幸先において，その居住民が伝習してきた歌舞を奏させることは，元正による近江・美濃国に行幸し諸国の土風歌舞・風俗雑伎を奏させたことを想起させるものであり，聖武も元正の事例に則ったものであったと考えられる。

　天武天皇時代以来行われてきた新羅使を宴しての奏楽は，聖武朝には新羅との関係悪化もあり途絶えるが，これに代わって神亀5年（728）正月甲寅，交流がはじまった渤海使を宴して雅楽寮の楽を奏している。

　天平4年（732）8月丁亥に任命され翌年（733）4月己亥に進発した遣唐使は，同6〜8年の間に帰国した。このとき既述の吉備眞備による楽書・音階調律器等の将来があったが，同時に唐から袁晋卿や皇甫東朝・皇甫昇女らが来朝した。袁晋卿は天平7年（735）5月庚申（5日）に「唐國・新羅樂」を奏し，天平神護2年（766）10月癸卯には，法華寺での舎利会で袁晋卿・皇甫東朝・皇甫昇女の三人が唐楽を掌ったことによって叙位を賜っている。聖武によるこのときの遣唐使派遣の目的の一つに唐楽を移植することも含まれていたことは十分考えられ，この点においても元正朝を継承したものであった。

　元正朝では，養老5年（721）正月の学業優遊者賞賜の中に，和琴師一人と唱歌師五人が含まれ古来の歌舞の伝承も重視されたが，これをさらに積極的に進めたのが聖武天皇であった。天平3年（731）7月雅楽寮の整備を進めるとともに，これ以前には歌舞所を立ち上げ，「風流侍従」によって古歌・古舞が伝習された。同6年（734）2月には朱雀門に御して，「風流侍従」長田王・栗栖王・門部王・野中王を頭として歌垣が行われたが，この時に歌われた難波曲・倭部曲・淺茅原曲・廣瀬曲・八裳刺曲は古歌・古舞であったと察せられる。

　以上の元正・聖武朝における歌舞・楽舞に関連する記事は，（表3）のように天武朝に匹敵する歌舞・楽舞の集中する時代であった。ことに，天平12年（740）9月に勃発した廣嗣の乱以降，不破の頓宮を経て恭仁宮，難波宮，紫香楽宮と，宮を転々とした不安定な時期には，仏教とともに

　60）　美濃国には武蔵国とともに新羅人が多かった（前掲『新日本古典文学大系　続日本紀　二』382頁脚注29）。

表3

時期	在位期間	歌舞・楽舞関連記事数	割　合
天武期	14年間	9例	64.3%
持統期	11年間	4例	36.4%
文武期	10年間	3例	30%
元明期	8年間	3例	37%
元正期	9年間	6例	67%
聖武期	25年間	18例（天平20年間17例）	72%（天平20年間85%）

※1）軍楽である鼓吹は除いた。
※2）朱鳥元年9月丁卯条の天武崩御後の「種々歌舞」は持統期に入れた。

歌舞・楽舞は重要な役割を担ったものと考えられる。すなわち，天平13年（741）2月乙巳（24日）には恭仁宮において国分寺建立詔，同15年（743）10月辛巳（15日）には紫香楽宮において大仏造立詔を発し，仏教による鎮護を願った。これらの宮を転々とする間，同12年（740）12月丙辰（4日）には不破の頓宮にて新羅楽・飛騨楽，翌13年（741）7月辛酉（13日）には新宮（恭仁宮）にて女楽・高麗楽を奏せしめ，同14年（742）正月壬戌（16日）には恭仁宮にて五節・田舞と少年・童女による踏歌を行わせているが，新羅楽は美濃に居住する新羅系渡来人，高麗楽は恭仁宮のある山背南部に居住する高句麗系渡来人[61]によって行わせたものと察せられ，同14年（742）正月に五節・田舞や少年・童女の踏歌後宴を天下有位人ならびに諸司史生に賜ったときには，六位以下の官人が琴（和琴）を弾き「新年始迴，何久志社，供奉良米，萬代摩提丹（アタラシキトシノアジメニ，カクシコソ，ツカヘマツラメ，ヨロヅヨマデニ）」と万年まで供奉することを歌わせている。また，同15年（743）正月壬子（11日）にも離宮の石原宮において百官及び有位人を饗し，琴（和琴）を賜い歌を弾き歌うに堪える五位以上に摺衣を賜っているが，これも同様な内容のものであったろう。そして，以上述べてきた聖武朝における歌舞・楽舞への姿勢が象徴されているのが，天平15年（743）5月癸卯（5日），群臣を内裏に宴し，皇太子阿倍内親王に五節を舞わせた時に発せられた聖武と元正の詔であった。その一部をあげると，次のようになる（『新訂増補国史大系　續日本紀』天平15年5月癸卯条）。

61）前掲『新日本古典文学大系　続日本紀　二』395頁脚注22。

第4章　奈良時代における「先人の遺風」としての「風流」とその展開　115

奏太上天皇日，天皇大命尓坐西奏賜久掛母畏岐飛鳥淨「見」御原宮尓大八洲所知志聖乃天皇命天下乎治賜比平賜比弖所思坐久，上下乎齊倍和氣弖，无動久靜加尓令有尓八禮等樂等二都並弖志平久長久可有等隨神母所思坐弖此乃舞乎始賜比造賜比伎等聞食与与天地共尓絶事無久弥繼尓受賜利行牟物等之弖皇太子斯王尓學志頂令荷弖我皇天皇大前尓貢事乎奏，於是，太上天皇詔報日，現神御大八洲我子天皇乃，掛母畏岐天皇朝廷乃始賜比造賜幣留寶國寶等之弖，此王令供奉賜波天下尓立賜比行賜部流法波可絶伎事波無久有家利止見聞喜侍止奏賜等詔　大命乎奏，又今日行賜布態乎見行波直遊止乃味尓波不在之弖，天下人尓君臣祖子乃理乎教賜比趣賜布止尓有良志止奈母所思須，是以教賜比趣賜比奈何良受被賜持弖，不忘不失可有伎表等之弖，一二人乎治賜波奈止那毛所思行須等奏賜止詔　大命乎奏賜波久止奏。

これによると，次の3点が注目される。

①　天武天皇は，「礼と樂」とは「上下をととのえ，和らげて動きなく靜かにあらしむ」るものとして五節舞を造り，これを継受せんとして皇太子に習わせ舞わせた（聖武天皇の宣命）。
②　聖武天皇が天武天皇の造った舞（五節舞）を「寶国寶」として[62]阿倍皇太子に舞わせるならば，天下に行われている大法は絶えることがないであろう（元正天皇の宣命）。
③　「今日行なひ賜ふ態」（五節舞）を，「見そなはせば」（御覧になるならば），ただ「遊」（遊興）というだけではなく，「君臣祖子の理」を教え導くものであるらしいと思われる（元正天皇の宣命）。

ここには，これまで元正・聖武朝においてみてきた歌舞・楽舞に対する思想が凝縮しているとみなすことができよう。そしてこの思想は天武朝のそれを目指したものであり，「風流侍従」によって奏された古歌・古舞も，天武朝の「遺風」の復活を試みようとしたものであったと考えられる。

---

62)　前掲『新日本古典文学大系　続日本紀　二』では「国宝」とする。

おわりに

　古歌・古舞は，既述のように天平6年（734）2月の歌垣に歌われた難波曲・倭部曲・淺茅原曲・廣瀬曲・八裳刺曲等であったと察せられる。難波曲は，『新日本古典文学大系　続日本紀』2の補注11の50において，『古今和歌集』仮名序に王仁の作と伝えて手習い始めの歌とされ，法隆寺五重塔初層天井組子裏の落書きをはじめ平城宮出土の土器・木器等にも記され広く知られていた「難波津に　咲くやこの花　冬ごもり　今は春べと　咲くやこの花」をあげている。しかし，風俗歌にも「難波振」が残されている。小西甚一は風俗歌の歌詞について，「短歌形式に還元できるもの」と「どう操作してみても不整形式でしかないもの」とがあり，前者は，奈良時代後期ないし平安時代初期のもの，後者は「それよりも古い時代，催馬楽とだいたい同じころの様相をもつ」ものとしている[63]。催馬楽については「不整形式が主であり，あまり短歌形式が含まれない」から，「だいたい八世紀の前半あたりまではさかのぼり得よう」とし，天武朝まで遡るとする佐々木信綱・川崎庸之説をあげて「たしかに，七世紀ごろのものも少なくないに相違ない」と指摘している[64]。風俗歌の「難波振」は，

　　難波のつぶら江の　春なれば　霞みて見ゆる　難波のつぶら江　つぶら江の夫や　春なれば　霞みて見ゆる　難波のつぶら江

とある[65]。本歌は8・5・8・7・8・5・7・7の不整形式であることから，7世紀に遡る可能性が考えられ，風俗歌として伝わった「難波振」こそが天武朝にも流行した古歌・古舞の一つと考えられるのではなかろうか。天武朝の古歌・古舞については，さらに検証が必要であり，他日を期したい。

　　63）『日本古典文学大系　古代歌謡集』（岩波書店，1957年）278頁小西甚一解説。
　　64）前掲『日本古典文学大系　古代歌謡集』269頁小西甚一解説。佐々木信綱説・川崎庸之説はそれぞれ佐々木信綱『歌謡の研究』（丸岡出版社，1944年）25頁，川崎庸之『天武天皇』（岩波新書，1952年）125頁。
　　65）前掲『日本古典文学大系　古代歌謡集』。

第Ⅲ部
情　報
―― 制度と現実 ――

第5章

西夏王国における交通制度の復原
——公的旅行者の通行証・身分証の種類とその機能の分析を中心に——

佐 藤 貴 保

はじめに

　10世紀後半，チベット系遊牧民タングート人によって現在の中国陝西省北部・モンゴル自治区オルドス地方に建国された西夏王国[1]は，11世紀前半には寧夏回族自治区や甘粛省西部を中心とする地域に勢力を広げ，13世紀初頭にモンゴル帝国に滅ぼされるまでそれらの地域を支配した。この王国の版図を，ユーラシア大陸の東西を結ぶ交易路が通っていたことから，中継貿易で繁栄していたこと，そうした貿易は，西夏の皇帝や諸外国の首長が使節団を編成するなどして行われていたことが先学によって指摘されている。現存する西夏時代の文物もまた，諸外国との交流が盛んに行なわれていたことを物語っている。
　また，西夏の支配地域のうち，都の置かれた現在の寧夏回族自治区銀川市を中心とする地域には，古くから黄河の水を引いて灌漑農業を営む肥沃な土地が広がっているものの，それ以外の，すなわち西夏にとっては「地方」にあたる地域は，草原地帯と，ほとんど雨の降らない広大な砂漠の中に島のように点在するオアシス農耕地帯とによって構成されていた。この王国はこうした地方各地に監軍司・経略使等の官庁を置いた。

---

　1) 日本では，李元昊（景宗）が北宋皇帝に対して「大夏皇帝」を自称した1038年をもって西夏の建国とみなすのが通説となっているが，タングート人による独立政権はそれ以前から成立していた。それは，唐王朝末期の黄巣の乱の鎮圧に活躍したタングート平夏部の拓跋思恭が唐皇帝から李姓を賜与され，定難軍節度使に任ぜられた9世紀後半まで遡れるが，本稿では李継遷（太祖）が北宋王朝に反旗を翻した982年を起点として論を進めていく。

地方官庁の官吏は現地で採用されるだけでなく，中央からも派遣されていた。

　さらに，西夏は建国以来12世紀はじめにかけて，東の隣国北宋王朝との抗争を繰り返し，その後も北宋王朝に代わって西夏の隣国となった金帝国，13世紀には北方のモンゴル帝国とも対峙した。

　このような諸状況を考慮すると，西夏王国は，都と地方との情報伝達のための使者，都から地方の官庁へ赴任する（または地方から都へ帰任する）官吏，また貿易や外交交渉のために国内を通過する自国・他国の使節団，さらには国境地帯の動静や軍の動員命令を伝達するための使者や軍需物資を輸送する者（以下，こうした人々を本稿では便宜的に公的旅行者と呼ぶ）が，安全かつ不自由なく移動できるようにするために，道路を整備したり，公的旅行者に対して宿泊の場や食事，移動・輸送用の駄獣等を提供する場（いわゆる「駅」）を設ける等の交通制度を周到に整備していたはずである。筆者は以前，甘粛省張掖市に現存する西夏皇帝の勅命を受けて刻された石碑（12世紀後半に建立）を複数の研究者と共同で調査し，西夏皇帝が東西交易路に架かっていた橋の建設・維持のために自ら張掖まで出向いて祭祀を執り行っていたことを明らかにしたが，こうした事例は西夏政府が交通路の整備に重大な関心を示していた証左と言える[2]。

　前近代の中央ユーラシアや東アジアの国家では，遠隔地を移動する公的旅行者が安全に旅行できるように都と地方とを結ぶ道路を整備し，一定の間隔で駅を設け，政府から支給された通行証を持参している人々に対しては，駅で宿泊の場や食事・駄獣を提供することによって，中央—地方間の情報伝達，人や物資の移動が円滑に行われ，そうした交通制度がユーラシア大陸の内陸部にまで整備されていったことが，ひいては東西交易の繁栄にもつながったと考えられている。著名なものとして，マルコ＝ポーロ『東方見聞録』にも現れる，13世紀のモンゴル帝国で行われていた駅伝（站赤〈ジャムチ〉）制度が挙げられよう。

　西夏の交通制度を明らかにすることは，西夏王国の経済・貿易政策や地方支配，防衛・軍事体制を解明する足がかりともなる重要な研究課題

　2）　佐藤貴保・赤木崇敏・坂尻彰宏・呉正科「漢蔵合璧西夏「黒水橋碑」再考」（『内陸アジア言語の研究』22号，2007年）1-38頁参照。

であると筆者は考える。とはいえ，この国の交通制度を物語る資料はそう多くあるわけではない。西夏の隣国であった遼・宋（北宋・南宋）の文献によると，11世紀前半の西夏には主要な交通路上に駅が設置されていたことが記されている。だが，その制度がその後も継続していたのか，それがどのように運用されていたのかは詳らかではないうえ，記述の信憑性には疑問が残る[3]。よって，20世紀初頭にロシアの探検隊によってカラホト（黒水城）遺跡（内モンゴル自治区アラシャン盟エチナ旗）で発見された西夏側の文献から，断片的な情報を集めて制度の復元を進めていく必要がある。カラホト出土文献の中で特に注目されているのが，12世紀中葉に編纂された西夏の法令集『天盛改旧新定禁令』（以下，『天盛』と略記）の条文である。出土資料ということもあり，この法令集は完存しているわけではないが，公的旅行者が所持する通行証・身分証の取り扱いや，騎乗に用いる駄獣の調達・使用に関する規定，挙兵の知らせを中央から辺境の軍隊へ伝達する際の規定等の条文が不完全ながらも残存している。

　『天盛』の条文を用いて交通制度の復原を試みた研究は，この法令集を初めて西夏語からロシア語に翻訳したクチャーノフ（Кычанов）による研究，後に刊行された法令集の中国語訳を基にした尚世東や趙彦龍等の研究がある[4]。しかしながら，先行研究による考察には，なお再考すべき余地が残されている。例えば，公的旅行者が所持する通行証もしくは身分証とみられるものは，法令集の西夏語原文では，複数種の表記が

---

3) 北宋の文献『隆平集』巻20，夷狄，夏国趙保吉には，
　　至徳明攻陥甘州，抜西涼府。其地東西二十五驛，南北十驛，自河以東，北十有二驛，而達契丹之境。
と，李徳明（太宗。在位：1004-1032年）が王であった時期の駅の数が記述されている。また，『遼史』巻105，西夏外紀では，
　　至李継遷始大，夏・銀・綏・宥・静五州，縁境七鎮，其東西二十五驛，南北十餘驛。
と，李徳明の父李継遷（太祖。在位：982-1004年）が王であった時期の駅の数に関する記述がある。まだオルドスと寧夏平原を治めるに過ぎなかった李継遷の時代と，河西回廊東部に進出し，西へ大きく支配地域を広げた李徳明の時代とでは，勢力範囲が大きく異なっているが，両文献とも東西の駅数に変化が見られないのは不可解である。

4) Кычанов, Е. И. *Измененный и заново утвержденный кодекс девиза царствования небесное процветание (1149-1169)*, 4 vols.(Москва, Издательство восточной литературы, 1987-1988年。以下，Кодекс と略記)，vol. 1, 342-347頁，尚世東「西夏公文駅伝探微」（『寧夏社会科学』2001年2期）84-88頁，趙彦龍『西夏公文写作研究』（銀川，寧夏人民出版社，2012年）参照。

図1　携行物Aを表す西夏文字
（『天盛』巻13。『俄蔵』第8巻より転載）

図2　携行物Bを表す西夏文字
（『天盛』巻13。『俄蔵』第8巻より転載）

なされている。法令集がわざわざ異なる表記を用いて通行証もしくは身分証を表現しているのは，それぞれ個別に用途・機能があったと考えるのが自然であろう。こうした異なる文字で表現される通行証もしくは身分証の種類や，種類別の用途の違いについては，研究者によって見解に相違が見られる。例えば，クチャーノフは，（図1）の文字（いま，仮に携行物Aと呼んでおく）を「牌（パイザ）」，（図2）の文字（仮に携行物Bと呼んでおく）を「付属文書」と解釈したが，尚世東や趙彦龍が依拠するこの法令集の中国語訳では，携行物Aと携行物Bを，条文によって「牌」とも「符」とも，あるいは「兵符」とも訳出し，解釈が定まっていない。このように，訳本における曖昧な語句の解釈を無批判に利用し，制度の復原を試みるのは危険である。そして，その制度が前近代東アジア・中央ユーラシア世界の交通制度の影響をどの程度受けているのか，西夏の制度と，その後勃興するモンゴル帝国の制度との共通点を探る研究は，いまだ充分には行われていない。

　そこで本稿では，西夏の交通制度について，まず都から地方へ（または地方から都へ）派遣された公的旅行者が所持する通行証・身分証等の携行物にどのような種類があり，それぞれにどのような用途があったのか，さらに，それらを持つ者に対して，法令を整備した政府がどのような便宜を与えようとしていたのか，交通制度に西夏独自のものがあるのか，東アジア・中央ユーラシア各地の制度とどの程度共通点があるか，以上の諸点を，主に『天盛』の条文やカラホト出土文献の解読を基に考察していく。

第5章　西夏王国における交通制度の復原　　　　　　　123

なお,『天盛』のテキスト原本は，現在はロシア科学アカデミー東方文献研究所（サンクト＝ペテルブルク市）に保管されている。このテキストの写真版は公刊されているが，2010年に筆者が同研究所でテキストを調査したところ，写真版には掲載されていないテキストが存在することが明らかになった。本稿での条文の解読は，写真版のほか，筆者が同研究所でのテキストの実見調査で筆写したものに基づいて行っている[5]。

第1節　公的旅行者が携行する通行証・身分証の種別と用途

1　携行物A―牌

まず，前掲携行物Aについて考察する。中国銀川市の寧夏博物館には，中央に四つの西夏文字を刻んだ円形の銅製品が所蔵されている（図3）。四つの文字のうち，1～3文字目の意味はそれぞれ順に「勅命」「燃える，火急の」「馬」であり，最後の4文字目が（図1）の字である。この銅製品の上部には紐を通すためと思われる穴があいている。これに類する材質形状を有するものは，西夏を滅ぼしたモンゴル帝国にも存在し，それは同帝国では「牌（パイザ）」と呼ばれた。モンゴル帝国において，牌は使者が通行証として所持するものであり，その種類にはいくつかあること，中でも円形の牌は，緊急の命令を伝達する使者が携行し，途中の駅において馬や食事，宿泊の場の提供等の便宜を受けることができた[6]。西夏と同時代の遼・金帝国でも通行証として牌が用いられている[7]。また，『宋史』輿服志には，

---

5)　研究所からの許可を得られなかったため，未公刊のテキストの写真を撮影することはできなかった。本稿では，該当条文のテキストのうち，『俄羅斯科学院東方研究所聖彼得堡分所蔵黒水城文献』（以下，『俄蔵』と略記）第8巻（上海，上海古籍出版社，1998年）及びКодекс, vols.2～4に写真が掲載されている場合は，その掲載頁を注に示した。

6)　羽田亨「蒙古驛傳雜考」（『羽田博士史学論文集　歴史篇』京都，東洋史研究会，1957年。初出：1930年）91-110頁参照。

7)　Кодекс, vol. 1, 343頁, Кычанов, Е. И. *История тангутского государства*, (Санкт-Петербург, Факультат филологии и искусств Санкт-Петербургского государственного университета, 2008年) 186-187頁参照。

124　第Ⅲ部　情報——制度と現実

図3　寧夏博物館所蔵の金属製品
(中国国家博物館・寧夏回族自治区文化庁編『大夏尋踪—西夏文物輯萃』〈北京, 中国社会科学出版社, 2004年〉より転載)

　　唐に銀牌有り，驛を發して使を遣わさんとすれば，則ち門下省之を
　給す。其の制，闊一寸半，長五寸，面に隷字を刻して曰く「勅走馬
　銀牌」と，凡そ五字なり。首に竅を爲し，貫くに韋帶を以てす[8]。

と，唐代にも銀牌が駅馬を使用する使者が携行する通行証として用いられていたと記している[9]。其の形状や，上部に穴が空けられている点，刻まれている文字の意味は上述の西夏の銅製品と近似している。
　さらに，カラホト遺跡から出土した西夏語の字書兼韻書『文海宝韻』では，(図1)の字義を「朝廷の言葉を持つ者が諸々の人の信に用い，急ぎの時に早馬に乗る者が用いる」[10]と解説していることから，携行

----
　8)　『宋史』巻154, 輿服志六, 符券
　　　唐有銀牌, 發驛遣使, 則門下省給之。其制, 闊一寸半, 長五寸, 面刻隷字曰「勅走馬銀牌」, 凡五字。首爲竅, 貫以韋帶。
　9)　なお, 唐代に銀牌が通行証(符券)として実用された例は無いという(荒川正晴『ユーラシアの交通・交易と唐帝国』〈名古屋, 名古屋大学出版会, 2010年〉166頁注13)。唐代に銀牌が使用されていたとする記述は, 宋の文献に現れる。
　10)　テキストの写真は『俄蔵』第7巻(上海, 上海古籍出版社, 1997年)128頁参照。

第5章　西夏王国における交通制度の復原　　　　　　125

物Ａはモンゴル帝国等で用いられた牌に相当するものと理解してよく，本稿でも以後（図１）の字で表現される携行物Ａを牌と呼ぶこととする。

モンゴル帝国同様，西夏の牌にも様々な種類があったことは，『天盛』の他の条文からもうかがえる。巻13・第978条では，

> 一，諸々の人で牌を持って使いする人が，牌を懐の中に入れたり，牌の表面を紙で包んだり，牌を改変することは許さない。もし，法を破って牌を懐の中に入れたり，表面を紙で包んだりする場合，位階を有する者は罰として馬一（頭）。位階の無い者は（棒で）十三（回）たたく。もし，それについて改変した場合は，一年（の徒刑）。そのうち，鍮牌を持っている者が改変して「私は銀牌を授けられた」という文言を彫る，及び牌を求められているように腰に掛けずに家に置いたりした場合は，一律に三年（の徒刑）[11]。

とあり，鍮や銀といった材質の異なる牌が存在していたことがわかる[12]。この条文では，本来は鍮牌を所持する者が銀牌を持っていると偽った場合に罰を受けることが定められていることから，牌の材質の違いによって，公的旅行者への待遇が異なっていたものと想像される。

カラホトから出土したロシア科学アカデミー東方文献研究所所蔵西夏文2736号文書は，1224年に黒水（カラホトの当時の地名）に勤務する没寧仁負という名の役人が上司に宛てた転勤願である。その冒頭では，

> 黒水の城を守り管理する仕事する者・銀牌を持つ・都尚（？）・内宮馬騎の没寧仁負が申し上げます。
> この仁負めは，かつて学院（官僚養成学校）を出た遠地の鳴沙の戸

11）この条文のテキストの写真は『俄蔵』第8巻，292頁，Кодекс, vol. 4, 307頁参照。なお，『天盛』には，もともと各条文に番号は付いていない。各条の題目を列挙したいわゆる目次にあたるテキストがカラホト遺跡から出土しているが，本稿で扱う条文については，題目が欠損しているものが少なくない。このため本稿では，前掲 Кодекс が付した条文の通し番号を，便宜上そのまま用いている。

12）このほか，杜建録は，西夏で銅，鉄，木，紙製の牌が用いられていたことを宋の文献における記述から指摘する（杜建録「試論西夏的牌符」〈漆俠・王天順主編『宋史研究論文集』銀川，寧夏人民出版社，1999年〉）。ただし，上記全ての材質のものが，『天盛』に現れる牌のような通行証として機能していたどうかはわからない。

主であります。これまで朝廷の様々な仕事を受け持ち,監邪真(?)・監軍司・粛州(甘粛省酒泉市)・黒水の四つの役所に赴きました。ネズミの年から今に至るまで九年になります。(後略)[13]

と,自身の肩書きを列挙する中で,銀牌を所持していたことを記している。この銀牌は,手紙の発信者である没寧仁負が朝廷から賜与された単なる身分証であると理解できなくもないが,文書中にあるとおり,仁負ははじめ都の官僚養成学校におり,その後地方官庁の役人として赴任したのであるから,都から地方官庁へ,さらに前任地から新任地へ異動する際には,銀牌を携行し,それを通行証として使用し,道中で何らかの便宜を受けたはずである。

同研究所所蔵西夏文8185号文書は,1225年にカラホトで副統(副将軍)の職にあった蘇移仏塔鉄という人物の手による書状(宛先は不明)であるが,その書状には,「粛州の金牌を持つ辺事の仕事をする長」や「金牌を持って敵の領域に使いする長」なる文言が現れることから,金牌も存在していたことが確認できる[14]。また本文書では,「金牌」語の直前に,1字分の空格をあける表現がなされている。このような空格表現は,漢文と同様,西夏文でも皇帝や高位高官などに対して敬意を示すために用いられることから,金牌はより身分の高い者ないしはそうした人物によって派遣された使者が携行していたに違いない。

---

13) この文書の翻訳と訳注は以下を参照:E. I. Kychanov "A Tangut document of 1224 from Khara-Khoto" (*Acta Orientalia Academiae Scientiarum Hungaricae*, 24-2, 1971年),松澤博「ソビエト東洋学研究所レニングラード支部蔵 no.2736文書について」(『東洋史苑』23号,1984年),聶鴻音「関於黒水城的両件西夏文書」(『中華文史論叢』63輯,2000年) 133-136, 144-145頁,拙稿「西夏時代末期における黒水城の状況——二つの西夏語文書から」(井上充幸・加藤雄三・森谷一樹編『オアシス地域史論叢——黒河流域2000年の点描』京都,松香堂,2007年) 58-59, 68-74頁,拙稿(馮培紅・王蕾訳)「西夏末期黒水城的状況——従両件西夏文文書談起」(『敦煌学輯刊』2013年1期) 165-166, 174-177頁。

14) この文書は難解であり,先学によって様々な解釈・考察が行われている。本文書の全文の翻訳と訳注には以下の論著がある:Кычанов "Докладная записка помощника командующего Хара-Хото (март 1225 г.)" (*Письменные памятники востока, ежегодник 1972*, 1977年),聶,前掲「関於黒水城的両件西夏文書」137-140, 145-146頁,拙稿,前掲「西夏時代末期における黒水城の状況——二つの西夏語文書から」64, 74-78頁,拙稿(馮培紅・王蕾訳),前掲「西夏末期黒水城的状況——従両件西夏文文書談起」170-171, 177-179頁。

第5章　西夏王国における交通制度の復原　　　　　　　127

2　携行物B—兵符

　携行物Bは,「顕らかにする」という意味の字[15]と,「対,和合する」という意味の字[16]の2字で表現される(図2)。本稿冒頭で述べた通り,先行研究では「付属文書」[17],「命令」[18],あるいは「兵符」[19]と,いくつかの解釈がなされている。
　『天盛』巻13を通覧すると,携行物Bについては,

　　一,諸々の監軍司に属する印・牌・「携行物B」は記録すべし。監軍司の長官のうちいずれか位階の高い者[20]の所に置くべし。兵を起こす命令が来た時,(監軍)司本体の中の担当の大小の役人・刺史が目の前で開き照合すべし。(第993条)[21]

という記述がある。照合する作業があること,「同じ形だが,わずかに合わない」(第1003条[22])と表現する例があることから,中央の官庁——恐らくは,軍事を掌る枢密——と地方の官庁である監軍司がそれぞれ片方ずつを有し,中央から地方へ派遣される使者が,一片を所持して監軍司へ向かい,目的地に到着すると監軍司にあるもう一片を照合させて本物の使者であることを確認する「割り符」と解釈すべきである。この割り符は「兵を起こす命令が来た時」に用いられることから,以後,携行物Bを史金波・聶鴻音・白濱の中国語訳にならって「兵符」と意訳することとする。

---

　15)　Кычанов, Е. И. & С. Аракава, *Словарь тангутского(Си Ся) языка*(Киото, Университет Киото, 2006年。以下 СТЯ,と略記) no. 5443-0,李範文『夏漢字典(増訂本)』(北京,中国社会科学出版社,2008年。以下,『夏漢』と略記) no. 2149参照。
　16)　СТЯ, no. 1630-0,『夏漢』no. 1223参照。
　17)　Кодекс, vol. 4,57頁参照。
　18)　СТЯ, no. 5443-2参照。
　19)　史金波・聶鴻音・白濱『天盛改旧新定律令』(北京,法律出版社,2000年) 474頁参照。
　20)　『天盛』巻10・第690条(テキストの写真は『俄蔵』第8巻,221-225頁,Кодекс, vol. 3,419-431頁参照)によると,監軍司の長官は,地域によって一人だけ置かれる場合と二人置かれる場合があった。
　21)　この条文のテキストの写真は,『俄蔵』第8巻,294頁,Кодекс, vol. 4,318-319頁参照。
　22)　この条文のテキストの写真は,『俄蔵』第8巻,296頁,Кодекс, vol. 4,323頁参照。

第Ⅲ部　情報——制度と現実

ただし,『天盛』の条文を仔細に読み込むと,さらに兵符とは異なる機能を有する携行物が検出できる。これについては,次項で詳述する。

兵符に関する条文は他にも,『天盛』巻13に以下のようなものがある。

　一,諸々の牌を持つ者が兵を起こしに行くのに兵符を失くした時,起こすべき兵を再び起こして,間に合って集まる期日に来れば,すなわち兵符を失くした者は三年(の徒刑)。もし,起こすべき軍が集まる期日に来なければ,すなわち兵符を失くした者は絞首刑とすべし。(第997条) [23]

条文中に「牌を持つ者が兵を起こしに行くのに兵符を失くした」とあることから,挙兵の知らせを伝達する使者はたとえ兵符を持っていても,牌を同時に携行する必要があったことになる。よって,兵符は牌と同様の通行証としてではなく,中央から派遣された真の使者であることを証明する身分証としての機能を有していたと考えられる。

兵符のごとく,中央から地方の軍事を掌る官庁に挙兵の命令を伝えるときにその伝令が所持する割り符は,唐王朝では発兵符,遼王朝では金魚符,宋王朝では銅兵符なる名称で使用されており[24],西夏の兵符も,これら他の王朝の制度のいずれかを踏襲したものと言える。

3　起符

前項で述べた兵符とは別の機能を有する携行物は,西夏語原文では,「起きる,生じる,動員する」という意味の文字[25]と前掲「兵符」の1文字目の字の計2字で表現される(図4)。直訳すれば「起こす符→起符」となるが,目的語が表現されていないため,何を「起こす」ための割り符なのか,字面だけではわからない。

図4　「起符」を表す西夏文字
(『天盛』巻13。『俄蔵』第8巻より転載)

---

23) この条文のテキストの写真は,『俄蔵』第8巻,295頁,Кодекс, vol. 4, 320頁参照。
24) 各王朝の諸制度については以下を参照：箭内亙「元朝牌符考」(『蒙古史研究』東京,刀江書院,1930年。初出：1922年),布目潮渢「唐代符制考——唐律研究(二)」(『立命館文学』

第5章　西夏王国における交通制度の復原　　　　　　129

『天盛』における起符の用例としては，次のようなものがある。

　一，行監・盈能が起符一種を有していて，もし平時に符を失くした場合は，巻十二の待命者が名を刻んだ「刀符」[26]を失くした規定（＝第836条）により判決する。もし，辺地の兵馬が動いていて，（行監・盈能の管轄する）範囲の中で自らの担当で兵を起こすべきことがあるならば，まだ不注意を為さずに（兵を）起符を失くした場合は，兵を起こす者（への処罰）は，牌を持っている者が兵符を失くした時に起こすべき兵を起こして間に合う・間に合わない罪状についての別の明文（＝第997条）と同じくすべし。（第1002条）[27]

　一，諸々の行監・隊長・盈能の起符一種を古いものから新しいものに換えることを求めるものがどのくらいあるのか，府・軍[28]・郡・県・監軍司は自らの（管轄）地域内で有無を調べて明らかにさせ，所属の経略使のところに□すべし。畿内及び経略（使）に属さないところは，殿前司が□□調べるべし。（中略）一律に四ヶ月に一遍，殿前［途中5字程度欠損］報告し，枢密に報告すべし。（後略）（第1007条）（□は，テキストが一字分欠損している箇所）[29]

　上の条文に現れる「行監・隊長・盈能」はそれぞれ，西夏軍の中～小部隊の長である。第1002条の条文から，起符は彼らが所持するものであり，彼らの配下の部隊を動員する時に使用されるものであることがわかる。クチャーノフは，この起符を「軍隊を動員する命令」[30]，史金波・

207号，1962年，1-35頁），青山定雄「宋代の郵鋪」（『唐宋時代の交通と地誌地図の研究』東京，吉川弘文館，1963年。初出：1936年）161-211頁，松井等「契丹の国軍編制及び戦術」（『満鮮地理歴史研究報告』4冊，1918年）。

25）CTЯ, no. 5475-0, 『夏漢』no. 0009参照。

26）「待命者」「刀符」については，次項で取り上げる。

27）この条文のテキストの写真は，『俄蔵』第8巻，295-296頁，Кодекс, vol. 4, 322-323頁参照。

28）ここに現れる「軍」とは，いわゆる軍隊・軍団ではなく，前後の「府」「郡」「県」と並ぶ地方の行政単位の呼称である。

29）『天盛』の全条文は，ロシア語訳として前掲 Кодекс，中国語訳として前掲史金波・聶鴻音・白濱前掲書が発表されているが，いずれもこの条文を翻訳していない。この条文のテキストの写真は『俄蔵』第8巻，296-297頁に掲載されている。

聶鴻音・白濱はこれも「兵符」と訳している[31]。筆者も,「起こす」対象は軍隊と考える。ただ,第1007条で「古いものから新しいものに換える」と表現していることから,単なる命令書ではなく,割り符や牌に近い所持者の身分を証明するものであったと推測する。

　前項で考察した兵符と異なるのは,起符を所持しているのが軍の中～小部隊長という点である。第1007条は,欠損箇所が多いため条文の全容はつかめないが,中央の軍政統轄機関である枢密が起符の発給に関与していることはうかがえるものの,枢密から直接行監たちに発給されるのではなく,経略使(複数の監軍司を統括する地方官庁),さらに監軍司を経由して発給されたようである。このことは,枢密と行監・隊長・盈能とが起符を使用して直接連絡を取るわけではないことを示している。各地の監軍司は管内の行監・隊長・盈能を統轄していたはずであるから[32],この起符は監軍司から行監・隊長・盈能へ,もしくは行監・隊長・盈能から末端の小部隊に兵士の召集を伝達する時,伝達者が携行する身分証として用いられたと考えるのが至当であろう。このような身分証は,宋王朝で使われていた「木契」に相当するものであった可能性がある[33]。西夏の兵士は,必ずしもすべてが軍事施設に駐屯して兵役に就いているわけではなく,平時においては農耕や牧畜に従事する者が多数おり,有事になると定められた場所に集合するというスタイルをとっていた。宋の文献では西夏軍のこのような兵の召集法を「点集」と呼んでいる。宋側の文献の一つ,『隆平集』には,西夏における軍隊の召集法について,

　　　西のかた兵を用いんと欲すれば,則ち東より點集して西す。東せんと欲すれば,則ち西より點集して東す。[34]

---

30)　Кодекс, vol. 1, 440-441頁。СТЯ, no. 5475-2参照。
31)　史金波・聶鴻音・白濱前掲書,476頁参照。
32)　『天盛』巻6・第384条(テキストの写真は『俄蔵』第8巻,150-151頁,Кодекс, vol. 2, 635-637頁)では,盈能の選出に監軍司が関与することを規定している。さらに,第385条(テキストの写真はКодекс, vol. 2, 638頁参照)では,行監は盈能の中から選ばれると記されている(選出に関与する官庁の具体名は書かれていない)。盈能の選出に監軍司が関与していることから,恐らく行監の選出にも監軍司が関与していたとみられる。
33)　「木契」については,『武経総要前集』巻15・符契に見え,一方は路の総管主将が,もう一方は城塞主が所持していたとある。
34)　『隆平集』巻20・夏国趙保吉
　　欲西用兵,則自東點集而西。欲東則自西點集而東。

第5章　西夏王国における交通制度の復原　　　131

とある。西夏の支配地域は東西に広く，兵士はかなり長距離の移動を行なっていたようである。そのため，監軍司から中小軍団の長に対して兵士の動員を命じる際にも，兵符とは別に起符のような携行物が必要になったのであろう[35]。

4　刀符

前節で掲げた『天盛』第1002条の文章中に，「刀符」と呼ばれるものが現れた。この単語は「刀」という意味の文字[36]と前掲「兵符」の1文字目と同じ「顕らかにする」という意味の文字とによって表現される（図5）。クチャーノフはこの語を「刀令」と解釈している[37]。

刀符の『天盛』における用例は，前述の第1002条のほか，巻12の第836条に，

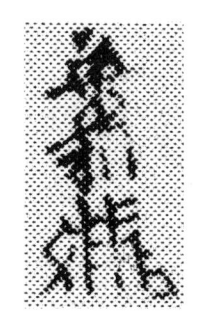

図5　「刀符」を表す西夏文字
（『天盛』巻13。『俄蔵』第8巻より転載）

　　帳門末宿・内侍・朝廷を守る者・それらの人の首領が，自ら所属と名前を記している刀符・槌・杖を失くしたり，質入れしたり，及びケンカをして失くすことは許さない[38]。

というくだりがある。この条文に出てくる「帳門末宿」や「内侍」は，いずれも宮殿内で警護や雑務に従事する，いわば親衛隊として任務につく者の職名であり，これらの人々は「待命者」と総称され，有能な者はその後官僚に登用された。刀符は彼らが所持しているもので，彼らの名

35）　陳炳應『貞観玉鏡将研究』（銀川，寧夏人民出版，1995年）21頁や，史金波『西夏社会（上）』（上海，上海人民出版社，2007年）120頁では，11世紀の西夏が「起兵符契」や「起兵木契銅記」なる道具で兵士を集めていたことを，宋の文献から指摘している。それらの道具の具体的な使用法や機能までは記載されていないが，それらが兵符や起符に相当することは充分考えられるだろう。一方，「銀牌」を用いて兵士を召集していたとする記述もある（『続資治通鑑長編』巻120・景祐四（1037）年十二月：「発兵以銀牌」）。これは，前述のごとく，兵の招集を伝達する使者が兵符と共に牌も携行する必要があったことを示唆した記述かもしれない。

36）　СТЯ, no. 1440-0,『夏漢』no. 5037参照。

37）　СТЯ, no. 1440-5参照。

38）　この条文のテキストの写真は，『俄蔵』第8巻，262頁，Кодекс, vol. 3, 581-582頁参照。

前が刻まれていたことがわかる。条文中で槌や杖といった武器と同様に紛失しては困るものと位置づけられているのは、部外者が宮殿内にそれらを安易に持ち込んではならぬものであったことを示唆する。とすれば、これまで見てきた公的旅行者が携行する通行証・身分証とは異なり、刀符は宮殿に入る際に親衛隊が携行すべき身分証として本来は機能していたものと考えられる。

　中国のいくつかの博物館や研究機関では、「帳門末宿待命」「内宿待命」等の意味の西夏文字を刻んだ銅製扁平の金属器が収蔵されており、その形状は職名によって区別されている。それらのいくつかには、背面に人名あるいは番号が刻まれている（図6）。また、柄の部分に西夏文字で人名を刻んだ小刀も発見されている（図7）。これらを総称して刀符と呼んでいるのかもしれない。前掲第836条で刀符を持っている人物として想定されている者の中には「内侍」が含まれていた。内侍は、使者と

図6　西夏文字で「内宿待命」と書かれた金属器
（史金波・陳育寧主編『中国蔵西夏文献』第20巻〈蘭州、敦煌文芸出版社、2006年〉より転載）

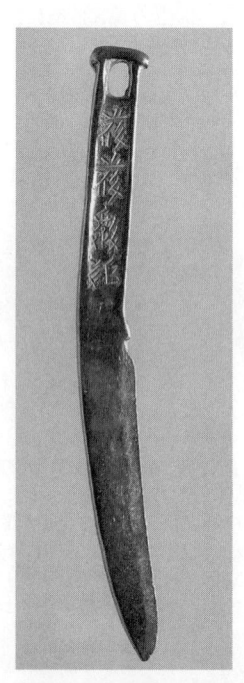

図7　西夏文字で人名が刻まれた小刀
（内モンゴル自治区オルドス市で収集。前掲『大夏尋踪―西夏文物輯萃』より転載）

して外国に派遣される機会のあることが『天盛』の別の条文に記されている[39]。さらにこうした金属器がオルドス市(内モンゴル自治区。当時西夏領の東部辺境地帯)や武威市(甘粛省。当時西夏領の南西部辺境地帯)といった都から遠く離れた地域から出土する例がある。出土地の傾向を考慮に入れると,刀符は,彼らが使者として宮殿外へ派遣されるときにも携行していたのかもしれない。

5　鉄箭

前項で扱った刀符のほかにも,皇帝の親衛隊の中から派遣された特別な使者は「鉄箭(鉄の矢)」なるものを所持していた。『天盛』巻12・第883条には,

> 宮殿内の朝廷(の命)により急いで駄獣を必要とするすべての「鉄箭」を持つ者がそれらを捕えたが,規定より余分に捕えた時,(所持者を)巻十三の牌を持つ者が駄獣を(規定より)余分に捕える時の規定により判決せよ[40]。

とある。これを所持する者は牌を所持する者と同じように,道中で駄獣を徴発できた。このことはすでにクチャーノフが指摘している[41]。これまで扱った牌や符とは異なり,鉄箭は中央・地方の官庁が発行したわけではないようである。

鉄箭の実物はこれまでのところ発見されていないが,国家の首長から遣わされた使者であることを証明するものとして矢を携行する例は,前近代中央ユーラシア遊牧国家ではよく見られる。岡崎精郎は,10世紀に沙陀突厥が華北に建てた後唐王朝,西夏を建国する以前のタングート人や契丹(遼帝国)や女真(金帝国)・吐蕃(古代チベット帝国)でも,挙兵の知らせを伝達する使者は「箭(＝矢)」あるいは「伝箭」とよばれる

---

39) 『天盛』巻13・第1319条にある。拙稿「西夏法典貿易関連条文訳註」(森安孝夫編『シルクロードと世界史』豊中(大阪),大阪大学大学院文学研究科,2003年)204-205頁の邦訳を参照。
40) この条文のテキストの写真は,『俄蔵』第8巻,270頁,Кодекс, vol. 3, 613頁参照。
41) Кодекс, vol. 1, 322, 346頁参照。

ものを身分証として所持しており、その起源は6～8世紀のモンゴリアに拠点を置いた突厥帝国にまで遡ること、タングート人が用いた伝箭は吐蕃の影響を受けていると論じた[42]。護雅夫は、岡崎が挙げた以外の古代北東・北アジア諸国家でも、矢が挙兵の知らせを伝える使者の身分証になっていたこと、突厥では兵士以外の徴発を行うことを配下の部族に伝達する時にも使者が矢を身分証として所持していたことを指摘し、古代北東・北アジアの狩猟・牧畜社会の首長が派遣する使者のシンボルとして矢が用いられていたと説いている[43]。西夏の場合、使者が具体的にどのような案件を伝達するときに鉄箭を所持していたのかはわからない。しかし、西夏皇帝の使者が鉄箭を所持するという制度があることは、西夏王国が同時代あるいはそれ以前の時代に行われていた中央ユーラシア遊牧国家との共通点があることを示していると言えよう。

第2節　公的旅行者への待遇に関する制度の復原

　前節における考察により、西夏でも公的旅行者は官庁から支給された牌等の通行証・身分証を所持していたこと、その通行証・身分証には複数の種類があることが確かめられた。では、こうした通行証・身分証を所持する公的旅行者は道中でどのような便宜を受けることができたのであろうか。西夏と同様に牌を使用していたモンゴル帝国においては、牌を所持する者は駅において宿泊や、騎乗する家畜の供与等の便宜を受けられたことが知られている。また各王朝では、駅で調達できる馬の頭数や一日で移動できる距離に制限を定めていたことも知られている。
　そこで本項ではこうした、通行証を携行した公的旅行者は道中でどのような待遇を受けられるような制度を整えていたのか、諸外国の制度と類似するものがあるのかを探っていく。

---

42) 岡崎精郎「後唐の明宗と舊習（下）」（『東洋史研究』10巻2号, 1948年）, 同『タングート古代史研究』（京都, 東洋史研究会, 1972年）28, 54頁参照。
43) 護雅夫「矢を分け輿へる話について――北アジヤシャーマニズムの研究の一節」（『北方文化研究報告』7号, 1952年）85-88頁参照。

1 公的旅行者の移動日数，移動距離

　まず，駅が交通路上に設置されていた場合に，どの程度の間隔で設置されていたのかを探るため，公的旅行者の移動日数や一日の移動距離がどの程度であったのか考察する。

　移動日数について，『天盛』には，

> 一，諸々の官庁が使者を遣わす時，監督する者は帳簿を作成すべし。担当の司吏（文書の作成を行う下級の役人）から順次回し，承旨（諸官庁の属官）・習判（監軍司の属官）のところを経て，道のりの遠近に応じて計算して，期日を示し，文書上に承旨・習判がサインをして派遣すべし。（後略）（巻13・第950条）[44]

> 一，牌を持つ者を送る期日を設定する場合は，送る人が（目的地までの）道のりの遠近を測るべきであるとき，期日を設定すべし。もし，道のりの遠近を測らずに期日を短く設定したので遅れたら，到着したところで牌を持つ者に弁明させ，道のりと期日を再び計測し，牌を持つ者に遅れた（責任のある）ことが事実ならば，すなわち前に定めた（規定）により罪を受けるべし。（後略）（巻13・第991条）[45]

とあり，使者の旅行日数——厳密には，目的地に到着する期日——の設定は，派遣する官庁の裁量に委ねられており，帳簿に記録すべきものとされていた。その帳簿には，派遣する使者の名前や派遣先，出発する日時や到着期日等が記録されていたのであろう。

　唐やモンゴル帝国では，騎乗する駅馬の消耗を防ぐために一日に移動できる距離に制限を設けていた。『天盛』ではそうした制限を定めた条文は見当たらないが，その旅行日数は，伝達する情報の重要度によって，長短が決められていたのではないかと筆者は考える。なぜならば，『天盛』

　44）この条文のテキストの写真は，『俄蔵』第8巻，287頁，Кодекс, vol. 4, 288-289頁参照。
　45）この条文のテキストの写真は，『俄蔵』第8巻，294頁，Кодекс, vol. 4, 316-317頁参照。

の条文中でも前掲第967条に「急ぎの牌」という文言があることから，諸外国と同様，緊急の情報伝達をするために通常とは異なる牌が使用されたことは明らかであるし，『天盛』巻13・第968条では，

> 一，辺地で敵が不穏で土地を調査しに来る・兵馬を起こす・その他十悪中の背叛以上の三種の（事件の）話（を伝える）ため，牌を持つ者が急ぐべき重要な言葉（を伝えるのが）期日より一日遅れたら一年（の徒刑），二日遅れたら三年（の徒刑），三日遅れたら五年（の徒刑），四日遅れたら十年（の徒刑），五日以上遅れたら一律に絞首刑とすべし[46]。

と，軍事および国家への反逆罪に関係する事案の情報伝達については，急いで伝えるべきものと位置づけ，遅延した使者に対しては，それ以外の事案の情報伝達に遅延した場合よりも厳しい罰則を設けているからである[47]。

　地方から都への移動日数については，手がかりとなる条文はある。『天盛』巻17・第1251条では，地方に設置された倉庫を管理する役人の任期と，任期満了後に任地から都（中興府。現在の銀川市）へ戻ってから実施される勤務評定に関する規定が定められている。それによると，3年の任期が満了した役人は都へ戻り，直属の上司がいる官庁と，都磨勘司なる官庁の2ヶ所で勤務評定を受けた。前任地を出発してから都磨勘司での評定が終わるまでの日数は，任地の遠近にかかわらず150日以内とされている[48]。

　46）　この条文のテキストの写真は，『俄蔵』第8巻，290頁，Кодекс, vol. 4, 299-300頁参照。

　47）　軍事および国家への反逆罪以外の案件に関する伝達の遅延に対しては，巻13・第969条に，「一，十悪中の背叛以上の三種の事件以外（の案件）及び辺地・その他の地域のことで奏上すべきことがある・その他人足を徴発する賦役や種々の財を催促するため，規定により牌を持つ者を派遣したが，示している期日のうちに到着せず遅れた場合は，一日から三日までは三ヶ月（の徒刑），四日から七日までは六ヶ月（の徒刑），（中略）四十日以上は一律に終身徒刑。」（テキストの写真は『俄蔵』第8巻，290頁，Кодекс, vol. 4, 300-301頁参照）とあり，量刑が軽く設定されている。

　48）　この条文のテキストの写真は，『俄蔵』第8巻，333頁，Кодекс, vol. 4, 462-463頁参照。

第5章　西夏王国における交通制度の復原　　　　　　　137

これに関連して，第1253条では，

> 一，経略使に属さない朝廷の種々の畜・穀物・銭・財の倉庫（を掌る）役人は，辺境の倉庫の所在する府・軍・郡・県・監軍司で勤務評定をせずにすぐに（都へ）送るべき者であるので，交替の日より十五日以内に引継ぎを終わらせた上で（都へ）送らせよ。道のりの遠近に従って，道のりの長さ，何日道中で泊まるか，そして都の所属の役所が何日各々勤務評定するか（以下に）明らかにさせる。そのうち，
> 　二ヶ所の監軍司へは，（任地から都へ）送る日から都の所属の官庁に到着するまで四十日，都の所属の官庁の中での勤務評定六十日，都磨勘司（での勤務評定）五十日。
> 　　　沙州　瓜州[49]

と始まり，以下，任地別に所要日数が定められている。現在地を特定できていない地名もあるが，各任地から都の所属の官庁までの所要日数 (A)，都の所属の官庁での勤務評定に要する日数 (B)，都磨勘司での勤務評定に要する日数 (C) を（別表）に，それぞれの位置を（図8）の地図に示した。これらを見ると，前任地を出発してから都の所属の官庁に到着するまでの期日は，都から遠い所ほど長くなっていることが理解できよう。ただ，沙州（甘粛省敦煌市）は都と瓜州（甘粛省瓜州県）を結ぶ道路の延長線上にあって，瓜州からは100km以上も離れているにもかかわらず，都までの所要日数は瓜州と同じ40日となっている。よって，上掲の設定日数はさほど厳密なものとは言えないのであるが，ここでは試みに1日あたりの移動距離を算定してみたい。

筆者は以前，モンゴル帝国時代の文献から，都があった銀川から黒水までの距離が約550kmであったことを，また民国期の文献から，カラホト遺跡の所在するエチナ旗から銀川まで660kmの距離であったことを指摘したことがある[50]。両者で100km以上の距離に差が生じているが，

49）　この条文のテキストの写真は，『俄蔵』第8巻，334-335頁，Кодекс, vol. 4，464-468頁参照。
50）　拙稿，前掲「西夏時代末期における黒水城の状況——二つの西夏語文書から」458頁参照。

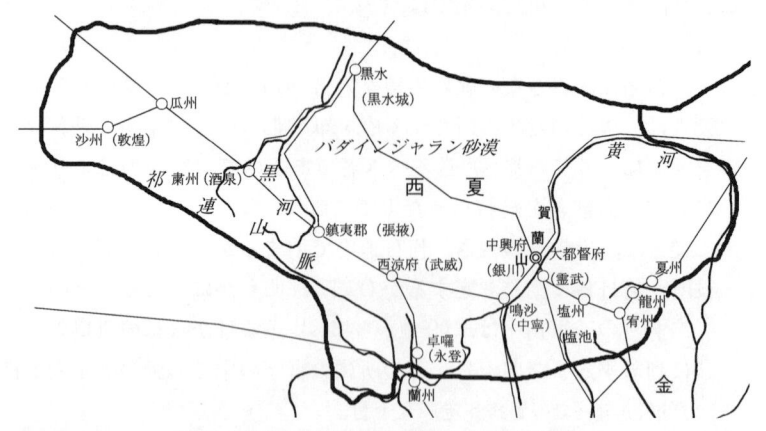

図8　西夏の支配地域と交通路（12世紀中葉）

これは時代によって経路が微妙に異なっていたからであろう[51]。前掲条文によれば，黒水から都までの移動日数は30日であるから，これを基に計算すると，1日当たりの移動距離はおよそ18〜22kmとなる。唐王朝では30里（約17km）ごと，モンゴル帝国では概ね60里（約33km）ごとに駅が置かれたとされており[52]，唐王朝が設置した駅の間隔に近似してくる。

『天盛』第1253条が定めている移動日数は，平時の公的旅行者の移動を想定しているのか，あるいは緊急時における移動を想定しているのか。それを判断するために参考となるのが，ロシア科学アカデミー東方文献研究所所蔵カラホト出土西夏文7630-1号文書である（図9）。すでに筆者が試訳を発表しているが[53]，草書体の西夏文で書かれているために判読が難しく，修正すべき箇所が多々ある。改めて以下に邦訳を掲げる。

51）　モンゴル帝国時代と民国期における銀川―エチナ間の距離に相違が見られるのは，単なる記述の誤りと決め付けることはできない。同区間には広大なバダインジャラン砂漠が横たわっており，途中に大きなオアシスは存在しない。よって，この区間を直線的に移動することは困難であり，往来する者は井戸水が確保できる場所伝いに移動したものと想像される。そうした井戸水の確保できる場所は，気候変動等によって変化し，そのことが時代によって同区間の距離の値にズレを生じさせているのかもしれない。

52）　党宝海『蒙元駅站交通研究』（北京，崑崙出版社，2006年）236-237頁参照。

53）　拙稿「西夏王国の官印に関する基礎的研究――日本・中国・ロシア所蔵資料から」（『資料学研究』第10号，2013年）左10-11頁参照。

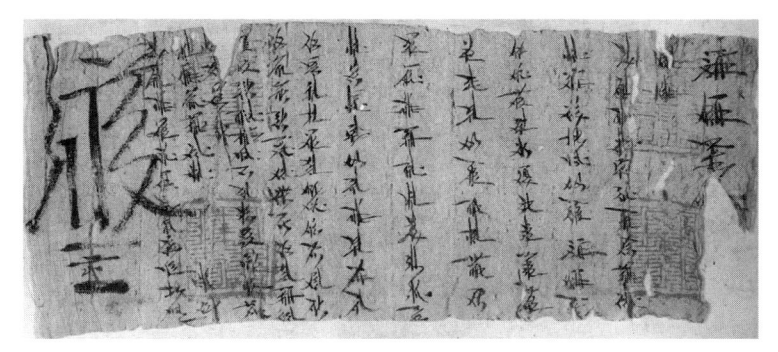

第 5 章　西夏王国における交通制度の復原　　　139

図 9　ロシア蔵西夏文7630-1号文書（『俄蔵』第13巻より転載）

1　前内侍（司）
2　今，以前の
3　聖旨に従い，下す。黒水の監軍・刺史
3　司が示していた臘月の宿直の前内侍の
4　嵬格釋兮，増羌盛，守護鉄の
5　三人がまだ宿直しに来ずに，期限になった。
6　法令により，罪を判決することを求める。調べて自らの
7　官庁が管轄する地域の家に居れば，本人に催促し，（前内侍司へ）遣わせ。嵬格成楽に
8　護送させたうえに，監視する者を遣わせ。罪罰を
9　（はっきり）させ，二月一日までに来させ，遅れないようにせよ。
10　右，刺史司は，前掲の
11　聖旨に従って行え。皇建午（1210）年臘月
12　官　（押字）[54]

　この文書は，1210年12月に黒水から都に来るはずの前内侍（親衛隊の一種）として勤務する人員がまだ到着しないため，責任者の処罰や人員の派遣を翌年 2 月までに行うよう指示した，都の前内侍司から黒水刺史に宛てた命令書である。この命令書が作成された前年（1209年）にはモンゴル帝国軍が侵入し，西夏の都が包囲された。モンゴル軍はその後撤

54）　この条文のテキストのカラー写真は，『俄蔵』第13巻（上海，上海古籍出版社，2007年）3 頁参照。

退したものの，都にまで進撃された当時の西夏の中央政府にとって，都の警備の強化は喫緊の課題であったはずである。前掲『天盛』第1253条が定めている黒水から都まで移動日数は30日であったから，往復で60日となる。

　西夏の行政文書は発信された年月までは記すものの，本文書のように，日にちまでは記さないことが多い。仮に7630-1号文書が12月1日に発信されたとすれば，黒水に到着してその日のうちに前内侍として派遣されるはずだった人物を捜索（あるいは代替人員を確保）し，都へ向けて出発させれば，所定の2月1日に間に合うことになるが，上記の作業には一定の日数を要するはずであり，期日の設定が前掲『天盛』第1253条に照らして行われたとは考えにくい。恐らく，往復60日よりも短い日数が設定されていたに違いない。

　言い換えれば，『天盛』第1253条が設定している移動日数は，緊急性のない平時における公的旅行者の標準的な移動日数と理解すべきであろう。そして，駅も，平時における公的旅行者の移動日数・距離に対応して，20km程度の間隔で置かれていたのではなかろうか。

2　駄獣・食糧等の支給

　すでにクチャーノフ等が指摘している通り，『天盛』巻13・第965条には，

> 一，牌を持つ者が使する時，諸々の家の民に属する私物の家畜，及び朝廷の牧場の家畜を利用して乗るべし。朝廷の馬一種に偏って乗ることは許さない。もし，私物の駄獣の牧場の家畜が近くにない，及び続けて乗るに堪えないことが真実ならば，すなわち朝廷の馬を捕えて乗ることを許す。（後略）[55]

とあることから，牌を所持している者は道中で駄獣を徴発することが認められていた。だが，駄獣を徴発できる場所は明記されていない。

　また，第980条には，

---

[55]　この条文のテキストの写真は，『俄蔵』第8巻，289頁，Кодекс, vol. 4, 297-298頁参照。

第 5 章　西夏王国における交通制度の復原　　　　　　141

　　一，牌を持つ者及び諸々の大人（官庁の長官・次官）・待命者が諸々
　　の城の市場を通過するところで，食糧や馬の食べる草を家主から徴
　　発することは許さない。（後略）56)

とあることから，公的旅行者が必要な食糧等の物資の調達は市場では行
えず，それとは別な場所で行われたものと考えられる。そして，

　　一，諸々の範囲で牌を持つ者が往来する時，駅を行う場所の検査
　　官・牌を持つ者の僕童・担当の人が使役している駄獣を制御する者
　　が，駄獣を解き放ったり，賄賂を得ていた場合は，額を計算して，
　　法を枉げた収賄罪とみなすべし。（後略）（第977条）57)

　　一，他国の使者が来たら，監軍司は駅館の監督者を指揮して，人馬
　　の食糧を近くの朝廷の穀物・銭・財物の中から分け与えるべし。よ
　　くよく奉仕すべし。使者が前もって命令書を持っていて，畿内に来
　　させるべきならば来させるべし。来させるべきでない場合，及び「私
　　は（畿内に）入る」と言ったら，その場に居させ，畿内に知らせ，
　　命令書を待つべし。その他の畿内に来る者，使者を送る者が牌を持
　　つべきならば，牌を送るべし。牌を送るべきでないならば，すなわ
　　ち監軍司は徴発した駄獣を送るべし。その使者に奉仕しない時は，
　　位階を有する者は罰として馬一（頭を没収し），無官の者は（棒で）
　　十三（回）たたく。（第982条）58)

と，駄獣や公的旅行者の食糧を支給する場が駅（駅館）であったこと，
辺境地域においては駅を管轄する官庁が監軍司であったことが確認でき
る。
　本項冒頭で掲げた第965条では，公的旅行者が騎乗する馬は朝廷が管
理する牧場からだけでなく，民間から徴発することが認められている。

───────────
　56)　この条文のテキストの写真は，『俄蔵』第 8 巻，292頁，Кодекс, vol. 4，308頁参照。
　57)　この条文のテキストの写真は，『俄蔵』第 8 巻，291-292頁，Кодекс, vol. 4，306-307頁参照。
　58)　この条文のテキストの写真は，『俄蔵』第 8 巻，292頁，Кодекс, vol. 4，309-310頁参照。

モンゴル帝国のような駅における飲食や駄獣の供給のための「站戸」が西夏に存在したか否かは不明である。『天盛』巻5・第296条には，一定数の家畜を所有する家は，甲冑や馬一頭を「朝廷の馬」として軍籍（小部隊ごとに作成された兵士の人名や甲冑のリスト）に登録することが定められている[59]。これは事実上の民間馬の供出と言えるだろう。13世紀初頭に黒水監軍司管内で作成された軍籍は，カラホト遺跡から多数発見されている。その中には「朝廷の馬」を登録している者の姓名や馬の毛並みなどが記されており[60]，彼らが所有している馬を「朝廷の馬」として飼育していたことがうかがえる。この条文に現れる馬は軍馬として用いられることを第一に想定したものだが，駅伝用の馬として供出された可能性もあろう。

3　頭子文書による駄獣の徴発

ただし，公的旅行者は牌を所持していただけでは，自由に駄獣を徴発できたわけではなかったようである。『天盛』には，

> 一，諸々の官司が，朝廷の大小の仕事のために牌を持つ者を遣わすべきで，牌が実際に置いてあるなかで，牌を持たせずに，駄獣を捕える頭子を発行することは許さない。もし，法を破り駄獣を捕える頭子を発行した時，発行した者は一年（の徒刑）。（中略）その他護送すべきものがある場合は，牛・ロバを捕えさせる頭子を与えるべし。ラクダ・馬を捕えるなかれ。（中略）そのうち，牌を持つ者を派遣すべきであるといえども，牌が実際に置いていないので，駄獣を捕える頭子を発行する場合は罪に問わない。（巻13・第986条[61]）

---

59) この条文のテキストの写真は，『俄蔵』第8巻，128-129頁，Кодекс, vol. 2, 560-561頁参照。なお，この条文では，羊50匹・牛5頭以上を所有する者は馬一頭に焼印を付け，軍籍に登録すると定められている。

60) 軍籍の具体的な記載例については，拙稿「西夏軍"首領"——以両件黒水城文書為根据」（寧夏社会科学院編『第三届西夏学国際学術研討会論文集』銀川，寧夏社会科学院，2008年）215-216頁，杜建録・史金波『西夏社会文書研究（増訂本）』（上海，上海古籍出版社，2012年）156-160頁，史金波「西夏文軍籍文書考略——以俄蔵黒水城出土軍籍文書為例」（『中国史研究』2012年1期）参照。

61) この条文のテキストの写真は，『俄蔵』第8巻，293頁，Кодекс, vol. 4, 313-314頁参照。

第5章　西夏王国における交通制度の復原　　　　　　　143

一，牌を持つ者で，頭子に駄獣を捕える数が明記されている以外に，駄獣を余分に捕える者がいる時，一人が余分に引き連れ，駄獣を余分に捕えても，日の範囲内で順次交換した場合は，どのくらい捕らえたのが多いかは数えるな。一日で一駄獣を捕えたものと換算すべし。（後略）（巻13・第972条[62]）

といった条文が存在する。上記の条文から，使者は牌と同時に「頭子」（図10）と呼ばれる文書を所持しており，その文書には道中で徴発できる駄獣の種類・頭数が書かれていたことがわかる。つまり牌を持つ旅行者は，牌だけでなく頭子を合わせて所持することによって，初めて駄獣の徴発ができたのである。また，前掲第986条の後半では，牌が無くても，やむを得ない場合は頭子だけで駄獣の徴発ができる場合があることも読み取れる。中央政府に牌が無いということはなかろうから，これは地方官庁が都もしくは管轄地域内に使者を派遣する場合を想定した規定なのであろう。

　曾我部静雄によると，北宋王朝でははじめ銀牌が通行証として使われたものの，不正が起きたために枢密院が発行する頭子を代わりに携行させるようになったという[63]。北宋後期の沈括が著した随筆『夢渓筆談』によると，頭子とよばれる文書の起源は五代期（10世紀）に遡り，当初は枢密院から出した下行文書の書式の一種であったが，沈括の時代（11世紀後半）には駅で馬を調達するためのみに使用されていたという[64]。曹家斉によると，宋において，公的旅行者が所持する通行証としてはこの頭子とは別に，宿駅で食事や宿泊の場

図10　「頭子」を表す西夏文字
（『天盛』巻13。『俄蔵』第8巻より転載）

――――――――――
　62）　この条文のテキストの写真は，『俄蔵』第8巻，290-291頁，Кодекс, vol. 4, 302-304頁参照。
　63）　曾我部静雄「宋代の駅伝郵舗」（『宋代政経史の研究』東京，吉川弘文館。初出：1931年）334-336頁参照。
　64）　『夢渓筆談』巻1，故事一
　　　至後唐荘宗復樞密使，使郭崇韜・安重誨爲之，始分領政事，不關由中書直行下者謂之「宣」，如中書之勅。小事則發頭子・擬堂帖也。至今樞密院用宣及頭子。本朝樞密院亦用箚子。（中略）頭子唯給驛馬之類用之。

の提供を受けることができる駅券が存在し，はじめは枢密院が，後に三司（のち戸部）が駅券を発行するようになったという[65]。西夏における頭子も官庁が発行する下行文書であることは，趙彦龍によって既に指摘されている[66]。西夏の頭子文書は，西夏語での表現[67]からして，五代ないしは宋王朝の制度の影響を受けたと考えられる。

　曾我部の説に依拠すれば，宋王朝の公的旅行者が所持する通行証は頭子か銀牌かのどちらかであり，両方は持たないと解釈することができる。一方，西夏では，牌を支給された公的旅行者は頭子も携行することによって，初めて道中で駄獣を徴発することができた。曹家斉が指摘する宋の駅券のような性質の文書は『天盛』からは検出できない。こうした点で，西夏は宋王朝とは異なる制度を有していたことになる。ただし，宋では銀牌が使われなくなった後も，緊急の情報伝達をする使者には金字牌等の牌を携行する例もある[68]。そうした使者が牌と共に，駄獣を徴発するために別の文書を所持する必要があったのかどうかは，いまだ究明されていない。モンゴル帝国では，旅行者は牌と同時に鋪馬聖旨または鋪馬箚子とよばれる文書を携行し，その文書には道中で確保できる駄獣の数が書かれていたことが知られている[69]。牌と同時に文書を携行することによって初めて駄獣を徴発できる点では，モンゴル帝国と西夏の制度は類似しているといえよう。

　『天盛』以外の西夏側の文献で，頭子なる文書が実際に使用されていた例はいくつか検出できる。ロシア科学アカデミー東方文献研究所所蔵の西夏時代の漢文文書の中には，西涼府（甘粛省武威市）の南辺権場使が作成した文書が十数片残されている。権場とは官設の貿易場のことであり，これら文書群は権場貿易に関与した商人の取引税に関わる文書と考えられている。いずれも，仏典を保護する経帙（ブックカバー）とし

　　65）　曹家斉『宋代交通管理制度研究』〈鄭州，河南大学出版社，2002年〉5-36頁参照。
　　66）　趙彦龍前掲書，113-115頁参照。
　　67）　西夏語では「領」という意味の文字（『夏漢』no. 4524）と「字」という意味の文字（『夏漢』no. 2403）の計2字によって表現される。文献によっては，1文字目の字が非常によく似た字形を持つ「頭」という意味の文字（『夏漢』no. 0026）で表現されることがある。
　　68）　金字牌は北宋王朝で11世紀後半から用いられ，内侍省が発行し，鋪兵によって伝達された（曾我部，前掲「宋代の駅伝郵鋪」344-345頁，曹家斉前掲書，121-126頁参照）。
　　69）　羽田亨「蒙古驛傳考」（羽田前掲書所収。初出：1909年）8-11，14-15頁，箭内，前掲「元朝牌符考」889-892頁参照。

第5章　西夏王国における交通制度の復原　　　　　　　　　　145

て再利用された状態で見つかっているため，文書の上下左右が欠損しており，文書の全体像を把握することは難しいが，各文書の断片の冒頭部分では，「准安排官頭子…（安排官の頭子を得た）」[70]や，「准銀牌安排官頭子（銀牌を持っている安排官の頭子を得た）」[71]，「頭子所有鎮夷住戸」[72]と書かれているものが存在する。「頭子所有鎮夷住戸」の「鎮夷」は現在の甘粛省張掖市の西夏時代の名称であり，商人が頭子を所持して張掖から武威まで移動していたとみられる。

カラホト遺跡出土仏典の経帙からは，「頭子」の語句が現れる2片の文書が発見されている。いずれも難解な草書体の西夏文字で書かれているため，判読は難しいが，それぞれの断片を試訳すると以下の通りとなる。

・ロシア科学アカデミー東方文献研究所所蔵西夏文1523-3号文書（図11）
  1　検使　　頭子を持つその仕事［
  2　下記の数を求めるべし。今月　日［
  3　駆けるべき時に待つことは許さない。
  4　　　　大食？？（人名）
  5　　　　乾祐辰年臘月
      ［後欠］

・ロシア科学アカデミー東方文献研究所所蔵西夏文2156-5号文書（図

---

70) ロシア科学アカデミー東方文献研究所における文献番号は文献番号Танг. 349, инв. no. 354。この文書の写真は『俄蔵』第6巻（上海，上海古籍出版社，2000年）286頁参照。録文は拙稿「ロシア蔵カラホト出土西夏文西夏榷場使関連漢文文書群録文訂補」（荒川慎太郎編『西夏時代の河西地域における歴史・言語・文化の諸相に関する研究』〈日本学術振興会科学研究費補助金・基盤研究（C）研究成果報告書〉，府中（東京），2010年）17頁参照。

71) ロシア科学アカデミー東方文献研究所における文献番号はТанг. 349, инв. no. 315。この文書の写真は『俄蔵』第6巻，281頁参照。録文は拙稿「ロシア蔵カラホト出土西夏文『大方広仏華厳経』経帙文書の研究——西夏榷場使関連漢文文書群を中心に」（荒川正晴編『東トルキスタン出土「胡漢文書」の総合調査』〈平成15年度～平成17年度科学研究費補助金・基盤研究（B）研究成果報告書〉，豊中（大阪），2006年）65-66頁参照。

72) ロシア科学アカデミー東方文献研究所における文献番号は文献番号Танг. 349, Инв. no. 307。この文書の写真は『俄蔵』第6巻，279頁参照。録文は拙稿前掲「ロシア蔵カラホト出土西夏文西夏榷場使関連漢文文書群録文訂補」12-13頁参照。

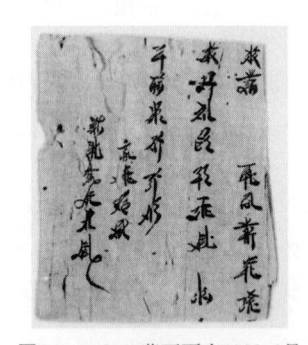

図11 ロシア蔵西夏文1523-3号
　　　　文書

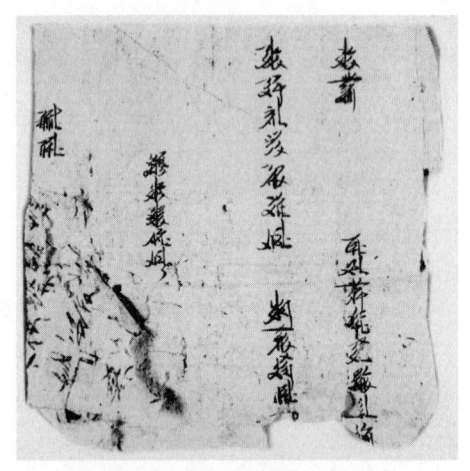

(『俄蔵』第12巻〈上海,上海古籍出版社,
2007年〉より転載)

図12 ロシア蔵西夏文2156-5号文書

(『俄蔵』第13巻より抜粋。経帙として再利用されているため,
左下部には別の文書が貼り付けられている)

12)
1　検使　　　頭子を持つその仕事に至る人の名前 [
2　下記の数を求めるべし。今月　　日に監軍司 [
3　　　　　　酉年閏五月
4　　　習判
　　　　　[後欠]

*　？印は判読ができない文字,[　印は,それ以降の文字が欠損していることを示す。

　いずれの文書もわずかな文字しか読みとれないが,各文書の2行目に現れる「下記の数を求めるべし」は,旅行者が道中で徴発できる駄獣の数のことを指しているのかもしれない。2156-5号文書には,監軍司の属官である習判の名が書かれている(恐らく,この下に習判のサインが書かれていたと思われるが,上に別の紙が貼られていて見えない)ことから,この文書の発給に監軍司が関与していたことは間違いない。両文書は,旅行者が所持していた「頭子」そのもの,あるいは前掲『天盛』第950条に定められている,使者を派遣した官庁が記録した帳簿の断片なのではなかろうか。

第5章　西夏王国における交通制度の復原　　　　　　　　　147

　　　　　　　　　　おわりに

　本稿では，法令集『天盛』中に現れる，西夏王国の公的旅行者が所持する牌・符・鉄箭等の通行証・身分証を分類し，それぞれの機能の違いを明らかにした。そして，それら通行証・身分証を所持した公的旅行者が道中で受けられる待遇等の諸制度についても考察してきた。史料上の制約から不明な点も少なくないが，それらの制度を周辺諸国の制度と比較したところ，同時代の宋の制度の影響を受けているものばかりではなく，唐やモンゴル帝国と共通する例が検出できること，鉄箭のように，中央ユーラシアの国家の制度を起源とするものが存在することが明らかになった。

　東西交通の要路をおさえたことによって，西夏は諸外国の文化だけでなく，制度も逐次受容していった可能性は充分考えられる。だが，牌を持つ公的旅行者が頭子文書をあわせて所持していないと駄獣を徴発できないという制度は，西夏と同時代の宋の制度とは微妙に異なる。また，宮廷から直接派遣された使者が鉄箭を携行するという事例は，少なくとも宋王朝では確認されていない。こうした制度は西夏独特のものといえるのか，あるいはその他の国々の制度との関連性も視野に入れて結論を出さねばなるまい。

　これに加えて，筆者は西夏の諸制度が五代諸王朝の制度の影響を受けていた可能性もあるのではないかと考える。一般に西夏王国は1038年に建国され，その諸制度は同時代の宋の制度にならったものであると理解されている。しかしながら，この国は11世紀に忽然と現れたわけではない。西夏建国の契機は，982年に李継遷の北宋王朝に対する蜂起にあるが，そのさらなる基盤は，タングート人が黄巣の乱で功を挙げ，定難軍節度使として陝西北部からオルドス南部の地域を治めるようになった9世紀後半にまで遡る。タングート人は唐・五代諸王朝・北宋に形式的に臣下の礼をとりながら，着々と独立の基盤を固めていった。とすれば，早い段階で唐末・五代諸王朝の制度を受容していた可能性も否定できまい。五代諸王朝の中には，トルコ系遊牧民の沙陀突厥が立てた王朝もあり，

純粋な中華王朝とは言えない側面がある。北方の諸制度が五代期には華北にまで影響を及ぼし，それが西夏にも伝わったという方向性も視野に入れておく必要があるだろう。

　本稿で明らかにした交通制度の中には，13世紀に西夏を滅ぼしたモンゴル帝国とも共通するものがあった。とはいえ，そのことが直ちにモンゴル帝国が西夏の制度を受け入れて駅伝制度を整備したといえるわけではない。その結論を得るには，西夏ともどもモンゴルに滅ぼされることになる金帝国や，12世紀前半までモンゴル高原を勢力下に入れていた遼帝国の交通制度の全容解明が待たれよう。

（付記1）本稿は，2012年に発表した拙稿 "Study of Messenger Passports in the Xi-Xia Dynasty"(И. Ф. Попова(ed.) *Тангуты в Центральной Азии* (Москва, Институт фирма《Восточная Литература》，2012年）を，その後新たに得られた知見に基づき，大幅に加筆修正したものである。

（付記2）本稿は，以下の研究助成事業による研究成果の一部である。

　・平成22〜25年度日本学術振興会科学研究費補助金　基盤研究（A）「シルクロード東部の文字資料と遺跡の調査——新たな歴史像と出土史料学の構築に向けて」（研究課題番号22251008，研究代表者：荒川正晴）

　・平成24〜25年度日本学術振興会科学研究費助成事業（学術助成基金助成金　基盤研究（C））「西夏語文献から見た，モンゴル軍侵攻期における西夏王国の防衛体制・仏教信仰の研究」（研究課題番号24520798，研究代表者：佐藤貴保）

　・平成25年度日本学術振興会科学研究費助成事業（学術助成基金助成金　挑戦的萌芽研究）「ロシア所蔵資料の実見調査に基づく西夏文字草書体の体系的研究」（研究課題番号25580087，研究代表者：荒川慎太郎）

第5章　西夏王国における交通制度の復原　　　　　　　　149

【別表】『天盛』第1253条に基づく勤務評定の日数

日数A：監軍司→都の所轄官庁までの移動日数
日数B：都の所轄官庁での勤務評定の日数
日数C：都磨勘司での勤務評定の日数

監軍司名	所在地（現在）	日数A	日数B	日数C	日数A+B+C
沙州	敦煌	40	60	50	150
瓜州	瓜州	40	60	50	150
粛州	酒泉	30	60	60	150
黒水	エチナ	30	60	60	150
西部（鎮夷郡）	張掖	20	70	60	150
囉龐嶺	?	20	70	60	150
官黒山	?	20	70	60	150
北部	?	20	70	60	150
卓囉	永登	20	70	60	150
南部（西涼府）	武威	20	70	60	150
年斜（?）	?	20	70	60	150
石州	横山	20	70	60	150
北地中	?	15	80	55	150
東部	靖辺?	15	80	55	150
西寿	靖遠	15	80	55	150
韋州	同心	15	80	55	150
南地中	?	15	80	55	150
鳴沙	中寧	15	80	55	150
五原郡（?）	?	15	80	55	150
大都督府	霊武	10	80	60	150
霊武郡	霊武	10	80	60	150
保静県	?	10	80	60	150
臨河県	?	10	80	60	150
懐遠県	?	10	80	60	150
定遠県	?	10	80	60	150

第6章
屠牛と禁令
―― 19世紀朝鮮における官令をめぐって ――

山内 民博

はじめに

　朝鮮王朝では官僚機構のさまざまな部署で数多くの官令が発せられており，原則としてそれは文書によって伝達・周知された[1]。伝達された官令がどう受けとめられ，その対象となった人々や組織がどのように対応したのかという問題は，当然に官令の内容によって種々異なるが，中には頻繁に同内容の官令が出されながら，ほとんど実効をえられなかったものもみられる。本論では，その一例として牛禁とよばれた屠牛禁令をとりあげ，官令と官令に対する諸集団の対応について考えてみたい。
　朝鮮時代，屠牛は「国中の大禁」と称され[2]，くりかえし禁令が発せられるとともに法典にも収録されていたが，それにもかかわらず屠牛が下火になることはなかった。この屠牛禁令については金大吉の専論があり，商品貨幣経済の成長・場市（市場）の発達にともない犯屠・私屠が盛行していく状況を丹念に明らかにするとともに，禁令が徹底されない背景として官員・吏胥層の動向や「民不畏法」と称された民の禁制に対する認識変化などを指摘している[3]。

---

　1) こうした朝鮮時代後期の官令・文書のうち地方官衙と民との間で伝達された文書について，以前拙稿「朝鮮後期郷村社会と文字・文書――伝令と所志類をてがかりに」（『韓国朝鮮の文化と社会』6号，2007年）において検討したことがある。なお，官令という語は朝鮮時代に官の命令・指令の意味でしばしば用いられていた表現である。
　2) 左議政韓用亀啓言，牛禁即国中之大禁也。（『日省録』純祖15年12月10日庚申，1815年）
　3) 金大吉「朝鮮後期 牛禁에 関한 研究」（『史学研究』韓国史学会，52号，1996年，同

ところで，後論するように18世紀以降になると牛禁は私屠を主たる対象とし，公的な機関による屠牛（公屠）は許容ないし黙認されるようになる。当時，屠牛をおこなう施設・場を庖厨・庖肆・屠肆などといったが，地方官衙が公屠をおこなう庖厨は官庖とよばれ，私庖と対比された。また，官庖とは別に地方官衙が公的な文書を発給して庖厨を公認する動きもみられた。金大吉もこうした動向についてふれているが[4]，おもに王朝編纂史料を用いていることもあり，各種庖厨の性格や官庖と私庖との関係などに関してはなお不明な点が多く残されている。かつ，こうした公権力と関わる庖厨のありかたにこそ屠牛禁令をめぐる諸集団――地方官，地方官衙の郷吏・官属，両班・士族といった在地の有力者層，屠牛を担う屠漢など――の利害が反映されているものと思われる。
　朝鮮時代の屠牛は都の漢城と地方とでは担い手・組織などが大きく異なるが，以下，ここでは地方における屠牛禁令に焦点をあて，請願・訴訟記録など地方官衙関連史料が比較的豊富な19世紀を中心に屠牛と関わる諸集団がどのように禁令に対処していたのか検討することにしたい。

第１節　朝鮮後期の屠牛の様相

　朝鮮において牛を犠牲とする慣行は新羅からみられるが，牛肉食が広まるのは高麗のモンゴル服属期，13世紀後半以降と考えられている[5]。朝鮮時代後期の史料に即してみると，宰屠した牛の用途にはつぎのようなものがあった。
　中央・地方の官衙での需要から述べるなら，まず，宗廟・社禝・文廟釈奠など国の主要な祭祀では牛・羊などを犠牲に用い，またその肉

著『朝鮮後期牛禁酒禁松禁研究』景仁文化社，ソウル，2006年に収録）。以下，引用は著書による。
　4）金，前掲『朝鮮後期牛禁酒禁松禁研究』45-46, 75頁。
　5）李成市「蔚珍鳳坪新羅碑の基礎的研究」（同著『古代東アジアの民族と国家』岩波書店，1998年，原載『史学雑誌』98編6号，1989年）50頁，鮎貝房之進「白丁・（附）水尺・禾尺・楊水尺」（同著『雑攷　花郎攷・白丁攷・奴婢攷』国書刊行会，1973年，原載『雑攷』5輯，1932年）243-244頁，浜中昇「高麗末期・朝鮮初期の禾尺・才人」（『朝鮮文化研究』4号，1997年）52頁。

第 6 章　屠牛と禁令　　　　　　　　　　　　153

を供えた[6]。郷校釈奠など地方の公的祭祀でも牛を用いることが多かった[7]。このほかに，兵士の操練時や官衙での食事，使客の接待などにも牛肉が供されることがあった[8]。牛皮は皮甲冑，皮鞋（皮製のくつ），馬鞍などの素材として利用されたし[9]，弓の材料となる牛筋・牛角は中央・地方の軍営が必要としていた。中央で軍器製造を管掌する軍器寺の貢物に牛筋・牛角があり[10]，忠清道全義県では郷校釈奠のときに宰殺した牛につき，皮は道の巡営（監営）に，筋・角は道の軍営の一つである中営に納めている[11]。このほか，牛脂を材料とした肉燭も官衙に必須の物品であった[12]。

---

6) 大祀用太牢【牛・羊・豕】，楽章餅六色三献【社稷・宗廟・永寧殿・皇壇時享】，中祀用中牢【牛・羊】，楽章餅二色三献【景慕宮時享・文廟釈奠外壇節祭】……文廟二大祭【春秋釈奠】祭物……俎三【牛腥・羊腥・豕腥】。（『六典条例』礼典・奉常寺・祀典）
　なお，こうした祭祀に必要な牛・牛肉は奉常寺が用意した。

7) たとえば，慶尚道金山郡では城隍祀・厲祭などに黄肉（牛肉）を用い，郷校の春秋享祀（釈奠）のために牛六頭を購入している。（『嶺南邑誌』〔奎章閣34冊本〕所収「金山郡邑誌」附「開国五百三年十一月日金山郡事例冊」上下秩，影印：『韓国地理誌叢書　邑誌二』亜細亜文化社，ソウル，1982年）

8) たとえば，全羅道綾州牧の邑事例（官衙規定）である『竹樹事例』では，束伍軍操練時の犒饋（兵をねぎらう食事）として牛の購入費用銭40両が計上され，忠清道牙山県の「牙山県邑例」には「官家日用饌物黄肉」，「使客行次時所用黄肉」があげられている。
　米六石酒餅，銭四十両牛価，束伍軍操練時，犒饋所入。（『竹樹事例』民庫・不恒用下秩，影印：『韓国地方史資料叢書』8，驪江出版社，ソウル，1987年）
一，官家日用饌物黄肉及使客行次時所用黄肉，元無給価之例，而茶礼祭需脯肉及別封者則給価米三升，小脯一貼給価米六升，中脯一貼給価米九升，大脯一貼給価米一斗二升。（『（湖西）邑誌』所収「新定牙州誌」附「牙山県邑例」，影印：『韓国地理誌叢書　邑誌九』亜細亜文化社，ソウル，1985年）

9) 17世紀中葉の訓錬都監の啓には皮甲冑一部に生牛皮二枚が必要であることがみえ，19世紀中葉の全羅道光陽県の邑事例には官衙が唐鞋匠に工価・料米とともに牛皮，狗皮などを支給して皮鞋の一種である唐鞋を造らせているという記事がある。
　訓錬都監啓曰，軍兵所着皮甲冑五千部，当為造作，而其容入物力，揣度為難，見様甲冑各一部，先為造作則生牛皮二令，表裏甲三，並正木綿三十八尺，全漆三合，魚膠十両矣。（『承政院日記』孝宗3年10月18日丙辰，1652年）
　唐鞋匠，唐鞋一部，工価二戔，料米四升二合，中牛皮半々令，狗皮半々令……。（『光陽県各所事例冊』内工庫，影印：前掲『韓国地方史資料叢書』8）

10) 『六典条例』兵典・軍器寺・所管貢物。

11) 春秋釈奠時宰殺牛皮納巡営，筋角納中営。（前掲『（湖西）邑誌』所収「全城誌」附「邑事例」雑件）

12) 官用肉燭及各庁灯油，無下記日用。（『湖南邑誌』〔奎章閣18冊本〕所収「開国五百四年三月日沃溝県（邑誌）」官庁・官庖，影印：『韓国地理誌叢書　邑誌五』亜細亜文化社，ソウル，1983年）

こうした牛に由来する品々は、軍器を別にすれば民間でも旺盛な需要があり、とくに牛肉は正月をはじめとする名日（名節）や婚礼・葬祭時などに好まれたようである。18世紀後半、兪漢寯は歳時（新年）の風俗を列挙するなかで、その一つに牛を宰屠し酒肴とする風俗を数えている[13]。また、丁若鏞の『牧民心書』にはつぎのような一節がある。

a　ただ牛禁（屠牛禁令）は厳格にすべきである。しかしながら、わが国には羊がいないため、歳時行楽において牛のほかに肉がない。人情の願うところを酷禁してはならない。ただ豪吏豪民のなかには婚宴葬祭において殺牛する風俗があるが、これは禁じるべきである。　　　　　　　　　　　　（『牧民心書』刑典六条、禁暴）
　　　唯牛禁宜厳也。然吾東無羊。歳時行楽、非牛無肉。人情所願、不可酷禁。唯豪吏豪民、婚宴葬祭、殺牛成俗。是可禁也。

『牧民心書』の完成は純祖18年（1818）のことで[14]、上掲記事も当時の状況をふまえた記述であろう。屠牛禁令の観点から述べられているが、歳時や婚宴葬祭において牛肉を用いていたことをうかがえる。そのほか、前述した牛皮を素材とした皮鞋は民間でも広く用いられ、また、牛皮は19世紀には日本・中国へも輸出されていた[15]。

こうした需要にこたえて屠牛は盛んにおこなわれていた。英祖51年（1775）、京畿仁川都護府の幼学李漢運は国王への上疏のなかで当時の屠牛の状況について、以下のように述べている。

b　仁川の幼学李漢運の疏につぎのようにあった。……最近、牛は繁殖せず、民は耕作に苦しんでおります。その弊害のよってきたる理由を数えあげてみたいと思います。我が国の内（都）では24の

　　13）余採国俗、其於歳時可記者有十一。……五日屠牛。俗於歳時、殺牛以肴其酒。（兪漢寯『自著』巻5、「歳時詞并序」。己丑年［英祖45年、1769年］の作と伝えられる。）
　　14）李佑成「与猶堂全書解題」『増補与猶堂全書　一』景仁文化社、ソウル、1970年。
　　15）塚田孝「アジアにおける良と賤——牛皮流通を手掛りとして」（『アジアのなかの日本史1　アジアと日本』東京大学出版会、1992年）、金東哲「19世紀　牛皮貿易과　東莱商人」（『韓国文化研究』釜山大学校韓国文化研究所、6号、1993年）、田代和生『日朝交易と対馬藩』（創文社、2007年）212-216頁、金、前掲『朝鮮後期牛禁酒禁松禁研究』48-54頁）。

懸房において，外（地方）では360州・26大営と諸小営・諸鎮堡・諸郵官において，（一日に）宰屠する牛の数は500余頭を越え，京・郷（都と地方）での私屠もまた500余頭以上ありますので，通計すると1日に千余頭，1月には3万余頭となります。また，四名日の京・郷での公・私屠は2，3万頭あり，（これをあわせると）1年では38，9万頭にのぼります。1年の屠牛数がこの数であれば，屠牛により失われる頭数は牛疫より甚だしいものがあります。昔は牛価は高くとも10余両にすぎませんでしたが，今の牛価は30余両となっています。牛のない農民は10のうち7，8であり，そのため牛を借りても耕作が遅くなって時期を失い，あるいは牛がないため耕作を放棄して，その田は荒れることになります。……禁屠を厳格に実施せずにどうして勧農の政をおこなうことができましょうか。　　　　　　　　（『承政院日記』英祖51年3月24日辛未）

　　仁川幼学李漢運疏曰……方今牛不蕃息，民有病耕之弊。弊之所従来，臣請数之。我国内有二十四懸房，外有三百六十州・二十六大営及諸小営・諸鎮堡・諸郵官，所屠已過五百余首，京郷私屠又過五百余首，則通計一日為千余首，一月為三万余首，又並四名日京郷公私所屠二三万首，而一歳為三十八九万首矣。歳屠此数，其為倒損，甚於牛疫。昔者牛価，多不過十余両，今者牛価三十余両，而農民無牛十常七八，故借牛晩耕，以失其時，無牛廃耕，以荒其田。……禁屠不厳，而烏得為勧農之政也。

　かれによると，屠牛をおこなっているのは，まず首都漢城では24の懸房，地方では360州・26大営及び諸小営・諸鎮堡・諸郵官であり，これにくわえ京郷，すなわち都と地方での私屠があった。懸房とは，漢城において屠牛・牛肉販売を公認された店舗のことで，泮人とよばれた成均館の典僕が屠牛・経営にあたっていた[16]。360州とは地方の府・牧・都

---

16) 懸房については，宋賛植「懸房考」（『韓国学論叢』国民大学校韓国学研究所，6，7号，1984，85年。後，同著『朝鮮後期社会経済史의 研究』一潮閣，ソウル，1997年に収録），최은정「18세기 懸房의 商業活動과 運営」（『梨花史学研究』23・24合輯，1997年）が詳しい。本論ではあつかわないが，18世紀後半には懸房の泮人が開城・広州・水原・東莱など特定の邑に派遣されて屠牛にあたるということもあった。

護府・郡・県など（総称して邑とよばれた）をさす。邑の上には道が置かれ，道を統治する観察使が駐在する営を監営（巡営）といったが，史料中の大営は，その監営や，軍営である兵営・水営などを意味していよう。諸小営・諸鎮堡・諸郵官（駅）とあわせ広く地方官衙で屠牛がおこなわれていたことを示している。一方，これとは別に都と地方での私屠があり，史料中の「京・郷での公・私屠（京郷公私所屠）」という表現から推すと，懸房・地方官衙での屠牛は私屠に対する公屠とみなされているようである。こうした公屠と私屠をあわせ1日に千余頭，四名日（正朝・寒食・端午・秋夕）には2,3万頭が宰屠され，1年の屠牛数は38,9万頭にのぼると李漢運は推定している。

　同じころ，朴斉家が著した『北学議』でも同様の推計がおこなわれているが，こちらでは国の祭祀・褒賞及び漢城の懸房（24舗）での屠牛と，地方の300余州の官での屠牛，そして中央・地方での婚宴葬射のための宰屠や私屠をあわせ，1日の宰屠数を500頭あまりとみている[17]。いずれにせよ，都や地方で公的ないし公認された屠牛がおこなわれるとともに，私屠もまた盛行しているという認識は共通している。しかしながら，前掲史料aではまず「牛禁は厳格にすべきである」と述べられ，また，史料bでも禁屠の徹底が主張されていたことからうかがえるように，朝鮮時代，屠牛禁令が存在し，屠牛はまったく自由におこなえたわけではなかった。つぎに，この屠牛禁令がどのようなものであったのか，その推移を検討してみることにしよう。

第2節　屠牛禁令

　朝鮮において屠牛禁令が史料にあらわれはじめるのは牛肉食が広まったとみられる14世紀に入る頃からのことである[18]。恭愍王11年（1362）

　17）計我国日殺牛半千，国之祀享犒賞及沣中五部内二十四舗与三百余州官必開舗，或小邑不必日殺，而以大邑畳殺相当，又京外婚宴葬射及私屠犯法，略数之已如此。（『北学議』内篇・牛）

　18）屠牛禁令の早い例としては，忠宣王2年（1310）に3年に限り宰牛が禁じられている。王伝旨限三年禁打囲及宴飲宰牛。（『高麗史』巻33，世家巻33，忠宣王2年12月戊申）
なお，牛が含まれるかどうかはともかく，祈雨などに際して，屠宰が禁じられることは11世

　　　　　　　　　　第6章　屠牛と禁令　　　　　　　　　157

には，前年来の紅巾軍の侵攻によって多くの牛馬が殺されたことにともない，禁殺都監を設けて牛馬の宰殺を禁じるという措置がとられている[19]。こうした禁令の目的は農耕に用いる牛の確保にあった。恭譲王元年（1389），大司憲趙浚は屠牛禁令の徹底を提案するなかで，つぎのように述べている。

 c 大司憲趙浚らが上疏した。……食は民にとってもっとも大切なものであり，穀物は牛からうみ出されるものです。そこで我が国では禁殺都監を設けております。農事を重んじ，民生を厚くするためです。　　　　　　　　　　（『高麗史節要』巻34，恭譲王元年12月）
  大司憲趙浚等上疏曰……食為民天，穀由牛出，是以本国，有禁殺都監，所以重農事厚民生也。

　朝鮮時代に入っても屠牛の禁令はくりかえし出され[20]，中宗38年（1543）に編纂された『大典後続録』には，牛馬宰殺の首謀者を杖一百・全家徙辺に，直接宰殺をおこなった宰殺人を絶島官奴に永属させるといった厳罰規定が収録されている[21]。
　前述した宗廟・社稷・文廟釈奠などの国家祭祀で牛を犠牲とすることはおおむね禁令の対象外であったが[22]，屠牛禁令自体は17世紀以降も凶

――――――――――――――
紀からみられた。
　以久旱，禱雨于宗廟，移市肆，禁屠宰，断徹扇，審寃獄，恤窮匱。（『高麗史』巻4，世家巻4，顕宗2年4月丁未，1011年）
　19）禁殺都監，恭愍王十一年置之，以紅賊陥京，殺牛馬殆尽，申厳宰殺之禁。（『高麗史』巻77，百官志2，諸司都監各色）
　20）朝鮮初の屠牛禁令を若干あげるなら，つぎのような例がある。
　申韃靼禾尺宰殺牛馬之禁。（『太宗実録』巻11，6年4月甲申，1406年）
　上曰，宰牛之禁，前朝立禁殺之官，本朝去年，亦立法堅禁，宰牛者稍息，今聞民間復興。（『世宗実録』巻38，9年10月庚午，1427年）
また，牛禁と併行して主たる屠牛者である禾尺の農耕民化がはかられ，その政策の一環として禾尺（禾尺才人）の称を白丁とするなどの措置がとられた（浜中，前掲「高麗末期・朝鮮初期の禾尺・才人」，李俊九「朝鮮前期白丁의 犯罪相과 斉民化施策」『大丘史学』56号，1998年）など。
　21）牛馬宰殺，為首者杖一百・全家徙辺，随従者杖八十・徒二年，許接家主杖一百徒三年，宰殺人永属絶島官奴全家入送。知情不告三切隣管領，以制書有違律論断，捕告者給賞。（『大典後続録』刑典・雑令）
　22）漢城においては祭祀を管轄した奉常寺の下人が屠牛をおこない，文廟のあった成均

年や牛疫の時をはじめとして頻繁に出されている[23]。そのため,地方官衙が官需にあてる牛皮筋角などを入手することはたやすくはなく[24],遅くとも18世紀にはいる頃から,牛皮筋角を確保するために地方官衙がみずから屠牛をおこなう施設ないし場を設置し,国家もまたそれを追認ないし黙認するようになっていく。

　粛宗34年(1708),黄海道観察使が「軍器所用筋角」を調達するため「屠肆一坐」の設置許可を中央に要請して却下されるということがあった[25]。ただし,この問題を討議した宰臣たちの発言によるなら,京畿の要地であった広州府・水原都護府ではすでに軍器調達のために「屠肆」が公認されており,平安道でも軍器ないし勅使供応のために過去に「屠肆」が設置されていたという。同じ頃,忠清道燕岐県や全羅道龍安県・臨陂県の守令が「自官屠牛」,「別設屠販」を理由に処罰されているのも,地方官衙独自の屠牛が広まりつつあったことを反映するものであろう[26]。

　そして,英祖22年(1746)に頒布された『続大典』には屠牛に関するつぎのような規定が収録された。

館の典僕(泮人)も屠牛にかかわっていた。
　(成均館行大司成李)眞儒曰,奉常寺造脯時,本寺下人等,憑藉造脯,濫宰牛隻,私自販売,莫重享祀所用造脯之肉,私自盜売,已極駭然。(『承政院日記』景宗4年正月11日丙戌,1724年)
　(成均館大司成趙)持謙曰,成均館典僕,自祖宗以来,称其生理之艱,許以屠肆為業。(『承政院日記』粛宗8年12月25日戊戌,1682年)
　23) 金,前掲『朝鮮後期牛禁酒禁松禁研究』28-33頁。
　24) 合法的には折脚牛・斃牛などを利用したとみられる。19世紀の例ではあるが,全羅道沃溝県では斃牛の皮筋角を県の工庫に納入させている(「民有致斃則皮筋角納于工庫。」前掲『湖南邑誌』所収「開国五百四年三月日沃溝県(邑誌)」官庁・官庖)。
　25) (領議政崔錫鼎)啓曰……(黄海監司)李彦経,以軍器所用筋角之難於貿用,欲設屠肆一坐,有所請報,而備局初則防塞不許矣。其後更為請報,所当仍為防塞,而第西北乃辺上重地,故自前設屠肆,如畿内之広州・水原等処,以軍器所須,亦設屠肆矣。近来海西有海防疎虞之慮,限朔許設,似無所妨,故以限五朔望欲事,題送矣。……(閔)鎮遠曰,大臣,以西北監営設屠肆為言,而臣之所開,有異於此矣。平安道勅使接待之時,例用牛肉,而元無自朝家許設屠肆之事,故李世載為監司時,痛加禁断云。……監営設屠肆則無以禁止一道,何可与水原・広州比而同之乎。臣意則決不可許矣。……上曰,只限五朔,則与永許有異,而諸宰之議,亦有所執,勿許,可也。(『承政院日記』粛宗34年9月29日壬寅)
　26) 忠清監司)書目,燕岐県監沈漢柱,方当牛禁厳飭之日,不顧禁令,自官屠牛。……並只罷黜事啓。(『承政院日記』粛宗24年11月18日戊子,1698年)
　全羅監司書目,竜安県監申泳,臨陂県令崔錫弼,当此牛禁至厳之日,別設屠販,肆然犯禁,並只罷黜事。(『承政院日記』粛宗26年4月1日甲子,1700年)

第6章 屠牛と禁令

　d　牛馬私屠者【庶人犯禁者は杖一百・徒三年。士大夫はその家長が連座して同律による刑罰を受ける。○両都（開城・江華），水原・広州等の邑，及びその他の道で屠牛を認めざるをえないところでは，5日に1牛を屠す（ことを認める）。この制限を越えて違反した官長は厳重に論罪する。】……並びに禁断。（『続大典』刑典・禁制。【　】内は双註）

　　牛馬私屠者【庶人犯禁者，杖一百・徒三年。士大夫則坐其家長同律。○両都，水原・広州等邑及其他道不得不許屠処，五日屠一牛。違越官長従重論。】……並禁断。

　刑典・禁制条中の一項であるが，禁断の対象のひとつとして「牛馬私屠者」があげられ[27]，その例外として，両都（開城府・江華府），水原・広州など特定の邑，及び道といった地方官衙では5日に1頭の屠牛が認められている。すなわち，牛禁の対象を私屠と明示した上で，地方官衙での屠牛を限定をつけながらも正式に公認したものとみることができる。
　こうした官衙が設けた屠牛の施設・場は，しばしば官庖と呼ばれた。朝鮮後期，屠牛をおこなう施設・場に対しては屠肆，庖肆，庖厨などといった表現が用いられたが，官の庖肆・庖厨という意味で官庖とされたのであろう。『続大典』は邑レベルの地方官衙の屠牛を必ずしも全面的に認めたわけではなかったが，18世紀後半になると，前掲史料bにあったとおり多くの邑の官衙が官庖を置いて屠牛をおこなうようになり，屠牛禁令は私屠を主要な対象としていくことになる。
　たとえば，純祖13年（1813），左議政韓用亀は「地方の邑において官庖を設置することは謬規ではあるけれども，もとより一朝にこれを撤罷することはむずかしい」として官庖は許容しつつ，私屠にあたる場市貿販の禁断強化を提言し，裁可されている[28]。こうした私屠禁令は19世紀

　27）引用で略した部分には「都城内庶人騎馬者」，「僧尼濫入都城者」などが禁断対象として列挙されている。
　28）左議政韓用亀啓言，国之大禁有三，而禁屠居其一焉，蓋重民食也，近来法綱日頽，奸弊滋生……以外邑言之，設置官庖，雖是謬規，固難一朝撤罷。而至於場市貿販極為寒心。亦為分付於諸道臣，各別禁断，如或有現発之事則当該道臣守令並従重論勘之意，請措辞関飭。従之。（『日省録』純祖13年2月15日）

には頻繁に出されていたが[29]，たとえば高宗10年（1873）の禁令の場合，つぎのような過程を経て中央から村落にまで達していた。

　この年の正月13日，農期が近づき牛疫もみられることをあげて私屠禁断をあらためて命じる国王の教（命令）が出された[30]。それを受けて議政府から，国王の教を伝え，私屠禁断を真諺飜謄（漢文とハングル文に謄写）して坊曲に掲付し周知させるよう命じる関（伝達文書）が各道に発せられ，それを受領した道の観察使は議政府の関を引用しつつ「私設為庖」をまず撤罷し，冒犯諸漢を拘束し報告するよう命じる甘結（指令文書）を管下の邑に正月26日付で送付した。この道からの甘結（巡営甘結・巡甘）を受領したある邑では2月5日に面任宛に伝令を発し，面任が管下の坊曲（洞里）に詳細を布諭した上，文書を通衢壁上に掲付し，冒犯潜屠者は指名報来するよう命じた[31]。その伝令には，議政府の指示にしたがい吏読文（吏読まじりの漢文）の巡甘（巡営甘結），及びその内容をハングル文に抄訳した巡甘が貼付されている[32]。このように私屠禁令は

　　29）18世紀後半には歳時に限って私屠が認められることもあったが，純祖6年（1806）前後からは歳時を含め私屠は全面的に禁止されている（『日省録』純祖6年1月5日癸丑）。純祖の統治期（1800-1834年）についてみると，少なくとも12回は屠牛禁令の発令を史料上確認できる（『日省録』，『承政院日記』，『純祖実録』による）。

　　30）教曰，私屠設禁，法司攸掌，而必待別飭後始禁者，此可日挙職也乎。引耒中田，頼以粒食，服箱四方，任厥重載，為人之用，有若是焉，則無故殺牛，亦豈可行者乎。顧今三陽布沢，犂耙将出，而牛疫在在方熾云。言念農事，万万悶然，内而刑漢，外而八道四都，未知糾禁之果何如，而互相勉察，毋敢悠泛，期有実効事，自廟堂行会。（『日省録』高宗10年正月13日癸巳）

　　31）邑（郡・県など）の下位には面と称される行政区域があり，面には面任がいて，官令の伝達・差役ほか実務にあたった。通例，面任は守令が住民の中から任命した。

　　32）以上，「北二面任宛伝令」（『古文書　六』伝令322，ソウル大学校図書館，1989年）による。北二面がどの邑に属したのかについては複数の可能性があり確定できない。この伝令の日本語訳をあげれば以下のとおりである（末尾のハングル文の巡甘は略した）。

　　　伝令北二面任
　今，禁屠一事につき議政府啓下の関に拠る巡営の甘結が下来した。一通を真諺飜謄して粘連した後，伝令するので，掌面坊曲に詳細を布諭した後，通衢壁上に掲付し，常目警싱させよ。各処の設庖は，今まさに厳飭して撤罷するが，別飭の後にもし冒犯潜屠者があれば誰某であるかを問わず一一指名報来し，（邑から）巡営に報じて処分できるようにせよ。挙行の状況をまず馳報すること。
　　　癸酉二月初五日
　　官（押）
　　　巡営甘結
　受領した議政府の関によると，このたび裁可をえて下された今正月十三日の伝教はつぎのとおりであった。すなわち，私屠を禁じることについては法司が担当しているが，必ず別

第6章　屠牛と禁令　　　　　　　　　　161

国王の教として発せられ，統治機構をつうじて村落にまで伝達・掲示されていたのである。

　しかしながら，以上のような禁令にもかかわらず，官庖での公屠だけではなく，私屠も広くおこなわれていたことは前掲史料 b に述べられているとおりであり，また，くり返される禁令自体が証明していよう。それでは，私屠禁断の官令はまったく形骸化し，単に官庖と私庖（私設庖厨）が併存する状況に至っていたのであろうか。

　つぎに，各種庖厨の諸相及び地方公権力との関係を検討する中で，禁令に地方社会がどのように対応していたのか，考えてみることにしよう。

飭を待った後にはじめて禁じており，これでは職務を果たしているとはいえない。（牛が）犂を引いて田を耕すことで粒食をえ，（牛が）車を引いて四方におもむくことで重い荷を運ぶことができる。このように人の用となっているのに，故なく牛を殺すことがあっていいものだろうか。今，春となり農耕がはじまろうとしているときに，牛疫が激しいところがあるといい，農事を思えば万万悶然となるが，内では刑曹・漢城府の両司，外では八道四都において糾禁の状況がどうであるのか危ぶまれる。互いに禁断につとめ遅滞なく実効を期するよう廟堂より周知せよと。伝教内の辞意を奉審施行するが，私屠邦禁はいつも変わらないものであり，今この飭教の憂え思う意を仰ぎみ，及ぶところを欽仰讃頌しない者があろうか。顧みるにこの農節，農耕の時にあたり牛を用いないわけにはいかず，また牛疫も遍行しており，京外の禁屠はもっとも重ねて厳格にすべきである。これは農のためというだけでなく民のためでもある。即時列邑に飭して一切禁断せよ。もしもおろそかにするようなことがあれば，その責任は営・邑同じである。この関の辞を真諺翻謄して坊曲に掲付し，一人の民といえど知らない者がないようにせよという（議政府の）関であるが，禁屠の法は本より厳重であり，撤庖の飭も昔からあるが，列邑はこれを余事とみなして察飭をおろそかにし，小民は処罰は軽いとおもい法を犯す者が日に日に多く，牛は日に日に少なくなり，民力は漸困し農事はしだいに衰廃することになる。言念ここにおよべば寒心にたえない。まして牛疫により斃牛があい続いている時にあたり，もしわずかでもその禁をゆるめれば，必ずや牛がいなくなってしまうであろう。今，この飭教は特に為民重本の至意から下されたものである。およそ牧民にあたる者で実心奉行しない者があろうか。この関の辞を翻謄掲付し，私設の庖厨をまず撤罷し，冒犯諸漢は並びにただちに捉報して，法に照らし処罰できるようにせよ。幾処幾名とすでに探知するところがあれば隠漏することなく，もしこの別飭の後に（私庖を）潜設する者がいたら，取り締まらなかった首校・首刑吏は刑配に処し，守令の責も免れない。格別に惕念挙行すべきこと。

　　癸酉正月廿六日出
　　　巡営甘結（以下，ハングル文。略）

第3節　私屠禁令下の庖厨と公権力

　邑の守令（地方官）は中央からの禁令を伝達するだけでなく，私屠禁断の実施（私庖撤去）にもあたったのであるが，その過程には禁令をめぐる複雑な関係がかいまみえる。19世紀末葉，慶尚道尚州牧の守令は同地の屠牛と牛禁の状況についてつぎのように記している。

e　一，私屠の弊。鎮本府の官庖以外に，東西南北四路の場市で（牛肉を）貿販しており，これは公用に係わるといっても極めて問題がある。さらに，また，私庖の名目であいついで私屠がおこなわれており，班家の風力ある者が官令によらず任意に擅設したり，編氓閑雑の類が，或いは郷吏の庇護をうけ，或いは鎮属をたよって（庖厨設置を認める）小帖を得ては私庖を乱設している。また，或いは肉庫子輩が密かに例納を受けて，（庖厨を）私許恣設している。（私が尚州牧使として）到任後，境内を歴捜したところ，凡そ37庖もの私庖があった。冒濫乱雑であること，これより甚しいものはない。天の和気はこれによって傷つき，（牛の）売買はこれによって価格が高騰し，農耕はこれによって多く荒廃していた。もし私屠を禁じなければ牛は種を絶やしてしまうであろう。そこでまず令を発して（私屠・私庖を）厳禁し，（旧弊を）厳しくあらためることにした。小といえども犯を冒せば捉治懲贖し，断じて罪をゆるやかにはせず，ただ鎮・府，及び四路場市にあって公用に応じているもののみを残した。これをおこなうこと三年で，境内は清明となった。願わくは永く私庖冒設の弊害が絶えるように。

（『尚州事例』）

　一，私屠之弊。鎮本府官庖以外，例有東西南北四路場市貿販，雖係公用已極為弊。而間又有私庖名色接踵而起，班家之有風力者不有官令任意擅設以至乎，編氓閑雑之類，或籍吏庇，或縁鎮囑，図得小帖輒自乱設。又或有肉庫子輩暗受例納私許恣設。到任後歴捜境内，凡為三十七庖之多。冒濫乱雑莫此為甚。天和以之而干傷，売買以之而

価騰，服畊以之而多廢，此若不禁則牛將絕種後已。故首先發令嚴禁痛革，小或冒犯則捉治懲贖，斷不容貸，只存鎮府及四路場市以應公用。而行之三載，境内清明。永絶冒設之弊云爾。

　上掲『尚州事例』は高宗22年（1885）に尚州牧使として赴任した閔種烈の記した22条からなる節目で，その中の一条としてこの「私屠之弊」があげられている[33]。閔種烈によると，尚州で屠牛をおこなっていたのは「鎮本府官庖」，「東西南北四路場市（市場）」と「私庖」であった。尚州には牧使の統治機構とともに，軍事機構として鎮が置かれ慶尚左営将がいた。「鎮本府官庖」とは尚州鎮の官庖と本府，すなわち尚州牧の官庖があったこと，ないしは鎮と本府のための官庖があったということを示す。官庖のほかには「四路場市」で牛肉が貿販されるとともに，閔種烈の赴任当時には37箇所にのぼる「私庖」でも屠牛がおこなわれていた。閔種烈はこの三種のうち，官庖と「公用」に応じている場市での屠牛とは存続を認める一方で，私庖の根絶をはかったわけである。まずは前節でみた私屠禁断の方針に沿った措置といえる。以下，この官庖・場市・私庖の様相と相互の関係から地方社会で屠牛禁令にどのように対応していたのか考えてみたい。

1　官庖と場市庖厨

　『尚州事例』において「鎮本府官庖」と「東西南北四路場市」での屠牛とは区別されていたが，19世紀末葉の史料には官庖が場市と密接な関係をもっていたことを示す例も散見される。たとえば，建陽元年（1896），農商工部に提出された調査報告のなかに場市・庖厨に関するつぎのような記録がある[34]。

　33）『尚州事例』の成立は，同書に「余以乙酉夏來莅……実心行之三年」，「今春丁亥」などとあることから高宗24年丁亥（1887）から翌年頃にかけての時期であろう。閔種烈は高宗22年乙酉3月に尚州牧使に任じられている（『日省録』高宗22年3月14日癸丑）。
　34）1894年からの甲午改革以後，屠牛・庖厨に関する政策・制度は大きく変わっていく。その過程にあった開国503年（1895）から建陽元年（1896），農商工部は道を再編して設けられた府（23府）に査弁委員を派遣して駅土に関する調査をおこなったが（乙未査弁事業），差弁委員からの報告書のなかには駅土関係の調査事項にくわえ各郡戸数・土産・場市・庖厨・浦口などについて報告しているものがある（『駅土所関査員質稟存档』ソウル大学校奎章閣韓国学研究院蔵）。なお，この時期の庖厨・屠漢については李俊九「大韓帝国期屠漢（白丁）의

第Ⅲ部　情報——制度と現実

> f　場市　邑内場・曲水場はかろうじて市の様相を呈しているが，安平場・宮里場・億橋場は極小であり，市らしい様ではない。
>
> 庖厨　邑場庖・曲水庖は官庖である。市ごとの屠牛は１，２頭にすぎない。億橋庖も官庖であったが，今は廃された。宮里・安平の両庖はどちらも私庖であり，市ごとの屠牛は１頭を越えることはない。
>
> （「建陽元年九月一二日忠州府査弁委員韓成教〔発〕農商工部大臣〔宛〕報告書第八号〔驪州郡〕」『駅土所関査員質報存档』第３冊）
>
> 場市　邑内場・曲水場，僅成市様。安平場・宮里場・億橋場，極小未成市様。
>
> 庖厨　邑場庖・曲水庖，官庖。毎市屠牛無過一二隻。億橋庖亦官庖。今廃。宮里・安平両庖，皆私庖。毎市屠牛無過一隻。

忠州府驪州郡についての報告中，場市と庖厨にかかわる部分である。驪州郡は高宗32年（1895）の地方制度改編以前は京畿驪州牧にあたる。これをみると，驪州には邑内場・曲水場・安平場・宮里場・億橋場といった場市があり，庖厨はその場市に対応して，邑場庖・曲水庖・安平庖・宮里庖，そしてこの時点では廃されているが億橋庖があった。これらの庖厨のうち，邑場庖・曲水庖・億橋庖は官庖であり，安平庖・宮里庖は私庖と記されている。邑場庖・曲水庖は毎市，すなわち市日ごとに１，２頭を宰屠し，安平庖・宮里庖の屠牛数は市日ごとに１頭を超えることはないという記述から判断して，庖厨は常設のものではなく市の立つ日に屠牛をおこなう，場市のなかの場であったようである[35]。そして，官庖もそうした場市に設けられた庖厨のひとつであった，もしくは場市庖厨の一部を官庖として設定していたということなのであろう。

官庖が場市にある例は同時期の他地域の報告にもみられるし[36]，さかのぼって純祖34年（1834），右議政朴宗薫は地方の場市や旅店で官庖に

戸口様相과　社会・経済的処地」（『大丘史学』92号，2008年）などの研究がある。

35）驪州の場市は，当時の通例と同じく５日に一度開かれた。たとえば官庖のあった邑内の場市は２と７の日に，曲水の場市は４と９の日に開かれている（『大東地誌』驪州，頭注）。

36）たとえば，忠州府竹山郡（旧京畿竹山都護府）では白巌場・注川場の二つの場市に官庖があった（「建陽元年九月二十九日忠州府査弁委員韓成教〔発〕農商工部大臣趙秉稷〔宛〕報告書第九号」『駅土所関査員質報存档』第３冊）。

憑託して牛肉の屠買がおこなわれていると述べている[37]。場市と結びついた形態をとる官庖は，朝鮮時代後期の場市の発達にともない広く存在したものと推測される。もちろん，すべての邑の官庖が場市にあったわけではなく，場市が邑になくとも官庖が存在した地域もある[38]。尚州でも「鎮本府官庖」と「東西南北四路場市」の屠販は別個の存在であった。個々の事情に応じて，地方官衙が官庖を場市とは別に設置することもあれば，場市に置くこともあり，あるいは場市の庖厨に官庖の業務を課すこともあったのであろう。

官庖と関連して地方官衙には肉庫という機構が置かれる例が多い。前掲『尚州事例』（史料 e）のなかに「肉庫子輩が密かに例納を受けて，（庖厨を）私許恣設している」とあったが，この「肉庫子」とは肉庫の業務をになった官属のことであり，肉庫直・肉直・庖奴などとも称された。尚州の肉庫については，18世紀末の尚州の「事例」である『商山邑例』に規定がある[39]。

それによると，肉庫の業務としては，「官厨に税肉毎日3斤，鎮営に税肉毎日2斤」を納めるほか，使臣への接待に用いる牛肉や，官衙で用いる肉燭（牛脂蠟燭）の供給があげられている[40]。税肉は肉庫関係の史料にしばしば登場する用語で，納入義務のある肉という意味で使われているようである。税肉の納入先として鎮営とともにみえる官厨は官庁と

---

37) 右議政朴宗薫啓言，近聞外邑牛禁蕩然，場市之上，旅店之間，屠売狼藉，憑託官庖，無復顧忌。因此而牛盗肆行，朝買暮失者在在皆是。甚至庖漢勒奪，莫敢何問農民廃耕無所控訴。此係民弊之大者，道臣果能操束守令，苟或畏法，豈至於是。為先以此厳飭於八道四都，一切痛禁，期有申法令袪民瘼之効，其有不謹奉行者著為殿最之意，請分付。（『日省録』純祖34年10月20日辛亥）

38) 忠州府陽智郡（旧京畿陽県）に建陽元年当時，場市はなかったが，官庖は置かれ，毎月3，4頭以内の屠牛がおこなわれていた（「建陽元年十月六日忠州府査弁委員韓成教［発］農商工部大臣　趙秉稷［宛］報告書第十号」『駅土所関査員質報存档』第 3 冊）

39) ソウル大学校奎章閣韓国学研究院蔵。商山は尚州の別称である。編纂時期については正祖18年（1794）とみる『奎章閣韓国本図書解題』（続集，史部 3，ソウル大学校奎章閣，ソウル，1996年）にしたがう。

40) つぎの規定である。
一，官厨税肉毎日三斤，鎮営税肉毎日二斤，依前無下記進排事。
一，使星行次時，大小茶啖黄肉進排，依式例挙行事。
一，肉燭進排各処定式外加用之数，依定式下記給価之地事。（『商山邑例』肉庫）
第一項に官厨と鎮営の税肉は前例により「無下記進排」するとあり，第三項には規定数を越える肉燭は定式によって「下記給価」すると記されている。ここにいう「無下記進排」とは無価での納入，「下記給価」は一定の対価を支給されての納入を意味しよう。

もいい，官庖とは異なる。守令などに食事を提供する厨房のことであり，食材の調達も担当した。ここでは尚州官衙の官厨(官庁)のことであろう。牛価など肉庫の経費には邑の財政から年間千両を超える額が充当されることになっていた[41]。

このような業務からみると肉庫は官庖そのものであるようにもみえるが，尚州では肉庫子に官奴・使令をあてている[42]。この場合，肉庫子自身が屠牛に従事していたとは考えにくく，実際の屠牛には後論する屠漢があたったのであろう。また，官庖で宰屠した牛はすべて官用にあてられたわけではなく，官庖がしばしば場市にあったことからしても，残余の肉は販売され，肉庫・官庖の収入になったものと思われる。官衙機構としての肉庫が官庖を管掌して牛肉・牛燭・牛皮などを調達し，逆に庖厨の側からいえば官用の牛肉・牛皮などを納入することで，牛禁令下に牛の屠販を公認されていたという関係が想定される。

2　私設公庖――官庖外の庖厨公認

ところで，官庖が場市と密接な関係をもっていたとしても，場市庖厨のすべてが官庖であったわけではない。『尚州事例』においても「東西南北四路場市」での屠販は「公用」に応じながらも官庖とは区別されていた。そうした場市庖厨のありかたについて，哲宗11年(1860)の左議政趙斗淳の啓に興味深い指摘がある。

> g　左議政趙斗淳が啓言してつぎのように述べた。牛禁が近日ほど蕩然とおこなわれなくなっていることはありません。……郷外(地方)についていえば，大都会，小聚落を問わず場市があれば(そこに)庖厨があり，(その庖厨は)みな巡営(監営)の公憑を得ております。……外道(地方各道)での公庖の私設は以前には聞い

---

41) 肉庫に配当される経費については，つぎのような規定がある。
一，牛価本銭一百両癸丑別備，本庫使之存本取利，庫子遷易時這々伝掌事。……
一，毎年均余銭四百十六両五戔一分，位太中余剰銭一百両，合銭五百十六両五戔一分，以添補条，毎年白給事。
一，毎朔排朔五十両，以柴卜銭磨鍊上下，使之随用下記事。(『商山邑例』肉庫)
42) 官奴使令房任，首奴二名，吸唱十二名……肉庫子二名……(前掲『嶺南邑誌』〔奎章閣34冊本〕所収「尚州牧邑誌」附「尚州牧邑事例」)

第6章　屠牛と禁令　　　　　　　　　　167

たこともないことで，畿湖（京畿・忠清道）がもっとも甚だしいといいます。（庖厨設置の）拠りどころとなるものの有無にかかわらず，一一撤罷した後，その状況を文書で報告させ……この趣旨をもって周知されますよう請い願い申しあげます。

(『日省録』哲宗11年10月20日庚辰)

左議政趙斗淳啓言，牛禁之蕩然莫近日若……以言乎郷外，則毋論大都会小聚落，有場市則輒有庖，而皆有巡営公憑……至於外道之私設公庖，即前所未聞之事，而畿湖為尤甚，毋論有所拠無所拠一一撤罷後，形止修成冊報来……以此意請行会。

　牛禁についてとりあげるなかで，地方の場市に広く庖厨が存在し，かつその庖厨が巡営（監営），すなわち道の観察使の公憑をえているというのである。公憑とは何らか庖厨を公認する文書なのであろう。そして，趙斗淳はこうした巡営によって公認された場市庖厨を私設公庖とよんでいる。ここにいう私設公庖は官庖とは異なりながらも，公的に存在を認められた存在なのである。
　とはいえ，牛禁令が存在する以上，無原則に地方官衙が公憑を出していたとも思えない。ここで想起されるのが，尚州の「東西南北四路場市」が応じていた「公用」である。地方官衙にたいし何らかの「公用」を負担することで庖厨が認められていた可能性が考えられるであろう。その庖厨の「公用」負担とかかわって，19世紀末葉に忠清監営が接受した訴訟・請願の記録である『詞訟録』につぎのような記事がある[43]。

h 一，墨匠等が呈するに，鴻山の馬場里屠販は即ちわが庁の補弊の庖でありますのに本邑（鴻山）の将校庁が侵害しておりましたので，事情を仰訴し，首校を厳勘せよとの営題を出していただきましたが，（かれらは）なお作弊しておりますので，関を発して厳治していただけますよう。
　　題，所謂首校を昨年すでに厳勘したのに，なお改悛せず，このような悪事をなす。かくの如き乱類は尋常のやり方では治められ

---

43) 現存する忠清監営の『詞訟録』にはソウル大学校奎章閣韓国学研究院蔵のもの（奎章閣本）と東京大学附属図書館蔵のもの（阿川本）とがある。

ないので，まず厳刑一次の上で牢囚し，同銭は即刻捧上すること。　鴻山官　（『詞訟録』〔忠清監営・奎章閣本〕丁亥12月日，1887年）

一，墨匠等々呈以鴻山馬場里屠販，即矣庁補弊之庖，本邑将校庁自為侵漁，故縁由仰訴，首校厳勘之意，已為営題，而猶為作弊，発関厳治事。

題，所謂首校昨年已為厳勘，而尚此不悛，若是作戯，如此乱類不可尋常治之，為先厳刑牢囚是遣，同銭即刻捧上向事。　鴻山官

i 一，墨匠等が呈するに，わが庁に付属する鴻山馬場里屠販の昨年分貰銭の残余十五両を，即刻推給していただけますよう。

題，通例によって（貰銭を）送ればどうしてこのように遅延することがあろうか。速やかに徴捧し上送すること　鴻山官

　　　　（『詞訟録』〔忠清監営・奎章閣本〕庚寅7月18日，1890年）

一，墨匠等呈以矣庁付属鴻山馬場里屠販，昨年貰銭零条十五両，即刻推給事。

題，依例所送則何如是延施是喩，即速徴捧上送向事。　鴻山官

　高宗24年丁亥（1887）と同27年庚寅（1890）の忠清監営に属する墨匠から忠清道観察使への呈訴であり，観察使の題（提訴・請願への官の回答・指示）はいずれも鴻山官（鴻山県の守令）に執行を命じる内容となっている[44]。忠清道観察使が駐在する忠清監営（在公州）には墨匠房（墨庫）があって，30名程度の墨匠が官属として属し造墨にあたっていた[45]。ここにみえる「わが庁（矣庁）」は営属墨匠の組織であろう。その墨匠の庁には「補弊之庖」として忠清道鴻山県にある馬場里屠販が付属していたが，鴻山の将校庁から何らか権益を侵害され続けているというのが，丁亥年の呈訴であり，鴻山馬場里屠販から送られてくるべき昨年の貰銭のうち15両が未納であるというのが，戊寅年呈訴の内容である。屠販は

----

44) 忠清監営の『詞訟録』では道内各邑からの呈訴者には邑名が付され，監営の郷吏・官属からの呈訴には単に職任名を記す形式をとっている。

45) 『公山誌』（ソウル大学校奎章閣韓国学研究院蔵）公廨条，『公州監営邑誌』（韓国学中央研究院蔵）倉庫条。

ここでは庖厨と同義で用いられているようである。

　監営墨匠の庁に一定の貰銭を納めていることからみて，「補弊之庖」である「鴻山馬場里屠販」は官用の牛肉などを供給する官庖ではない。営属墨匠は各種経費をおぎなうためこの庖厨から貰銭を収取し，また「鴻山馬場里屠販」は貰銭を墨匠の庁に納入することで，その存在を公認されていたのであろう。「速やかに（貰銭を）徴捧し上送すること」と鴻山守令へ指示した観察使の題の内容から推せば，「鴻山馬場里屠販」を墨匠の「補弊之庖」とすることは忠清道観察使（忠清監営）によって認められていたとみてよい。同様の例はほかにもみえる。

j 　一，連山砲手等が呈するに，庖厨一処をこれまでのとおりわが庁に附属させていただけますよう。
　　　題，砲手の薄料を補うために庖座を給したのに，それを還奪したのでは補弊の意味がどこにあるというのか。（しかし）尹参判宅にも庖厨はないわけにはいかない。そうであれば尹参判宅の庖厨を他処に定めて給し，砲軍庖厨はこれまでのとおり給して，訴怨のないようにせよ。　本官
　　　　　　（『詞訟録』〔忠清監営・阿川本〕丙戌7月23日，1886年）
　　一，連山砲手等呈以庖厨一処依前付属於矣庁事。
　　　題，以砲手之薄料補給庖座，還奪其座，則補弊之意安在，尹参判宅不可不有庖厨，然後事則尹参判宅庖厨定於他処定給，砲軍庖厨依前以給，無至呼冤向事。　本官

　高宗23年丙戌（1886），忠清道連山県の砲手からの呈訴で，監営の題は本官，すなわち連山県の守令にあてられている。この砲手とは大院君政権期に各地に設置・強化された兵種のことで，「わが庁（矣庁）」とあるように地方官衙には砲手庁と称される砲手管理組織が置かれ，砲手への料米・衣資などを管轄した[46]。連山ではその料米が十分ではなく，不

46）他地域の例であるが，19世紀末，慶尚道尚州の砲手庁は料米・衣資・訓練時の食費などに年間4千両あまりを支出している（前掲『嶺南邑誌』〔奎章閣34冊本〕所収「尚州牧邑誌」附「尚州牧邑事例」砲手庁）。大院君政権期の砲手政策については，裵允燮『19紀朝鮮의　軍事制度研究』（国学資料院，ソウル，2002年）89-104頁が詳しい。

足を補うために庖厨一箇所を砲手組織（砲手庁）に付属させていたのであるが，尹参判宅との間でその庖厨をめぐる紛争が生じたということのようである。尹参判宅については後論するが，両班・士族とみてよかろう。ここでは連山県の砲手庁に前出の墨匠の庖厨と同様，補弊のための庖厨が付属していたこと，そして，そのことを忠清道観察使が肯定していることを確認しておきたい。

こうした地方官衙の下部機構などに補弊のため庖厨を付属させる形態こそが哲宗11年に左議政趙斗淳の述べた私設公庖の具体的姿なのであろう。庖厨の側からみれば，公的権力と結びつき一定の負担を負うことによって，その存在を公認されていたといえる。忠清監営の『詞訟録』には，いずれも不許可にはなったものの郷校や駅吏が庖厨の付属を観察使に請願している記事もみえ[47]，庖厨の公的認可にあたっては道の観察使が大きな力をもっていたようである。これも趙斗淳の庖厨が「みな巡営の公憑を得ている」という指摘に符合する。

3　私庖と公権力

上にみた私設公庖は場市庖厨など私設の庖厨が巡営（監営）の公憑などによって，一定の負担を条件に公認されたものとみられるのであるが，それでは『尚州事例』（史料 e）のなかで守令により厳禁されることになった私庖はどのような存在だったのであろうか。『尚州事例』において尚州牧使閔種烈がとりあげている私庖には，「班家之有風力者」（有力な両班・士族）が官令によらず任意に設置したものもあれば，「編氓閑雑之類」が尚州牧の郷吏や鎮の官属と結託し設置を認める「小帖」を入手して設けられたもの，また，肉庫子に「例納」して許可をえて設置されたものもあった。

47）忠清道保寧の郷校堂長及び忠清道瑞山の豊田駅吏が忠清道観察使に屠販（庖厨）付属を申請している。

一，保寧郷校堂長稟呈以大享之節，只有脯牛価割下矣。近来則不然。需用時恒為狼貝，竜頭屠板（販），付之于校宮，以為饌牛之地事。

題，以校中事，校生呈稟於巡営，不可穏当向事。

（『詞訟録』〔忠清監営・阿川本〕丙戌12月23日，1886年）

一，瑞山豊田駅首吏諸馬戸等呈以石橋店屠販，付属矣駅以為補弊之地事。

題，設ая補駅，不可穏当向事。

（『詞訟録』〔忠清監営・阿川本〕戊子 8 月初 1 日，1888年）

第 6 章　屠牛と禁令　　　　　　　　　　171

　まず，郷吏・鎮官属・肉庫子と結んで「小帖」などを入手し設けられた庖厨について守令の閔種烈は「私庖」として否認したが，これも一種の私設公庖とみなせなくもない。認可者の地位が地方官衙の下位にあるとはいえ，庖厨が公権力に依拠して設置され，「例納」など何らかの対価・負担を支払うという構造は同じであろう。こうした庖厨を，閔種烈の前任者までは禁令の例外とみなしていた可能性は高い。
　また，『尚州事例』では官令によらず任意に擅設しているとされた「班家之有風力者」による庖厨であるが，他地域には両班・士族がやはり公的な認可をえている例もみられる。高宗25年戊子（1888），忠清道扶余県の肉庫子は，同地の私庖が「班宅饌庖」と称し私屠をおこなっているとして，「各班宅完文」の還収を忠清道観察使に訴えでた。

k　一，扶余肉庫子が呈するに，本邑の私庖は班宅饌庖と称して難なく私屠をしておりますので，各班宅完文を一々還収していただけますよう。
　　題，詳査のうえ公決し，訴怨のないようにせよ。　本官
　　　　　　　　　　（『詞訟録』〔忠清監営・阿川本〕戊子7月初6日）
　　一，扶余肉庫子呈以本邑私庖称以班宅饌庖，無難私屠，各班宅完文一々還収事。
　　題，詳査公決以給，俾無呼冤向事。　本官

　扶余の肉庫子が還収を求めた「各班宅完文」は，各班宅（両班・士族）に庖厨の設置を認める内容であったと思われ，完文とあることからみて，何らかの公的な権力が班宅に発給したものなのであろう。
　前掲した高宗23年丙戌に起きた忠清道連山県の砲手庁と尹参判宅との庖厨をめぐる紛争も，両班・士族庖厨の性格を示唆する例であろう（史料j）。砲手に訴えられた尹参判宅は，その名称から班宅・班家，すなわち両班・士族とみてよいが，注目されるのは忠清道の観察使の判断として尹参判宅が庖厨をもつことを明らかに肯定している点である。題の内容は，連山の守令（本官）にたいして尹参判宅の庖厨を他処に定め，砲軍（砲手）庖厨を従来どおりとするよう指示するものであり，班宅庖厨自体は忠清監営によって公認されているといってよい。なお，尹参判

宅の庖厨を他処に定めよという題から推せば，問題となった庖厨は尹参判宅の家屋に隣接しているようなものではなく，場市庖厨のような一般の庖厨を尹参判宅が掌握していた，ないしは掌握しようとしていたということなのであろう。

4　庖厨と屠漢

こうした庖厨で実際に屠牛にあたったのは屠漢・白丁・皮漢などと称される生業集団であったとみられる。たとえば，高宗14年（1877）に忠清道公州牧でおこった致死事件の被害者である白丁順巳は，公州の陽也里面にあった甘城市という場市の屠漢であり，皮漢ともよばれていた。かれは同じ公州の南部面皮村に住み，市日に甥の白丁万斤とともに甘城市におもむき屠牛・屠販にあたっていた[48]。すなわち，甘城市には市日に開設される庖厨があり，そこで屠漢・白丁・皮漢が屠牛・屠販をおこなっていたのである。

このように庖厨で実際に屠牛にあたったのが屠漢・白丁であったことは疑えないが，前述のとおり，19世紀には多くの庖厨が何らか公権力と関係を結んでいたのであり，おそらく白丁順巳にしてもそのような構造と無関係ではなかったであろう。こうした公権力と白丁との関係をうかがわせる記事が忠清監営『詞訟録』にみえる。

高宗23年（1886），忠清道林川郡の出用という名の皮漢は貰銭300両を出し，営門（忠清監営）の使令庁に付属する同郡可楽岩屠販に関する何らかの地位に任じられていた。ところが，宋某なる人物が同じ地位に任じられたと主張したため紛争が生じ忠清道観察使に提訴している[49]。

　48）『公州牧獄事査案』所収「公州牧南部面皮村白丁順巳被触於金坤五烟竹之尖第三日致死獄査案」。
　発告屍親白丁女允壬，年三十三……白等，矣夫順巳以甘城市屠漢，去月十九日観市次出去矣……（同査案，白丁女允壬初招）
　屍親白丁万斤，年二十四……白等，矣身与矣叔順巳倶以屠販資生，去月十九日甘城市屠牛次出去，終日看市……（同査案，白丁万斤初招）
　看証看人金応西，年四十八……白等……去月十九日……至初更時，皮漢順巳与金坤五偕来。（同査案，金応西初招）
　49）一，林川皮漢出用呈以本邑可楽岩屠販，即営門使令庁付属也。給貰三百両得差矣。今忽宋哥称以得差横出惹闘事。
　題，本是使令庁付属，使令等操縦，不由使令庁即訴営門，極為無厳向事。
　（『詞訟録』〔忠清監営・阿川本〕丙戌6月初8日）

第6章　屠牛と禁令　　173

1 　一，林川皮漢出用が呈するに，本邑の可楽岩屠販は即ち営門使令庁の付属であり，（私が）給貰三百両で得差されました。（ところが）今，突然宋哥が得差されたと称してよこしまに争いを引き起こしております。
　　題，もとより（この屠販は）使令庁の付属であり，使令らが操縦すべきものである。使令庁によらず，ただちに営門に訴えるのは極めて適切ではない。
　　　　　　　　　（『詞訟録』〔忠清監営・阿川本〕丙戌6月初8日）
　　一，林川皮漢出用呈以本邑可楽岩屠販，即営門使令庁付属也。給貰三百両得差矣。今忽宋哥称以得差横出惹閙事。
　　題，本是使令庁付属，使令等操縦，不由使令庁即訴営門，極為無厳向事。

　この内容からみて可楽岩屠販は営門使令庁に貰銭を納める補弊庖厨であり，皮漢出用が任じられたと主張している地位は庖厨（屠販）において屠牛・屠販運営をおこなう権限をもつものと考えてよかろう。営門使令庁は貰銭を庖厨からえるばかりでなく，庖厨運営者の任命権ももっていたようであり，また皮漢は貰銭を納めることで使令庁の保護のもと公認された庖厨で屠牛・屠販をおこなうという関係を読みとることができる。
　また，この地位・権利は売買もされた。たとえば，忠清道木川の皮漢奴尚玉の祖父彭周と忠清道全義の判趆という人物は忠清道林川の屠販を共買し，高宗23年当時，庖厨の貰銭は孫の皮漢尚玉がすべて納めていた[50]。
　以上のような皮漢（屠漢・白丁）自身が庖厨に関する一定の権利を確保し屠牛・屠販にあたるという形態は，官衙機構に付属する庖厨に限らず広くみられたものと思われる。前出，高宗23年の連山県砲手庁と尹参

---

50) 詳しく述べれば，共買した林川屠販をその後撤庖したにもかかわらず，尚玉から依然貰銭が全徴されているという問題が提訴の内容である。この林川の庖厨も「貰銭全徴」という表現からみて何らかの公的機構に付属するものであった可能性が高いが，史料1の林川可楽岩屠販との関係は不明である。
　一，木川皮漢奴尚玉呈以小人祖父彭周与全義判趆興利次，共買林川屠販，而一自撤庖後，貰銭全徴於小人処，特為禁断事。
　題，雖是賎人，舅甥相戦，亦関風化，官有公決，更無煩聒向事。
　（『詞訟録』〔忠清監営・阿川本〕丙戌12月15日）

判宅間の紛争について再々度ふれれば，両者は庖厨一処をめぐって争っていた（史料 j ）。このことは砲手庁にせよ，尹参判宅にせよ庖厨との関係には大差なかったことを意味する。すなわち，尹参判宅のような班宅庖厨にしても，庖厨運営の実際は皮漢・屠漢・白丁が担って貰銭あるいは黄肉などを納入していた可能性が高いであろう。

おわりに

　ここまで，朝鮮後期の屠牛の様相と牛禁令の推移・特徴とを確認した上で，19世紀の牛禁と庖厨をめぐる地方官，地方官衙の諸機構，郷吏・官属，両班・士族，屠漢といった諸集団の動きを検討してきた。
　19世紀の庖厨の形態には官用の牛肉などを官衙に供給する官庖から，官衙の下部機構などに付属して貰銭などを納入するもの，郷吏・官属と結びついたり，両班・士族としての権威を背景にするものまでさまざまであったが，庖厨の多くは何らか公的な認可をえて牛禁の対象外となろうとしていた[51]。中央の政府は官庖以外を私庖とみなして禁断を図ったが，実際には私庖とされた庖厨にしても何らかの公的な認可・保証を受けている例が多かったのである。その意味では，私屠の盛行は牛禁が形骸化していたことと必ずしも同義ではない。私庖・私屠の禁令は19世紀末までくりかえし出されていたのであり，屠牛禁令が放棄されない条件の下，さまざまなレベルの公権力とむすびつくことによって庖厨の存在が可能であったとみるべきであろう。また，地方官衙にとっては，官庖は必要とする牛肉・牛皮などを確保する手段であり，補弊庖厨・私設公庖などは財政を補完する意味をもっていたと考えられる。そうした各種庖厨において屠牛を担っていたのは屠漢・白丁・皮漢などと称された人々であり，かれらの側からいえば，肉庫や種々の官衙の下部機構，あるいは両班・士族などと関係をとりむすぶことによって禁令下，自らの生業の継続を図っていたといえる。

　51) このほか，金大吉が指摘しているように，私庖への処罰として官が贖銭を徴収するということもあった（金，前掲『朝鮮後期牛禁酒禁松禁研究』70-71頁）。これも広くとれば，贖銭を徴収することによって私庖の存在を黙認していたといえる。

第Ⅳ部

情　報

――収集と利用――

第7章
支配錯綜地帯における地域的入用
―― 新発田藩の万雑とその周辺 ――

原　　直　史

はじめに

　日本近世史研究において，村を越えた地域的結合とその自主的運営が注目されるようになって久しい。そのような研究動向の画期となったのが，久留島浩の一連の研究であった[1]。久留島は幕領における惣代庄屋制のあり方を明らかにし，その一環として郡中や組合村における財政運営に着目した。氏はこれを「地域的入用」と位置づけ，郡中―組合村―村といった行政組織毎に重層的に存在し，それぞれの費目がどの範囲に懸けられるべきであるかが峻別されたこと，個々の財政支出には代官所の御用（いわば委任事務）に伴うものと郡中自身の用務に伴うものとが混在するが，その両者を峻別する意識が存在すること，こうした峻別やどの費目を計上するかの判断は評議の場で行われ，結果は構成村々に公開されること，小前層の運動等により，次第にその算用に惣百姓が参加する度合いを強めていくこと，こうした近世後期の地域的入用のあり方が，明治期の地方税制立の歴史的前提であると考えられること，などを明らかにしたのであった。
　このような幕領での事例に対し，いくつかの藩領においても地域的入

---

1)　久留島浩『近世幕領の行政と組合村』（東京大学出版会，2002年）所載の各論文（1979年の「甲州市川代官所管下の天領における郡中惣代の機能について」がその最も初期のものである），および同「「地方税」の歴史的前提――郡中入用・組合村入用から民費・地方税へ」（『歴史学研究』652号，1993年），「百姓と村の変質」（『岩波講座日本通史　第15巻　近世5』岩波書店，1994年）など。

用を扱った研究がなされてきた。しかし例えば，久留島の幕領惣代庄屋制研究を受け，これを批判的に継承するかたちで藩領大庄屋制研究を精力的に進めてきた志村洋は，尼崎藩などを対象に藩領の地域的入用を正面からとりあげた研究を行ったが[2]，その中で氏も指摘したように，藩領における地域的入用研究は未だされなる事例の積み重ねが必要な段階であるといえる。

　特に本稿が対象とする越後国内に関しては，久留島自身が初期の研究で越後幕領の事例に言及し，また志村が高田藩における小懸割算用を扱う研究を行った[3]他は，上述のような近年の地域的入用研究の動向を踏まえ研究は，あまりなされてこなかった。勿論自治体史などでもこうした入用の存在や概要は明らかにされてきたが，かかる研究動向を踏まえた形で本格的に考察されたことは，ほとんどなかったといえよう。

　そのなかで最近安宅俊介が，新発田藩の万雑を対象として画期的な研究を発表したことは注目に値する[4]。従来新発田藩の万雑については，込山二三男や渡辺浩子の先駆的な研究[5]のほか，自治体史等での言及もあったが，安宅は初めてこれを前述の地域的入用研究の流れの中に位置づけたのであった。氏はこの論文で，新発田藩の万雑は，天明期までを移行期間として藩から在方の手に委ねられたこと，しかしそれは藩の規定した定式に縛られたもので，多くの御用支出を包摂していたこと，組と村の二重構造を基本としつつ，可変的な組み合わせによる算用が実現していたこと，また村役人の担う御用勤めの実態や様々な補塡のあり方，そして幕末にかけて藩の規定性が破られていく動向と，公共的な性格を強めていく万雑をめぐる地域内部の対立などを明らかにした。本稿は基本的にこうした安宅の研究を踏まえ，これをさらに発展させて新発田藩の万雑の性格をより明瞭にしようとするものである。

　他方こうして越後における地域的入用を検討しようとする際，越後が

2）志村洋「近世後期の大庄屋行政と地域的入用」（『日本史研究』564号，2009年）。
3）志村洋「越後地主地帯の大庄屋制支配」（渡辺尚志編『近世米作単作地帯の村落社会』岩田書院，1995年）。
4）安宅俊介「新発田藩領における地域的入用「万雑」の構造」（『新潟市歴史博物館研究紀要』8号，2012年）。
5）込山二三男「新発田藩に於ける村万雑の一考察」（『新発田郷土誌』7，1974年），渡辺浩子「近世村万雑の研究」（『史学論考』13，1967年）。

第7章　支配錯綜地帯における地域的入用

支配錯綜地帯に属することを考慮する必要があるだろう。本稿で対象とする新発田藩を含め，越後に所領を持つ諸藩の規模はいずれも小さく，転封や上知を繰り返す中で細分化されていった。とりわけ新発田藩では18世紀以降，福島潟干拓などに関連して上知と代知の引き渡しが繰り返し行われ[6]，幕府領との錯綜が進むとりわけ不安定な所領構成であったといえる。

　越後に限らず郡中惣代や大庄屋による地域運営の研究史において，支配錯綜地帯の問題は，支配領域を超えた郡中議定の作成などを中心的な検討対象としてきたが，地域的入用に関しては，これまであまり意識的に検討されてこなかったといえるのではないか。勿論地域的入用は，そもそも郡中や組という領主支配の行政的枠組に伴って成立し，原理的にその枠を超えるものではありえないことから，このことは当然であるように思える。しかし本稿で具体的に検討するように，支配錯綜地帯においては大規模な一円藩領に比べ，隣接する他領の状況が地域運営に与える影響は大きく，地域的入用の運用に際してもそれは無視できないものと考えられるのである。

　従って支配錯綜地帯である越後国における地域的入用の検討は，そうした従来あまり注目されてこなかった側面の検討に道を開くこととなるだろう。本稿のもう一つの目的はそこにある。

　なおあらかじめ当該期の新発田藩の地方行政機構の概要を述べておく[7]。新発田藩では数ヵ村から十数ヵ村をまとめた「組」が行政単位となっていた。組の構成は時代により変化するが，本稿が対象とする18世紀後期においては，およそ以下のようであった。まず城下の周囲に新発田組・五十公野組・川北組が置かれ，これらは総称して三組と呼ばれた。三組の西側阿賀野川寄りに岡方組が存在した。海岸部の村々は浜通と呼ばれたが，後述する庄屋の代わりに小頭が置かれるなど，組としての自立性にやや欠けていた。一方阿賀野川以西の組々は大きく二つに区分され，丘陵部に近い加茂組・大面組・新津組・小須戸組は山通と，また信

---
6)　新発田藩では宝暦4年（1754），同5年と引き続き福島潟周辺等の村々が上知され，代知が下された。その後宝暦13年に大部分が新発田藩に戻され，代知の村が引き上げられた。
7)　以下小村弌『幕藩制成立史の基礎的研究』（吉川弘文館，1983年），『新発田市史　上巻』（新発田市，1980年），『新潟市史　通史編1』（新潟市，1995年）等による。

濃川と中之口川に挟まれた低地部を中心とする蒲原横越組・鵜森組・中ノ口組・赤渋組・中ノ嶋組は嶋通と総称されていた。この両者はあわせて山嶋組々と呼ばれることもあり、また三組・岡方・山嶋組々という表現で領内全体を示していた。

　これらの組を管轄する役職として新発田藩では「庄屋」が置かれていた。後述する他領の村役人である庄屋との混同を避けるためにも、組内では通常「大庄屋」と呼称されたが、藩との関係における正式な役名はあくまでも庄屋であった。これは他領では大庄屋・大肝煎等と呼称される役職にあたる。一方村役人の長は「名主」と呼ばれ、その下で組頭が補佐をした。越後の他領では村役人は庄屋呼称が一般的であり、新発田領の名主呼称は特徴的である。また組レベルの事務にあたり郷杖（杖突）・物書・小遣・小走などと呼ばれる者たちが雇用されており、村レベルでも小走が雇用されていた。なお新発田藩では庄屋・名主ともに藩命によってしばしば管轄の組・村を変更されることがあり、百姓身分ではあるが在地性がやや希薄で官僚的性格を強く持つ点に特徴があった。

第1節　18世紀後期の組と万雑

1　天明万雑改革の性格

　新発田藩において、天明元（1781）～2年にかけ大きな万雑改革が行われたことは、「はじめに」で挙げた諸先行研究や自治体史等でも必ず触れられる、周知の事柄である。そこではいわゆる「万雑定式」が定められて、万雑として計上しうる費目が藩によって明示された。また、万雑銭の徴収・分配等その運営は各組に任され、具体的にはすでに社倉の運営を担っていた各組の社倉掛名主・百姓が万雑掛を兼務することとされた。こうした点から安宅俊介は、この天明期の改革に至る過程で地域的入用としての万雑の運営が藩の手から在方に委ねられこと、しかし藩の規定に縛られ、領主支配に係わる諸費をも内包するものであったこと、こうした規定性が後に地域の側から次第に破られていったこと、などの重要な指摘を行ったのであった[8]。

第7章　支配錯綜地帯における地域的入用　　　　181

　このように天明の改革は新発田藩の万雑の歴史において画期としての意義を持つものであるが，なお十分な検討が加えられていない部分も存在する。したがって本項ではまず，この改革に関する史料を再検討することで新たな論点を提示したい。
　以下に引用するのは，この改革の初発の時期である天明元年12月11日に，藩から示された申渡の文面である。

史料1[9)]
同（十二月）十一日　三組庄屋共ヘ申渡趣
三組石掛り万雑の儀，延享二丑年より三ヶ年之内御試に取立渡方共に御上にて御世話被成下，万雑御役所にて取計被仰付，其後其方共ヘ御下ヶ取計被仰付候処，一両年相勤又候御上にて御世話被成下度段相願候付，是迄万雑役所にて取計被仰付候処，近年何となく御用多其上諸色直段高直故，年々過分御償高相見候，依之万雑に可相立分口々帳面組立相渡候間，其方共致勘弁，八升四勺米代銭にて相済候様致代付，来寅正月下旬迄差出可申候，右万雑取立渡方共に追て其方共ヘ可被仰付候，此度御領分為御救万雑糺方被仰付候間，三組の義も村万雑共相減，御仁愛行届一統御救に相成候様取計可申候，尤村々名主共の内不呑込の族も有之候はゞ，無遠慮可申立候

史料2[10)]
同日（十二月十一日）　　岡方山嶋組々庄屋共ヘ申渡趣
在中石掛り万雑一件の義，延享年中被仰出も有之候処，其後段々取崩内割増等取立，石に付過分相掛り一統迷惑の趣相聞候付，去年中組々より万雑帳御引上被仰付て御糺方有之候処，訳立不申口々も相見不糺の義に候得共，近年何となく御用多に相成其上諸色直段高直故，自然と石掛り相増可申義にも可有之候得共，只今迄の通に被差置候ては百姓難立行程にも可相成候，万雑銭の義は組用村用第一の

---
8)　安宅，前掲「新発田藩領における地域的入用「万雑」の構造」。
9)　「御記録巻之八　御当代記」（『新発田市史資料第一巻　新発田藩史料1』新発田市，1965年）なお引用者の判断により適宜読点の位置などを変えてある。以下公刊史料の引用にあたっては同様。
10)　同前。

事故，御上より御世話被成下候訳に無之候得共，百姓御手充のため御糺の上八升四勺米代銭にて取計方被仰付候付，万雑に可相立分口々組立帳面相渡候間，右代銭限り致勘弁，口々致代付，来寅正月下旬迄差出可申候，勿論来春割より八升四勺米代銭の割に取立可申候，右一件の義其方共御役前の儀に候へは，油断は有之間鋪候得共，常例の取計にて出来兼可申候間，厚相心得難取縮筋も幾重にも致勘弁，御仁愛行届一統御救に相成候様取計可申候，尤村々名主共の内不呑込にて組立方差支に相成候族も有之候はゞ無遠慮可申立候

史料 1 は新発田組・五十公野組・川北組の三組の庄屋に宛てられたもの，**史料 2** はそれ以外の岡方・山通・嶋通の各組々の庄屋に宛てられたものである。両者ともに，近年万雑が多額になっているという認識のもと，「万雑に可相立分口々帳面」を渡すので，「八升四勺米代銭」の範囲でまかなえるように金額を割り当て，翌年正月までに差し出すよう求めたものであることは共通している。なお，「八升四勺米」については後述するが，こうした過程を経て先述した「万雑定式」が確定されていった。しかしここではこの両史料の差異に注目したい。

まず三組については，延享 2 年（1745）より 3 年間，試験的に万雑の取立・渡し方を藩が行っていたが，その後組の庄屋に運営が任され，一両年後に再度庄屋側の願いにより，藩の「万雑役所」で運営されるようになったという経緯が記される。しかし**史料 1** と**史料 2** を比較すると明らかなように，このような経緯は三組のみに記されるのであって，岡方山嶋組々宛の申渡では確認できないのである。勿論後者でも「延享年中被仰出」に言及されており，これが上述の試験的な役所による運営と関連した動きである可能性は充分想定しうる[11]。しかしこの史料の文脈からみるかぎり，仰せ出されたのは費目や金額等の規定であって，運営主体に関わるものとは読み取りにくい。その後も岡方山嶋組々にあっては，三組のように藩による万雑運営が示唆される記述はみられない。史料の前年（明和 8 年 = 1780 か）から「万雑帳御引上被仰付て御糺方」がなさ

---

11) 後掲註17）参照。しかしそうだとしても，三組ではその後再度万雑役所の直接関与が復活したのに対し，山嶋組では復活しなかった，という大きな違いがあったと，現時点では理解している。

れたというが，これもあくまで監査であって万雑の運用そのものではないだろう。

　このようにみてみると，天明期に至る40年弱の間，断続的に藩の「万雑役所」による万雑の運営がなされてきたのは，城下に近い三組に特有の状況であった，という解釈が可能である。したがって安宅が着目した「万雑銭の義は組用村用第一の事故，御上より御世話被成下候訳に無之候得共」という文言は，岡方山嶋組宛の申渡のみに見られる表現であったことにこそ意味がある。これはすなわちそれまで藩の関与が比較的薄かった岡方山嶋組々に対して，天明元年になってはじめて費目や金額に強い規制を懸けようとしたからこそ，必要なエクスキューズであったのではないか。

　こうしてみると，天明期を画期とした藩から在地への運営の移管という流れは，必ずしもそのような単純な流れとしてのみ把握できるものではなく，少なくとも三組と岡方山嶋組々とでは若干の異なる意味合いを持っていた，ということが，明らかになるであろう。

2　四斗米の中の万雑

　この天明万雑改革に至る流れに関して，さらに別の側面から検討してみたい。それは「四斗米」における万雑の位置づけである。新発田藩では役高1石につき4斗の高掛物が定められていた。これが四斗米である。その内訳を記した**表1**からわかるように，18世紀半ば以降幕末までその構成はほぼ踏襲されている。**表1**典拠史料の記載や後述する運営実態等からみて，この各費目は以下のようなものであると判断できる。

　まず「諸品物代」については延享期の記載でその内容が知れるが，城内諸所で必要となる様々な物品や役務に宛てられる。次の「奉公人給米」は，藩の直属奉公人である長柄之者・御小人の給米に充てるものである。「御家中入糠藁代」は，藩士の馬飼養をまかなうために配分されたとみられる。続く「郷中間与内」は，「御家中郷中間与内」とも表記されることから，在方から雇われ藩直属ではなく藩士が使役する奉公人（中間）の給米を補塡するものとの位置づけである。延享期の史料では，以上の四つの費目を「上納物代」として括っている。初期の現物・現夫での負担が代納化したと思われるものも含め，純然たる領主に対する負担であ

表1 四斗米の内訳

	延享3 (1746) 年		天明2 (1782) 年			慶応3 (1867) 年		
米高	費目		米高	費目		米高	代銭	費目
1升6勺程	雪垣萱刈御薪夫銀、諸品物代、入草銀、御筵茶、茹代、おほひ代、御馬屋ぬかわら首毛莨代		1升6勺	諸品物代		1升6合	三組31文4分1厘4毛 岡方山島40文8分	諸品物代
3合5勺程	御長柄御小人給米		3升8合4勺	御奉公人給米		3升8合8勺		奉公人給米
3合8勺程	御家中様ぬかわら代		3合8勺	御家中人糠粳代		3合8勺	15文1分5厘	糠粳代米
1升2合程	郷中間与内分		1升2合3勺	郷中間与内		1升2合3勺	三組36文4分5厘4毛 岡方山島48文	郷中間代米
4合1勺程	殿様江戸御上下、村上様同断、惣荷物江戸登入用		4合1勺	御伝馬賃銭		4合1勺	三組12文1分5厘 岡方山島17文	御伝米(馬)賃銭代米
8升4合2勺程	庄屋・名主・組頭右之賄、同断年中筆墨紙代、手代・小走・郷夫奕給、村々小走給、普請小出物代、新発田・沼垂御蔵御普請入用、所々俵留番所諸入用、八幡・愛宕御初穂、宝積院御折檸野菜代、都而万雑方		8升4勺	万雑米(沼垂御蔵所御普請入用其外石ニ掛候代々雑銭之分)		8升4勺		万雑米
2斗5升	足前分		2斗5升	人足賃米		2斗5升		人足(代米)
計4斗			計4斗			計4斗		

延享・天明史料は慶応3「足役御極旧記調」(『新潟市史 資料篇3』所載)、慶応は慶応3「三組諸事取方規則書」(『豊栄市史 資料編近世編』所載)による。
各典拠史料における並び順は異なるが、延享3年のものに揃えた。
※実際の米高を合計するといずれも若干の過不足がでるが、史料の記載通りとした。

第7章　支配錯綜地帯における地域的入用　　　　　　185

るといえる。
　続く「御伝馬賃銭」は，新発田藩主および隣接する村上藩主の参勤交代に伴う領内通行に際して徴発された伝馬や，諸物品の江戸藩邸向け輸送（に徴発された人足）の賃銭に充てられる。天明期以後は，前述した「上納物代」から奉公人給米を除き，代わりにこの御伝馬賃銭を加えた4費目が「四品物代」として括られて把握されていた。なお慶応の史料ではこの四品物代にあたる費目にのみ代銭が記載されることも特徴的である。
　次が「万雑米」で，先にみた「八升四勺米」がこれにあたる。延享期の段階でその内容をみると，庄屋・名主等の賄代や筆墨紙代，小走・杖突など組・村が雇う者たちの給分といった，組・村自身の行政に関する経費と，御蔵普請入用などの支配に係わる経費とが混在していることが確認できる。最後の「人足賃米」は，領内に賦課される普請人足の代勤がなされた際その雇い賃となるもので，1人2升5合で10人分という計算がなされている。
　以上の費目のうち，最も多額のものが人足賃米で，全4斗の半分以上にあたる。次が万雑米である。残りの費目はまとめても6升5合ほどで，個々の比重は大きくない。そのうちでも大きいのは奉公人給米である。
　以下さらにこの四斗米の性格について，詳しくみていくことにしよう。次に示すのは表1のうち延享期の記載の典拠史料の述記である。

史料3[12]
　　　　　（ママ）
　　　延宝三寅年
　　　　　窪田与左衛門殿より御尋答書之内
　　此間御尋之四斗米之訳，大概左ニ申上候覚
　　（中略）
　一，八升四合弐勺程　　庄屋名主組頭右之賄（中略）都而万雑方
　　　是ハ去ル申年万雑御吟味之処，壱石ニ付壱貫三四百文より壱貫壱弐百文迄ニ取立来候由，是ニ而も申年一ヶ年之遣込，御領分中ニ而凡而金弐千両程相立候，此分取立候而ハ百姓共立行兼候程之様子ニ付，御吟味之上右金子ハ御上へ御引受，十ヶ年賦ニ

　12）慶応三「足役御取極旧記調」（『新潟市史　資料篇3』新潟市，1992年所載）。

第Ⅳ部　情報——収集と利用

　　　被成下年々相渡候，万雑石掛も過分之減方被仰付候へ共，組々
　　　不同有之ニ付，御領分中一統なれ合之組立ニ相成候
（中略）
右之通ニ御座候，①此度相極候高四斗ニ候へ共，取立置候者八升四合余ニ而御座候，是も半分組々ニ残置村々へ直クニ相渡申候，残半分者寅八月中迄相越，在中入用相渡分ニ而御座候，庄屋・名主下々迄能呑込取ちゝめ候へ者，余分ハ百姓方へ割返ニ相成候図リニ而御座候，然ハ申年以前より当時之出物者少分ニ相見申候
　　　此間不用ヶ条除
一，四割増と申義申候由，是ハ如何致増候哉と御尋被成候，御役所方ニ而取不申，四斗割合之米也，事訳不存もの取違申事ニも候哉，右四斗米之義者，三四ヶ年以来在中へ相尋候処，段々書付出候処，五六斗七八斗余迄之掛リニ書出し候ニ付，何とぞ人足前共ニ四斗切ニ而仕廻，此外少しも百姓前より出不申仕方致見候故者，秋中役人御廻村ニて御尋之処，七八分通り者相改，二三分通ハ呑込兼候，是ニより多分御付，当八月迄之義役人ニ被仰付致見申候，能く候ハ，此格ニ而在々ニ而取計可然被仰含候，②此四斗米之義者掛米之名目ニ而御座候，四斗之内六升五合余上納分，八升四合余在中諸入用万雑，此二口取立物ニ御座候，③残弐斗五升者人足賃米ニ而，取立物ニ者無之候へ共，足米不同有之，過分ニ掛ヶ候様ニ相聞候ニ付，高を極のため四斗之内へ入申候（後略）

　　史料3は慶応3（1867）年に上木戸村（現新潟市東区上木戸）の名主今井藤四郎が作成した，人足役をめぐる旧記の抜書に収載された記録である。まず冒頭「延宝三寅年」については，延宝3（1675）年は寅年でなく卯年であること，延宝期に窪田与左衛門なる藩士は確認できず，これは郡奉行等地方支配に長く関わった後，元文4（1739）年に勝手方中老となり，のち仕置役にまで出世した窪田与左衛門武秋と思われること[13]等から，「延享三寅年」の誤写であると判断される[14]。

　　13）「世臣譜　巻之一」（『新発田市史資料第二巻　新発田藩史料2』新発田市，1965年）。
　　14）この誤写がいずれの段階で生じたかは現在のところ不明である。なお，この史料が延宝3年のものであることを前提にしている『新潟市史　通史編1』（新潟市，1995年）323-

第7章　支配錯綜地帯における地域的入用　　　　　　　　　　187

　したがってこの史料は，延享3（1746）年に行われた，勝手掛中老窪田与左衛門からの諮問に対する答書を抄出したものであることが，冒頭の記載から明らかである。なお返答の主体は，記載のあり方から郡奉行等地方支配に携わる役人であろうと推測される[15]。
　引用部の前半ではまず，申年＝元文5年に「万雑御吟味」がなされたことが判明する。その結果先述した庄屋名主賄方以下の万雑の額が膨大で，百姓の存立に関わる程であると判断された。そこで藩がこれを引き受けて10か年賦の分割とし，同時に万雑の大幅減少が命じられたという[16]。
　引用の後半部では，これら四斗米の「取立」に関する記述が注目される。傍線部①では，取り立てて置くのはこの8升4合余すなわち万雑分であるとされ，一方傍線部②では，4斗のうち6升5合余の上納分と8升4合余の在中諸入用万雑の二口が取立物であると記されており，両者の内容が一見矛盾している。しかし上納物を取り立てるのは当然であることから，①で万雑のみに言及されるのは，上納物でない万雑をも取り立てることを強調するためではないかと考えられる。①の前の中略部分では，2斗5升の足前分（人足賃）について，これは取り立てるのではなくすべて「百姓前」に置いておき，実際の勤日数に応じて差引勘定がなされると記される。また下線部③でも同様に，人足賃米は取立物ではないことを繰り返し述べている。こうした記述との対比で考えると，取立物とは「百姓前」での勘定がなされないもの，すなわち藩役所が単なる取り立てのみならず配分等の実質的な運営を行っていたものであると判断できる。そしてこの時期，万雑はそのような形で処理されていたのである。
　さらにその運営に関して，半額は組に置いておき残り半額は8月まで持ち越して在中入用に渡すという，具体的な記述がなされていることに注目したい。ここであえて「寅八月」と干支を付していることから，去

───────
326頁の記述には問題があるといえよう。
　15）　したがってこの史料は，藩役所の内部で作成されたものということになる。幕末期名主層作成の先例集にこれが記録されるに至った経緯については，独自の考察を必要とするが，今後の検討課題であろう。
　16）　なお10か年賦で上納するのではなく年々「相渡」とされていることをどう解釈するか，という課題を残している。

丑＝延享2年徴収分の処置について述べていると判断でき，先に**史料1**でみた，延享2年に万雑役所による試験的運営が開始されたとの記述と合致するのである[17]。

　さらに後半の一つ書き全体の論旨に目を向けよう。意味が通じかねる部分もあるが，概ね以下のような趣旨と理解できる。窪田から，（下々には？）この四斗米は収納の4割増と理解する者がいるが，これをどう考えるかと諮問があった。これに対し，四斗米は全部を役所が取り立てるのではなく，それは誤解である，と返答した[18]。これはこの3～4年在方に尋ねたところ，諸負担が高1石につき5～6斗から7～8斗にもなるとの返答であったので，人足賃も含め百姓の負担を4斗に制限したいと考え定めたものである。役人を巡回させ在方の意向を聞くと，7～8分の同意であったが，これで良ければこのようにしたい。4斗というのは比率の名目なのであって，取り立てるのは「上納物」と万雑のみである。人足賃米は取立物ではないが，近年多額となっているのを規制するため，四斗米の中に入れたのである。このように主張したのであった。

　ここからは，この四斗米という枠組みが，数年の調査を経てまさにこの延享3年にかけて成立したものであったことが読み取れる。傍線部①にある「此度相極候高四斗」という文言もそのことを示している。そしてそれは，百姓の負担を軽減するという目的の下，性格の異なる様々な費目を敢えてまとめて4斗の中に配分したものであった。万雑はこの時期役所による試験的な運営がなされていたが，在方で自主的に運営されていた人足賃米や，そもそも領主層への負担である上納物代とあわせて四斗米の中に位置づけられた。それは藩側の政策意図に基づく地方支配改革の一環なのであった[19]。

　　17）藩内部で作成された答書で，特に組を限定せずにこのような記述がなされていることからも，前項で述べた延享の試験運用が三組だけでなく全領で行われた可能性をうかがわせる。この点についてはさらに検討をする必要があるだろう。
　　18）この部分の史料では「御役所方ニ而取不申」の「御役所」の肩に「百姓か」との注記がみられる。幕末の作成時における注記とみられるが，本稿のように理解するならば，この部分は御役所のままで論旨が通る。
　　19）込山，前掲「新発田藩に於ける村万雑の一考察」では，元文5年に四斗米が定められたとして，本稿**表1**類似の一覧を掲げているが，この記述には典拠史料が示されておらず，その当否は保留とせざるを得ない。但し本稿**史料3**では元文5年に万雑改革が行われたことが明記されており，おそらくこの元文5年から延享3年にかけての一連の過程を想定することができるであろう。

第 7 章　支配錯綜地帯における地域的入用

　さてここで，前項で見た**史料 1・2** を再度確認したい。**史料 2** では，先に引用した，万雑はお上で世話をする筋合いのものではないが，という文言にすぐ続けて，百姓のために「八升四勺米代銭にて取計方」を申し付けるとしている。またさらに「勿論来春割より八升四勺米代銭の割に取立可申候」と念を押している。これに対して**史料 1** ではこのような記載は見られない。こうした差異からみて，これ以前岡方山嶋組々では万雑の運用がすでに四斗米の中の「八升四勺米」とは離れてしまっており，この時改めて両者を明確にリンクさせることが命じられた，と解釈することができるのではないか。

　勿論三組に対する**史料 1** にも「八升四勺米代銭にて相済候様」に帳簿を作成せよとの記載はある。しかし従来過分の「御償」がみられるとの記述と合わせて考えるならば，三組においてはすでに「八升四勺米」で万雑をまかなうという原則が確立しており，しかし現実には不足分を「御償」という形で藩が補填することが問題視されている，と解釈できるのである[20]。

　この両者の違いは先述したように，三組では再度万雑役所での万雑の運用が復活したのに対し，おそらく岡方山嶋組々ではこれが復活しなかったことに基づくのであろう。**史料 3** の延享の段階では，8 升 4 合 2 勺の範囲で役所による運用がなされていたが，「万雑石掛も過分之減方被仰付候へ共，組々不同有之ニ付，御領分中一統なれ合之組立ニ相成候」という記述からみて，この範囲に抑えるためにどの費目を万雑として計上するかという点についてはおそらく組側の判断に任され，それぞれが旧慣（「なれ合」）に基づく不統一な状態になったと思われる。それでも断続的に万雑役所による運営が続いた三組では，四斗米の枠組みと万雑とのリンクが維持されたが，岡方山嶋組々ではより自由な運営になっていったのではないか[21]。これは天明万雑改革における費目の詳細な公定という流れの前提としても重要であろう。

　以上延享期に至る四斗米の枠組みの成立を中心に検討してきた。ここ

　20）藩が万雑を補填する「御償」については，安宅，前掲「新発田藩領における地域的入用「万雑」の構造」に詳しい。
　21）この他**表 1** の慶応期の欄に掲げている代銭の多くにおいて，三組と岡方山嶋とで異なる額が示されていることも注目される。

から明らかになったのは，藩の政策として意図的に四斗米が設定された経緯であり，万雑もそうした流れの中で，藩の積極的な関与の下に置かれたのであった。そうしてみるならば，地域的入用としての万雑の成立あるいは自立を考える際，単に藩の雑税的性格のものから在方への移管という一方向のみの理解では困難なことが導き出せるだろう。既に元文期からの，藩がこうした費目に積極的に関与してくる流れを把握し，そのうえで天明万雑改革への流れを理解するべきであろう。

3 新発田組における運用の実態

このように天明の万雑改革のやや複雑な性格が展望されたところで，次に必要となってくるのは，三組と岡方山嶋組々双方における，改革前後の運用実態の検討であろう。いまこれを全面的に行うことはできないが，さしあたり本稿では，新発田組における天明前後の運用実態を検討することとしたい。幸い新発田組庄屋を勤めた米倉斎藤家文書中には，この時期の御用留類が断続的に伝存している[22]。以下はこれらを用いた考察である。

この時期斎藤家では，庄屋の職務に際して，藩の役所や他組の庄屋からの廻状等を記録した御用留帳と，組内の名主からの願書を藩に取り次いだものや庄屋自らが提出した願書を控えた諸願留帳の，二種類の帳簿を作成していた。これらの中から万雑にかかわる記載を書き出したものが表2および表3である。これらから判明するこの時期の万雑に関する事務の実態は，およそ以下のようにまとめることができる。

まず徴収に関してであるが，表2から，2月初旬，8月初旬，11月初旬の3度にわたる「万雑吟味役所」からの上納指示が定式化していたことが判明する。いま以下にその一例を示す。

---

22) 新発田市立図書館所蔵斎藤家文書。以下本節の記述は特に断らない限り同文書群からの史料による。

第7章 支配錯綜地帯における地域的入用　191

表2　新発田組御用留帳にみる万雑吟味役所の活動

明和2年 (1765)	明和7年 (1770)	明和8年 (1771)
2/3　石掛の内「殿様内藤様上下御伝馬賃并惣荷物持送り賃銭」「御家中郷中間与内銭」「万雑当春取立半手」上納申付 万雑吟味役所→三組庄屋方 7/13　郷枝3人、宇八郎、庄屋2人万雑役所より引替金請取方覚 7/17　御下向の節伝馬賃銭渡し方 万雑吟味役所→三組庄屋方 8/7　石掛の内「御家中糠薬代銭」上納申付 万雑吟味役所→三組庄屋方 8/21　沼垂御蔵普請中割覚、例年通万雑役所御引替願→三組庄屋 坂井彦兵衛・吉岡専助（小須戸組庄屋）→三組御仲衆中	2/1　石掛の内「殿様内藤様上下御伝馬賃并惣荷物持送り賃銭」「御家中郷中間与内銭」「万雑当春取立半手」上納申付 万雑吟味役所→三組庄屋方 2/9　当春御家中郷中間与内銭渡し并口附帳面仕立方等のため入指名主差し出すよう申付 万雑吟味役所→三組庄屋方 2/21　郷中間与内・御伝馬賃・万雑半未納督促 万雑吟味役所→三組庄屋方 2/29　庄屋元筆墨紙小入用并物書郷枝小走り等給銭渡りこ分渡し方触 万雑吟味役所→三組庄屋方 2/29　宝暦11年馬代金拝借証文の所在尋ね差引仰せつけられ、因難の旨願書 （新発田組庄屋）両人→万雑吟味御役所 12/15　（挿入文書他年度の紙写か）庄屋元筆墨紙小入用并物書郷枝小遣小走給銭春渡りこ分渡し方 万雑吟味役所→三組庄屋方 閏6/6　御発駕の節伝馬賃銭渡し方触 万雑吟味役所→三組庄屋方 閏6/9　当年内藤様上下無きに付伝馬賃銭割返し渡し方再触（川北組代役名主相相触不達につき） 万雑吟味役所→三組庄屋方	2/1　石掛の内「殿様内藤様上下御伝馬賃并惣荷物持送り賃銭」「御家中郷中間与内銭」「万雑当春取立半手」上納申付 万雑吟味役所→三組庄屋方 2/20　郷中間与内銭・御伝馬賃・万雑半手取立未納督促 万雑吟味役所→三組庄屋方 2/27　庄屋元筆墨紙小入用半春渡し并物書小走り使御郷枝給銭半春渡之分渡し方触 万雑吟味役所→三組庄屋方 5/7　新発田組新井田村中田村住来橋掛替願につき、万雑役所より別紙の通り申し来たる旨達（別紙写無し） 布施半平（郡奉行）→庄屋五兵衛・加兵衛方 8/2　石掛の内「御家中糠薬代銭」上納申付 万雑吟味役所→三組庄屋方 8/8　御馬屋入用糠薬首毛貢并御作事所入用薬堂みの者へ入札申付 万雑吟味役所→三組庄屋方 8/26　御下向の節伝馬賃銭渡し方触 万雑吟味役所→三組庄屋方 9/11　当卯正月分同入用定「庄屋名主組郷枝所々御用勤井町宿口宿賄代仕訳帳面」差出申付 万雑吟味役所→三組庄屋方 10/28　雑用仕立帳面直し方につき名主差し出すよう申付 万雑吟味役所→三組庄屋方 9/6（116の誤写）石掛の内「諸品物代」「万雑半手」上納申付 万雑吟味役所→三組庄屋方

7/22	申し入れるべき儀に二つき庄屋呼出 万雑吟味役所→三組庄屋方
8/3	石掛の内「御家中糠薬代銭」上納申付 万雑吟味役所→三組庄屋方
8/7	御馬屋入用糠薬首毛茂井御作事所入用薬望みの者へ入札申付 万雑吟味役所→三組庄屋方
8/28	御家中糠薬代銭未納督促 万雑吟味役所→三組庄屋方
9/7	当寅正月ゟ同八月迄「庄屋名主組頭郷郷杖所々御用勤雑用宿町宿組宿賄代訓帳面」差出申付
10/15	去十二月ゟ当八月迄「組頭郷郷杖所々御用勤雑用并町宿組宿賄代等渡し方触 万雑吟味役所→三組庄屋方
11/6	石掛の内「諸品物代」「万雑半季」上納申付
12/2	諸品物代・万雑半季未納督促 万雑吟味役所→三組庄屋方
12/3	当九月ゟ当時迄「庄屋名主組頭郷郷杖所々御用勤賄雑用銭并町宿組宿賄代附立帳面」差出申付 万雑吟味役所→三組庄屋方
12/18	諸品物代・万雑半季未納督促 万雑吟味役所→三組庄屋方

11/6	去十二月ゟ当八月迄庄屋名組頭郷郷杖所々御用勤雑用并町宿組宿賄代等渡し方触 万雑吟味役所→三組庄屋方

新発田市立図書館所蔵斎藤家文書 明和2「御用留書帳」(D00-12-(1))、明和7「御用留書帳」(D00-12-(2))、明和8「(御用留)」(678)、明和19「御用留書帳」(D00-12-(3))、安永2「御用留書帳」(D00-13-(1))、安永3年「御用留書帳」(D00-13-(2))、寛政3「諸御用留帳」(D00-14-(1))、寛政4「諸御用留帳」(D00-14-(2)) より作成。
新発田組・五十公野組・川北組の宛名がそれぞれに連記されているものも「三組庄屋方」と略記した。

第 7 章　支配錯綜地帯における地域的入用

明和 9 年（1772）	安永 2 年（1773）	安永 3 年（1774）
2/2　石掛の内「殿様内藤様上下御伝馬賃并惣荷物持送り賃銭」「御家中郷中間与内銭」「万雑半季」上納申付　郷中間与内銭・御伝馬賃・万雑半季取立 万雑吟味役所→三組庄屋方	2/2　石掛の内「御伝馬賃銭」「御家中郷中間与内銭」「万雑半季」上納申付組中へ触出 小川郡蔵・斎藤加兵衛・（新発田組庄屋）→万雑吟味所→三組庄屋方	2/2　石掛の内「御伝馬賃銭」「御家中郷中間与内銭」「万雑半季」上納申付 万雑吟味所→三組庄屋方
2/19　郷中間与内銭・御伝馬賃・万雑半季取立 万雑吟味役所→三組庄屋方	2/2　石掛の内「万雑半季」取立 万雑吟味役所→三組庄屋方	両組庄屋四人→万雑御吟味役所
2/27　郷中間与内銭・御伝馬賃・万雑半季取立 未納督促、このぶんでは庄屋筆墨紙代給銭頼当未納再督促、銭分け渡しかねる旨 伊藤佐津右衛門→万雑吟味役所→三組庄屋方	2/18　郷中間与内銭・御伝馬賃・万雑半季取立 未納督促 万雑吟味役所→三組庄屋方	2/　黒川領小戸村・宮古木村と米倉村・上内竹村論所立会名主共日賄銭引替分、別紙本仕訳の通り仮渡し方願い
9/12　当辰正月ゟ同人月迄「庄屋名主組頭郷杖所中勤井町宿組宿賄代仕訳帳面」差出申付	2/23　郷中間与内銭・御伝馬賃・万雑半季取立 未納再々度督促	2/22　御八判星夜番入日賄雑用願いの上引替分請取 両組庄屋共→万雑御吟味御役所
10/10　揚提灯・火桶渡し方申付 万雑御役所→庄屋加兵衛	2/27　庄屋筆墨紙小入用并物書郷杖小使小走給銭渡し方触、なお未納督促 万雑吟味役所→三組庄屋方	2/29　庄屋筆墨紙小入用并物書郷杖小走給銭春渡し分渡し方触 万雑吟味役所→三組庄屋
10/11　先達て御願いの揚提灯・火桶請取 庄屋加兵衛→万雑御吟味御役所	閏 3/17　御伝馬賃・郷中間与内・万雑半季取立	8/13　御馬屋入用糠薬苜毛穀并御作事所入用薬望みの者へ入札申付
11/1　当正月ゟ当八月迄庄屋名主組頭郷杖所々御用勤雑用并町宿組宿其外品々入用々渡し方触 万雑御役所→三組庄屋方	閏 3/　去辰募御伝切後ゟ当巳八月迄組宿賄代并郷杖小入用井賄の内ゟ引替分請取 庄屋五兵衛・加兵衛→御役所	万雑吟味役所→三組庄屋
11/6　石掛の内「諸品物代」「万雑半季」上納申付	閏 3/　先達御願いの手提灯新規作成・揚提灯張り替え代渡し方請取 新発田組庄屋加兵衛→万雑吟味御役所	
	7　去極月ゟ当八月迄郷杖両人日賄雑用并組宿賄代の内ゟ引替分請取 五兵衛・加兵衛（新発田組庄屋）→万雑吟味御役所	

7/21	御下向の節伝馬賃銭渡し方触
	万雑吟味所→三組庄屋方
8/3	石掛の内「御家中糠糞代銭」上納申付
	万雑吟味御役所→三組庄屋方
8/4	村上様御下向の節伝馬賃銭渡し方触
	万雑吟味御役所→三組庄屋方
9/14	当巳正月ゟ同八月迄「庄屋名主与頭郷杖所々御用勤并町宿組宿賄代仕訳帳面」差出申付
	万雑吟味御役所→三組庄屋方
9/16	御家中糠糞代銭未納督促
	万雑吟味御役所→新発田組・五十公野組庄屋方
	万雑吟味御役所→三組庄屋方
12/2	諸品物代・万雑半季未納督促、当九月ゟ当時迄之庄屋名主組頭郷杖所々御用賄雑用銭井町宿組宿賄代付立帳面差出申付
	万雑吟味御役所→三組庄屋方

第7章　支配錯綜地帯における地域的入用

寛政3 (1791)	寛政4 (1792)
8/18　御入部の節の御膳部入用并小入用物代銭願の通り組万雑銭より渡し方につき申渡　田権太夫（郡奉行田中権太夫）→庄屋忠蔵方へ 8/25　御家中穣薬代未納督促 万雑御役所→新発田組庄屋郡蔵・忠蔵 9/17　万雑付□□（付立帳か）差出督促 丹平大夫（郡奉行丹羽平大夫）→新発田組・五十公野組・川北組・岡方組・新津組・小須戸組・嘉茂組・大面組・中ノ鵈組庄屋方 11/2　石掛の内「諸品物代銭」上納申付 万雑御役所→三組庄屋方 11/17　諸品物代銭未納督促 万雑御役所→新発田組庄屋郡蔵・忠蔵 12/3　三箇条書付名々主より請印のうち万雑未納についての条項あり	正/16　荷物賃銭渡し方等とともに万雑銭御償願相談につき廻状 小川郡蔵（新発田組庄屋）→高山兵右衛門（五十公野組庄屋）・阿部弘次郎（同）・斎藤忠蔵（新発田組庄屋）・今井喜次右衛門（川北組庄屋）・長谷川小伝次（同） 正/29　万雑銭償願相談につき廻状 斎藤忠蔵→小川郡蔵・高山兵右衛門・今井喜次右衛門・長谷川小伝次 2/22　手形引合ならびに不時掛物村万雑につき案文の通作成すべき旨触出 斎藤忠蔵・小川郡蔵→組中 閏2/23　去暮惣荷持送賃銭渡し方 万雑御役所→三組庄屋方 6/25　万雑貸方願い下げのところ御除米の内拝借願いの儀庄屋共存込達の旨申し達し（郡奉行か） 8/2　石掛りの内「御家中穣薬代銭」上納申付 万雑御役所→三組庄屋方 9/29　当役所にて引替置候万雑出分割合帳返却申付、五十公野組穣薬代未納督促 万雑御役所→三組庄屋方 11/8　石掛の内「諸品物代銭」上納申付 万雑御役所→新発田組・五十公野組庄屋方

表3 新発田組より万雑吟味役所宛出願一覧

明和9	安永3
7/ 郷杖所々勤雑用・組宿賄代引替願 両人（新発田組庄屋）→万雑御吟味御役所	2/6 黒川領宮古木村と米倉村・上内竹村論所立会名主共日賄雑用并筆墨紙蝋燭代其外諸入用中積りを以拝借願 五十公野組古寺村・新発田組桃山新田・同舟入新田・同西名柄村各名主→両組大庄屋所 五十公野組庄屋兵右衛門・同与惣兵衛・新発田組庄屋五兵衛・同加兵衛→万雑御吟味御役所
7/11 去卯極月御仕切後ゟ当八月迄組宿両人賄代并郷杖三人勤雑用引替分請取 新発田組庄屋五兵衛・加兵衛→万雑御吟味御役所	2/ 御八判昼夜番人名主与頭百性代共ニ四人日賄雑用引替願 五十公野組庄屋兵右衛門・同与惣兵衛・新発田組庄屋五兵衛・同加兵衛→万雑御吟味御役所
7/ 当春上納銭の内済下り延納願 治右衛門・善兵衛・善次郎→大庄屋所両人→万雑御吟味御役所	5/ 中ノ嶋組御用懸一件日々出会乱方諸入用・隋役名主日賄雑用引替願 庄屋加兵衛→万雑御吟味御役所
7/ 当辰春山倉新田御伝馬銭・万雑半季未納分延納願 組頭彦兵衛・同七之丞・名主甚八→大庄屋所 五兵衛・加兵衛→万雑御吟味御役所	5/2 中ノ嶋組御用懸一件私并隋役名主諸雑用引替分渡し方請取 庄屋加兵衛→万雑御吟味御役所
9/10 私前之橋修復・提灯火桶新調張替入用見積，代銭御渡し願 庄屋加兵衛→万雑御吟味御役所	6/ 殿様沼垂御出の節渡船場世話方につき宿払雑用渡し方願 庄屋悴加蔵→万雑御吟味御役所
	6/16 橋掛替見積，見分願 八幡新田組頭・名主→大庄屋所 新発田組庄屋五兵衛・加兵衛→万雑御吟味御役所
	7/ 道賀村堤切所普請出役諸雑用の内引替願 川北組池端村・荒町村・岡屋敷村・宮内村・西蓑口村・五十公野組上新保村・小路村・東塚目村・三ヶ新田・二本松新田・新発田組八幡新田・新井田村・桑口村・真野村・山倉村各名主→三組大庄屋所 川北組庄屋宅右衛門・五十公野組庄屋兵右衛門・同与惣兵衛・新発田組庄屋五兵衛・同加兵衛→万雑御吟味御役所

第7章　支配錯綜地帯における地域的入用　　　　　　　197

	7/　道賀村堤切所普請出役諸雑用の内引替願 川北組吉浦村・大伝新田・太斎新田・五十公野組山崎村・丸潟新田・中谷内村・新発田組長畑村・山倉村・中田村・小舟渡村・西名柄村・諏訪山新田・蓮潟新田・中田村各名主組頭→三組大庄屋所 川北組庄屋宅右衛門・五十公野組庄屋兵右衛門・同与惣兵衛・新発田組庄屋五兵衛・同加兵衛→万雑御吟味御役所
	7/13　米倉村上内竹村と黒川領宮古木村出入につき場所詰日賄雑用并筆墨紙蝋燭代絵図紙絵具代等渡し方願 上内竹村・米倉村・猿橋村・古寺村・桃山新田・舟入新田各名主→両組大庄屋所 五十公野組庄屋兵右衛門・同与惣兵衛・新発田組庄屋五兵衛・同加兵衛→万雑御吟味御役所
	7/20　道賀村堤切所普請出役延長につき引替願 岡屋敷村・太斎村・中谷内村・太夫新田・桑口村・八幡新田・中田村各名主→三組大庄屋所 川北組庄屋宅右衛門・五十公野組庄屋兵右衛門・同与惣兵衛・新発田組庄屋五兵衛・同加兵衛→万雑御吟味御役所
	7/22　各名主作成の道賀村堤切所詰日賄雑用仕訳帳二冊を添え，別御取立なりとも御渡し方願い 三組庄屋共→万雑御吟味御役所
	10/　偽本馬通行一件につき奥州半田銀山まで出役雑用渡し方願い 米倉村組頭次右衛門・同吉兵衛・名主善次郎→大庄屋所 庄屋加兵衛→万雑御吟味御役所
	10/　行倒人につき小屋掛等諸入用仕訳，渡し方願 真野原新田組頭善右衛門・支配名主利惣次→大庄屋所 新発田組庄屋五兵衛・同加兵衛→万雑御吟味御役所

新発田市立図書館所蔵斎藤家文書　明和9年「諸願留帳」(D00-33)，安永3「諸願留帳」(D00-34)より作成

第Ⅳ部　情報——収集と利用

史料4[23]
村送りヲ以申遣候，然者去丑九月ゟ当寅八月迄石掛り之内左之通，来ル廿日迄ニ取立相納候様ニ，早速村々江可相触候，已上
　　二月朔日　　　　　　　　　　　　　　万雑吟味役所
　　　　　　　　　　　　　　　　　　新発田組
　　　　　　　　　　　　　　　　　　五十公野組
　　　　　　　　　　　　　　　　　　川北組
　　　　　　　　　　　　　　　右組々
　　　　　　　　　　　　　　　　　　　庄屋方

　　　　覚
一　殿様内藤様御上下御伝馬賃并惣荷物持送り賃銭
　　　　役石壱石ニ付銭拾弐文壱分五厘
　　　　　　此米四合三勺定直段壱俵ニ付壱貫六百三拾文
一　御家中郷中間与内銭
　　　　役石壱石ニ付銭三拾六文四分五厘三毛
　　　　　　此米壱升弐合三勺定直段右同断
一　万雑当春取立半季
　　　　役石壱石ニ付銭百文四分六厘七毛
　　　　　　此米三升三合九勺定直段右同断
右之通ニ候間，無間違日限之通相納候様ニ可致候，以上

　ここではまず，「万雑吟味役所」はその名称にかかわらず，前項でみた四斗米（=「石掛」）のうち万雑以外のいくつかの費目をも，同時に扱っていたことが明らかである。これらの費目は先にみた**表1**の数値と若干の端数を除きほぼ同額であることも確認できる。そしてこの史料では，各組の庄屋に対し組内の村々へ納入指示を取り次ぐことが命じられているのであるが，組レベルでのとりまとめまでは要求されておらず，他の未納催促等の文面からみても，各村名主がそれぞれ城内の役所に納入におもむいたものと推測できる[24]。

　　23）　明和七年「御用留帳」（斎藤家文書 D00-12-(2)）。
　　24）　なお岡方組の例ではあるが，延享3年（1746）から宝暦2年（1752）に至る大久保新田（現新潟市北区大久保）の四斗米各費目の代銭受取をみると，寛延2（1749）・3年頃を

第7章　支配錯綜地帯における地域的入用　　　　　　　　　199

　これらのうち，まず2月には新発田藩主と村上藩主の参勤交代に伴う「御伝馬賃并惣荷物持送賃」，「郷中間与内銭」，そして「万雑銭」のうち春取立の半期分が取り立てられ，8月には「御家中糠藁代銭」が，11月には「諸品物代」と「万雑銭」の残り半期分が取り立てられることが定まっていたとみられる。これら万雑とともに取り立てられる費目は，前項でみた四斗米のうち「四品物代」に相当することも判明する。
　一方で役所からの渡し方であるが，まず2月末頃に「庄屋元筆墨紙小入用并物書郷杖小使小走り等給銭春渡り之分」を渡すので，各組庄屋は役所に出頭するようにと命じられる。同じ費目の「暮渡り分」については，12月に同様の指示がなされる。これは庄屋元での事務経費，および物書・郷杖・小使・小走といった，組の用務のために雇用される者たちへの給銭であり，まさに地域的入用としての万雑の中核にあたるが，これが取立と同様2期に分けて渡されるのである。
　またさらに，10月には当該年度の8月までの分の「庄屋名主組頭郷杖所々御用勤雑用并町組宿賄代」が，12月には9月から暮までの同費目の銭が渡される。これは庄屋以下の組・村の役人が公用で出役した際の支出に充てるものであるが，この費目については，あらかじめ9月と12月とに「仕訳帳」の提出が命じられていることも確認できる。
　万雑に関し定式として庄屋に渡される費目は以上であるが，これが万雑についてのすべてではなかった。例えば表2から，明和9年（1772）10月に新発田組庄屋斎藤加兵衛が万雑吟味役所より提灯と火桶を受け取った事例が見出せるが，これは諸願留帳から作成した表3にみえるように，次のような出願の結果であった。

史料5 [25]
　　　　乍恐以書付奉願上候御事
一　五百文　　　　　　　　　栗ノ木柱四本
　　但五寸角長サ三尺五寸壱本ニ付百弐拾五文ツヽ

境に受取証の発給主体が庄屋（代役含）と藩役人の連名から，藩役人のみに移行している（『豊栄市史　資料篇2』〈豊栄市，1990年〉124-128頁）。三組との異同も含め今後の検討課題であろう。
　25）　明和九年「諸願留帳」（斎藤家文書 D00-33）。

（以下橋材・提灯手桶代見積詳細略）
　　二口合拾弐〆九百六拾五文
　　　　　　　　　（ママ）
　右ハ私前之橋大破仕并燈灯火桶不用意ニ罷成候間，前書之通積立を
　以御願奉申上候，橋之義ハ御見分被　仰付被為下，何れも以　御慈
　悲願之通代銭可被下置候ハ，難有奉存候，以上

　　　　　　　　　　　　　　　　　　　　　　　　　　　庄屋
　　明和九辰年九月十日　　　　　　　　　　　　　　　　加兵衛
　　万雑御吟味
　　　　御役所

　すなわち庄屋役宅に付随する橋と，役宅の備品となる提灯・火桶の補修・整備を求めたものであるが，前述した定式の費目以外の臨時の出費については，このような個別の出願を要したことが判明する。出願の段階では代銭の交付要求であったが，おそらく万雑吟味役所側の判断により，提灯と火桶については役所で用意し現物を渡す形となったことも，役所の機能を考えるうえで興味深い点であろう。
　このような個々の事情に基づく出願は，表3の中に多数見出すことが出来る。そのなかでも注目されるのは，役所に対する「引替」の出願がしばしばみられることである。その具体的な経緯は，例えば次のような事例からうかがうことができる。

史料6[26]
　　　　乍恐以書付奉願候御事
一　金三拾両　　　　　　　御引替願高
　　但壱人ニ付弐両宛
　右は先月十七日道賀村堤切所御普請ニ付，私共同月廿日ゟ右御場所水戸留方掛ニ出役被仰付候ニ付，御丁場相勤罷有候処，又候先月廿八日之洪水ニ而右御普請御大造ニ罷成，水戸留早速御出来不仕，出役定勤之者日数ニ罷成，難渋之私共御座候得は，時分柄筆墨紙蠟燭代并諸雑用等指支迷惑仕候，依之前書之通先御引替被成下度奉願候，

26）　安永三年「諸願留帳」（斎藤家文書 D00-34）。

追而御普請出来候節諸雑用仕訳書指上可申候間，以御慈悲願之通被
仰付被為下候ハヽ難有奉存候，以上
　　　　　　　　　　　　　　　川北組池端村名主
　　安永三午年七月　　　　　　　　　　　　　平九郎
　　　　　　（以下川北組・五十公野組・新発田組村々名主十四名略）
　　　　　　三組
　　　　　　　大庄屋所
右は道賀村堤切ニ付右拾五人出役被仰付，先月廿日ゟ相詰申候，以
御慈悲日賄雑用願之通中図りニ而前書之金高被仰付被為下候ハヽ難
有奉存候，尤他組之組附宿払不同御座候得共，堤切之時節故何れも
打込同宿ニ而勤方も同様ニ付，何分過不足之義追而仕切帳面可奉指
上候間，此分右願之通被仰付被為下候ハヽ難有奉存候，以上
　　　　　　　　　　　　　　　　　　　　　川北組庄屋
　　安永三午年七月　　　　　　　　　　　　　宅右衛門
　　　　　　　（五十公野組・新発田組庄屋四名略）
万雑御吟味
　　御役所

　安永3（1774）年6月18日，大雨によって道賀村（現新発田市道賀）地内で加治川の堤防が決壊した。その復旧のために大規模な普請が行われ，三組村々の名主たちが人足差配等のため現場に派遣された。しかし6月28日に再度の洪水があったことなどから普請が長引き，名主たちの出張に伴う経費が嵩み困っている，という理由で1人当たり2両計30両を「先ず御引き替え成し下されたい」，というのがこの出願の骨子である。ここで重要なのは，この時点では普請は終了しておらず，終了時に「仕訳書」「仕切帳面」を差し出すことを約束している点である。この願書を万雑吟味役所に取り次いだ庄屋の奥書にみられるように，これは「中図り」すなわち中途での概算額であって，後日仕切帳面が作成され実際の所要額が確定した後に「過不足」が相殺されるべきものなのであった。このような形での先払いが，すなわち「引替」なのだと理解することができよう。
　なおこの普請は7月下旬に収束し，**史料6**で出願した名主15人のグ

ループは7月22日付で，またもうひとつのグループも7月25日付で「道賀村堤切所詰日賄雑用仕訳帳」を作成し，実際にかかった経費を確定した。**史料6**で予め約した「仕切帳面」に相当するこの2冊の帳簿を提出するにあたり，三組庄屋は以下のように願い出た。

史料7[27]
右両帳添書　　乍恐以書付奉願候御事
一　新発田組道賀村堤切ニ付両度之洪水ニ而御普請御大造ニ罷成，三組村々出役名主被仰付，右之外出役名主三組ゟ定勤仕候ニ付，日賄雑用仕切帳面弐冊私共方迄指出シ申候，此義は先達而中積りを以名主共ゟ奉願候処，先年□掛并西名柄村地内堤切候節日賄雑用御渡方之義相糺シ申上候様ニ被　仰付候ニ付，私共方ニ而相糺申候所，西名柄村堤切之義は十六ヶ年以前宝暦九卯年ニ御座候処，其節は万雑諸払私共方江被　仰付置候得共，御上知等ニ而多分払不足も有之候ニ付，私共名主与頭郷杖分共ニ所々日賄勤雑用共ニ万雑取立之内ニ而残高有合割延ニ仕相渡シ申候，右両年分払方扣書等聢と仕候分当時相見へ兼申候，段々相糺委細追而可奉申上候，何れニも過分之高ニ罷成迷惑至極奉存候，乍恐別御取立成共被　仰付，以　御慈悲右御渡シ方之義宜御沙汰被為成下，何分御渡方被　仰付被為下候ハヽ難有奉存候，以上

　　　　　　　　　　　　　　　　　　　　　　　　　三組
　　安永三午年七月　　　　　　　　　　　　　　　　庄屋共
　　万雑御吟味
　　　　御役所

　文意がとりにくい部分もあるが，以下のように解釈できるであろう。**史料6**の出願に対し，万雑吟味役所側はすぐにはこれを認めず，以前の同様の堤普請における先例を三組庄屋たちに尋ねた。これに対して庄屋たちは，宝暦9年（1759）の堤普請は，万雑の運営が組に任されていた時期のことであったが，上知の影響などで資金が乏しく，取り立てた万

---

27)　同前。

第 7 章　支配錯綜地帯における地域的入用　　203

雑（を定式の費目に支出した後）の残高を普請の経費に割り延べる（必要額に不足したまま各人の支出額の比率で配分する）ことで決着した旨を返答した。その上で，しかし今回は多額の出費で迷惑至極であるので，万雑で不足であれば別立ての取り立てをしてでも，名主たちの支出分に充ててほしい，というのがこの出願の趣旨であった。ここからは，定額をあらかじめ取り立てる新発田藩の万雑がはらむ根本的な問題が見て取れるとともに，これを補塡していくうえで，藩役所の権威が期待されていたことも確認できるであろう。

　さらに，役所で取り立てられた万雑以外の費目について，その処理のされ方を以下確認していこう。まず諸品物代については不明な部分が多いが，前掲表 1 によりこの費目でまかなわれることが判明する「御馬屋入用糠藁苫毛莚」等については，現物の納入請負の入札が例年 8 月に万雑吟味役所から触れ出されている。次に御家中糠藁代は，上納命令に際し「尤御家中へ渡方九月三日四日頃ニ相渡候間，差支ニ不相成候様ニ上納可致候」[28]等と述べられているため，万雑役所から（さらに他の役所を介した可能性もあるが）家中に配分されていったことがわかる。同様に郷中間与内銭も家中に配分されるのだが，明和 7 年 2 月 21 日の未納督促で「与内銭之儀は来ル廿五日六日之内ニ人指名主并町宿共へ相渡不申候而ハ，御家中へ渡方差支申候間，右之心得ヲ以村々ゟ早速相納候様ニ猶亦早々可相触候」[29]と指示されていることから，その分配の実務は，城下町新発田で各種の御用勤めを担った「町宿」と，組内の名主のうちこの事務のために選ばれて城下に詰めた「人指名主」の手でなされたことが判明する。このような層に実務が任されるのは，郷中間が在方から雇用されるものであることに由来する可能性もあるだろう。

　これらに対し在方に還流する伝馬賃銭については，やや詳しく処理のされ方が判明する。

史料 8[30]

　村送りを以申遣候，然ハ（平出）御下向之節相勤候御伝馬賃銭，来

---

28)　安永二年「御用留書帳」（斎藤家文書 DD00-13-(1)）所載八月三日付廻状。
29)　明和七年「御用留書帳」（斎藤家文書 D00-12-(2)）所載二月二十一日付廻状。
30)　明和八年「(御用留帳)」（斎藤家文書 648）。

ル廿九日四ツ時ゟ八ツ時迄之内三組共ニ御百性銘々相渡候之間, 印形持参無間違役所ヘ請取ニ罷出候様, 早速村々ヘ可相触候, 尤渡方之節代役名主壱人宛指出シ可申候, 為其如此候, 以上
　　　　　八月廿六日　　　　　　　　　　万雑吟味役所
　　　　　　　　　　　　　　　　　　新発田組
　　　　　　　　　　　　　　　　　　五十公野組
　　　　　　　　　　　　　　　　　　川北組
　　　　　　　　　　　　　　　　　　　右組々
　　　　　　　　　　　　　　　　　　　　　庄屋方
追而申遣候, 御伝馬札定而銘々ヘ相渡り居可申と存候, 左候ハ、賃銭請取ニ罷出候節無間違銘々致持参候様ニ是亦相触可申候, 以上

　表 2 からわかるように, 参勤交代の通行自体期日が固定していないので, 万雑と異なり渡し方の期日も一定しないが, ほぼこの**史料 8** と同様の文言で指示がなされる。ここで注目されることは, 期日を定めて受け取りに出向くよう命じられるのだが, 村役人等がまとめて受け取るのではなく, 伝馬を負担した個々の百姓が, その際に渡された証拠の札を持参して, 直接役所に出向くよう指示されている点である。このように役所が個々の百姓と直接結びつくのは, 城廻りの三組の特質であるともいえる[31]。

　以上庄屋との間でやりとりされた史料から, 具体的な万雑吟味役所の運営の実態をみてきた。万雑と「四品物代」をあわせて定式化した処理がなされていることとともに, 日賄雑用に関しては例年帳面を提出させて役所で判断を行い, その他臨時の支出に際してはそのたび毎に役所に出願がなされていること, 組や村がとりまとめるのではなく役所と負担者が直接に結びつく傾向があること等, 役所の主体的な活動がみられることが, ひとつの特徴として指摘できるであろう。そして堤普請の例でみたように, 庄屋・名主層の側自体が, こうした役所の機能に一定の期

---

　31) 例えば藩主通行の経路が岡方組にも掛かる場合があり岡方組へも伝馬賃銭が配布されることがあったが, 安永 3 年の例では岡方組については下勘定方の役人が出役して渡し方が行われている (新発田市立図書館所蔵安永三年「御在城御留守行事」A10.2-8-(2) 六月十七日条)。

待をしていたこともまた，注目しておく必要がある。

　なお**表2**には反映していないが，前項でみた四斗米のうち奉公人給米と人足賃については，万雑吟味役所とはまた別系統で納入・配分がなされていたことが，この時期の御用留類から判明する。また同様に，明和4年以来地方に関わる訴訟等で江戸に出府した際の費用を，領内全体で割り合うという方針が定められたが[32]，この処理も事例毎に担当の庄屋が指定されて行っていたことが判明する。一方ではこうした様々な負担の配分方法のなかで，万雑御吟味役所の活動を位置づける必要があるだろう。

4　万雑役所の存廃

　先にみた天明万雑改革の一環として，天明2年（1782）6月に以下のような措置がなされたことが記録されている。

　　史料9[33]
　　六月朔日　三組石掛り四斗米の内，八升四勺米万雑の分，以来取立渡方共に庄屋共に庄屋共へ(ママ)引請取計被仰付，並岡方山嶋組の内八ヶ組願に付，諸品物代・郷中間与内銭・御家中糠藁代・御伝馬賃銭，右四品の儀米納被仰付候，依之御事少に相成候故，只今迄の万雑役所相止，御金方役所へ打込に被仰付

　三組については八升四勺米＝万雑の取り立てと渡し方が庄屋に委ねられたこと[34]，一方岡方山嶋組のうち8か組について出願により四品物代が米納となったことが述べられ，これにより事務量が少なくなった万雑役所は廃止され，金方役所にその機能を吸収されることになったという。まずこの記事は，これまでに明らかにした三組と岡方山嶋組の違いを踏

---

　32)　この明和4年の取り決めについては，安宅，前掲「新発田藩領における地域的入用「万雑」の構造」参照。
　33)　前掲「御記録巻之八　御当代記」。
　34)　この点については同史料四月十日条に所載の三組庄屋宛申し渡しから，今回の改革の過程で三組庄屋側はこれまで通り「年々御償の上万雑御役所御差配」を願ったこと，これに対し藩側は三組への御償を600貫切とし，万雑の取立・払い方は庄屋たちに申し付けたこと，が判明する。庄屋たちが万雑役所による運営をむしろ望んでいたことが注目される。

まえてはじめてその正確な理解が可能なことに注意を払っておきたい。またここで廃止されたという「万雑役所」は，機能からみて前項でみた「万雑吟味役所」を指しているとみて良いだろう。しかしながらその後もいくつかの史料で万雑役所の姿を見出すことができるのである。このことはどのように理解するべきなのであろうか。

前項で用いた斎藤家文書中の新発田組御用留類には，残念ながら天明万雑改革の直前直後の年次の物が見出せず，安永3年（1774）の後には寛政3年（1791）まで飛んでしまう。その間の経緯を他の史料群で補うことは今後の課題だが，問題の所在を確認するために表2には改革後の寛政3・4年分の記事も掲げている。

ここからまず注目されるのは，寛政期に至ってなお万雑役所の活動がみられることである。既にみたように，天明万雑改革により三組での万雑の取り扱いも組側に委ねられたので，万雑については一切みられなくなる。しかしその他の四品物代については，明和・安永期とほぼ同様の形での処理が，万雑役所によって行われていることが表2より明らかである。万雑を扱わないにもかかわらずなお万雑役所を称していることも，その機能やおそらく人的構成などが，天明万雑改革以前の万雑吟味役所を引き継いでいるからであるように思われる。**史料9**では万雑役所は金方役所に吸収されたとされているが，例えば安永2年8月7日，勘定奉行配下の高橋弾六に対し，江戸詰めとなる北村間右衛門から地払金方を引き継ぎ，従来の万雑方と兼帯で勤めるよう命じられていること[35]などから判断すると，万蔵方は勘定方役人の分掌のひとつでもあって，金方などと元来関係が深かったと思われる。こうしてみると，万雑役所の消滅→金方への吸収といった，一方向の変化のみが進んだとはいえない側面も想定できるのではないだろうか。

さらに寛政6年以降，断続的に万雑改革が試みられていったことは，既に先行研究でも明らかにされてきたことであるが[36]，こうした改革に際しても万蔵役所の姿は確認できる。そうした意味でも万雑役所は存続し続け，万雑と関与していったのである。本稿で指摘し得たのは断片的

---

35) 新発田市立図書館所蔵安永二年「御留守御在城行事」（A10.2-8-(1)）。
36) 込山，前掲「新発田藩に於ける村万雑の一考察」，安宅，前掲「新発田藩領における地域的入用「万雑」の構造」等。

な事実に過ぎないが，今後こうした点を切り口として，さらに万雑役所の機構や人的構成について明らかにしていくことが課題である。
　以上これまで4項にわたり天明万雑改革に至る時期の検討を行ってきた。たしかに安宅が指摘したように，天明万雑改革は画期的なものであり，とくに万雑が地域的入用として藩から一定の自立を遂げていく流れを，そこに見出すこともできるだろう。しかしその流れは決して単純なものではなかった。とくに万雑が四斗米に組み込まれ，万雑吟味役所のもとで上納物たる四品物代とともに処理されるに至った背景には，元文期以降の藩役所の積極的な関与が想定できるのである。そしてこうした藩の関与に対して，庄屋・名主層が期待を寄せる側面もあったことに注目しなくてはならないだろう。さらに三組と岡方山嶋組々との差異をも考えるとき，そうしたやや複雑な経緯の中でこの時期の万雑を捉えるべきであることが，理解できるであろう。

第2節　「聞合書」をめぐる諸関係

1　「聞合書」の性格と作成年代

　18世紀後期における新発田藩の万雑とその周辺を考えるうえで興味深い史料として，「聞合書」と題された未年2月13日付の冊子がある。新発田藩領に拠点をおいた大地主白勢家文書の中に伝来したもので，『新潟県史　資料編8 近世三』では，「越後諸領万雑聞書」との表題で翻刻紹介され，作成の未年は安永4年（1775）に比定されている[37]。
　この史料では，新発田藩と周辺の諸領における万雑の実態が詳細に触れられており，県史資料編の解説欄では「安永期において白勢家の番頭が，越後各領の万雑の実態を書き留めたものである。白勢家は次項でとりあげる大地主で，その所有地は藩領を越えて広範囲に分布しており，万雑にも無関心ではいられなかったであろう」と解説されている[38]。複数藩領にまたがる所持地の経営上の必要から作成された史料との解釈で

---

37)　『新潟県史　資料編8 近世三』（新潟県，1980年）456-463頁。
38)　同前22頁。

あるが，後に詳しくみるように，こうした解釈はこの史料の本質からやや外れたものといわざるを得ない。以下この史料を詳細に検討していくこととしたい。

まず本史料は，本文冒頭に「万雑掛方存寄」と記されていることや，「此外段々考弁被仰付候ハヽ，御領分中万雑掛可申哉と奉存候」「右荒増と奉申上候」といった表現から明らかなように，検討を「仰せつけ」られて，意見（存寄）を「申し上げ奉る」，という形が基本的な枠組みとなっている。県史の解説では，この関係を白勢家当主と番頭との間に想定しているのかもしれないが，万雑の払い方ではなく「掛方」についての意見具申なのであり，問題は白勢家の経営の内部に収まらない。つまり本史料は単なる自家経営上の覚書ではなく，藩からの諮問が実際にあったか，あるいはあることを想定したうえでの，献策という体裁を持っていることを，まずは基本として押さえておくべきである。

本史料中には一切実年代の記載がない。したがって県史が本史料の未年を安永4年と比定した根拠も明瞭ではない。そこで注目されるのは，史料後半に載る書状写の宛所となっている「白勢吉兵衛」であろう。現在知られている白勢家当主の中で，吉兵衛を名乗る人物は確認できないが，明和6年（1769）に家督を相続した4代長兵衛は「白勢吉兵衛の養嗣子」であるとされる[39]。この吉兵衛とは，初代白勢長兵衛の長女きよの夫で，新発田領赤渋組臼井村（現新潟市南区臼井）の名主川島茂右衛門の子息であった。初代長兵衛は自ら開発した土地亀新田（現新潟市北区上土地亀他）に人別を置いたため，早期に新発田城下の家を2代長次郎・3代庄次郎に譲ったが，両人とも初代長兵衛に先立って夭折した。そこできよと吉兵衛夫婦が「家の仲継」となったとされる。

未年を安永4年と解釈すると，4代長兵衛の家督後であるが，中継の養父である吉兵衛が後見的な立場で，実質的に経営を主導していたと考えることもできるだろう。しかし安永4年には寛延元年（1748）生まれの4代長兵衛は既に26歳で，家督相続後6年を経ており，未だ後見が必要であったかどうかという点で疑問が残る。他方当該書状写には，白勢家の「御隠居様」の存在を伺わせる文言があり，これを初代長兵衛のこ

---

39) 以下を含め新潟県農地部『新潟県大地主所蔵資料第六集　白勢家の地主構成』（1964年）による。

第7章　支配錯綜地帯における地域的入用　　209

とと考えると，未年は長兵衛の没年明和6年以前の，宝暦13年（1763）にも比定しうるであろう。しかし宝暦13年には，若年ながら3代庄次郎が存命中であり，中継としての吉兵衛の地位が確立していたかどうかには疑問も残る。

　この時期の白勢家の相続については，史料間の記述の齟齬などから実態が不明な部分もあり，現状ではこれ以上の考察が難しい。したがって本稿では，未年を安永4年とするか宝暦13年とするかは保留としておきたい。おそらく候補はこの両年に絞られ，いずれにしても前節で検討した天明万雑改革に至る18世紀後期に収まることには変わりが無い。

2　新発田領万雑の改革案

　新潟県史における「聞合書」の翻刻は，「郷杖」を「郷枝」としたり，本章前節でみた万雑役所の存在を念頭に置かず「万雑，御役所」のように読点を打ったりという形の，やや精度の低い翻刻となっており，内容を読み取ることが困難である。ただし現在原史料の所在が確認できず，原史料を用いた検討ができない[40]。やむを得ず推測も交え，とくに読点の位置を変え意味が通るように直すと，例えば冒頭部分は以下のようになる。

史料10
　　　万雑掛方存寄
　一　去ル巳ノ暮，三組江万雑御役所ゟ被仰出候ハ，庄屋名主方筆墨紙代，村々米宿入米代等，分通リニ而掛方，并郷枝（杖誤）・小遣之もの掛少，町宿・組宿ニ而名主郷枝（杖誤）なと惣而支度不仕訳，其外勤雑用と申も御定法ニ而御渡し方可被仰付旨ニ而，右之趣ニ御取計故，先近年石懸り代之外ニ石ニ百弐拾弐文取立と申義有之候処，右之銭御取取（ママ）無之，在中過分之くつろぎと申事ニ候，此外段々考弁被仰付候ハ，御領分中万雑掛可申哉と奉存候

　ここではまず，去巳年（安永2年もしくは宝暦11年）の暮に万雑役所か

　　40）　新潟県史編纂以後白勢家文書は新潟大学図書館に収蔵されるに至ったが，現在同館の白勢家文書中に当該文書を見出すことができない。

ら三組に対して命じられた内容が述べられる。それは大きく4点で，庄屋・名主方での筆墨紙代や村々米宿入米代などは全額ではなく一定の割合（＝「分通」）で掛けること，郷杖や小遣の者（の給銭）を減額すること，新発田城下の町宿や庄屋在所の組宿に名主や郷杖が出懸けたときの食費（「支度」）を給付しないこと，その他出役の際の雑用をすべて定法通りとすること，と解釈することができるだろう。これらの改革により，それまで定式の石懸り（すなわち前節でみた8升4勺）以外に1石あたり銭122文を徴収していたものが不要となり，大いに村々が楽になったとされる。そしてこの他にも検討を命じられるならば，さらに万雑を減額できるであろうと，献策の趣旨が述べられるのである。

　現在のところ安永2年もしくは宝暦11年に三組の万雑についてこのような改革が行われたことを示す史料は未見である。しかし例えば宝暦12年には，次のような記録が見出せる。

史料11[41]
　〇同（閏四月）十九日　郡奉行へ被仰渡御書付の趣
　　在中諸万雑内割等過分にて，百姓共致難儀候段相聞候，依之段々御吟味の上相減候様仰付方可有之候間，右の趣村々名主宅へ百姓共呼出，末々迄兼て呑込可罷在の旨，名主より申聞候様可申付候

　こうした万雑減額への試行錯誤が，先にみた延享期以後天明万雑改革に至る間にも繰り返されていたとみてよいであろう。そのような万雑役所側の動きを前提にして行われた献策が，本史料なのである。
　表4はこうして改めて読み取った本史料の内容を，ほぼ一つ書きごとにまとめたものである。まず新発田領での万雑改革については，第2か条目以下12点にわたって述べられている。このうち費目そのものの廃止の提案は金津竹巻入用および雪折竹持送り賃のみで，他は専ら金額の節減に関する提案となっている。中でも特徴的なのは，種々の普請に関する見積のあり方を改革する提案で，沼垂・新発田蔵所の建て替えや修復，

41）前掲「御記録巻之八　御当代記」。なお前節でみた**表1**の典拠史料にも「宝暦十二午年万雑御取縮一件申立書之内」として御家中糠藁代の見積に関する記録が載せられている。

第 7 章　支配錯綜地帯における地域的入用　　　　211

表 4　「聞合書」の構成

「万雑掛方存寄」	去る巳年（安永 2 年か）万雑御役所から三組に対し，庄屋・名主方筆墨紙代以下の減額が命じられ，近年石懸り以外に取り立てていた 1 石あたり 122 文の取り立てが無くなったので，在方が大変にくつろいだ。この他検討を命じられれば万雑を減らせるであろう。
	金津竹巻入用の領分割をやめて村方引受とし，雪折竹の新発田城下持送人足の賦課もやめて払い下げにしたらどうか。
	役人衆が在方へ出役の際は，百姓家ではなく名主・組頭宅を宿とし，やむを得ず百姓家を宿とする場合も名主方から賄いをすることとすれば，賄入用の内割はなくなるであろう。
	沼垂蔵所の建替・修復や年々の屋根普請下敷茅等の入用見積は，三組山嶋岡方組々で年番とし，3〜4 組の名主が藩の目付衆立会のもとで見積もりを出し，その通りに町人へ渡すか，組々で引き受けるにしても，見積は他組の者にさせれば百姓たちの疑いもなくなるであろう。
	新発田御蔵についても三組から名主をひとりずつ出して沼垂同様にしてはどうか。
	新発田と沼垂との間の米の移動について，近年のように万雑から支出せず，古来通り蔵所から舟場までは三組人馬で百姓役とし，舟場からの舟賃は領分割とするべきである。
	堤普請などは，掛役人の出役のうえで，組々からは庄屋代役名主を 2 名ほどずつ，現場の村からは名主残らず立ち会って，場所場所で見積もった人足高を組々に割り合い，日切りをして勤めさせるようにし，完成後に掛役人がまた出役して，仕様帳と引き合わせたうえで丁寧に普請を受け取るようにすれば，普請も丈夫にでき，人足も多く掛からず，また藩役人も詰めきりにならずに済むのではないか。
	所々の樋普請なども同様に見積りをし，完成時に役人が出役することにすれば良いのではないか。近年請負の水門・樋などがとかく粗悪である。
	川除杭出し等についても，同様に仕様帳を作成し，普請場ではその地の名主が世話をし，人足は前もって見積もった高を割り当ててそれ以上人足を使わないようにし，完成時に仕様帳と引き合わせて役人に引き渡すようにすれば，普請も丈夫にでき，人足も多く掛からず百姓のためになるであろう。近年所々の普請で人足の未進分が日料などとして百姓の負担となっている。御目付衆の出役で人足の無駄も減ってきているようであるがなお古来の通りとなるように命じてもらえば百姓のためになるであろう。
	継所では先触以上の余計人馬をあらかじめ詰めさせないよう，今後とも堅く申し付けてほしい。
	近年三組岡方とも上知以来小組となったが，庄屋元の諸御用は以前と変わらないので，現在は万雑も不足している。この点については藩の側で検討の方策もあるだろう。
	小規模な村では，名主の無役石を引くとわずか 5 石 10 石しか残らない村もあり，そのような村でも村小走，町宿入米代，筆墨紙代等は必要なので，この入用を万雑役所から受け取ると，納めた分の 2〜3 倍にもなる場合がある。このような小村では最寄数ヵ村でひとりの小走を雇ったり，名主も数ヵ村ずつ年番で勤めるようにし，休番の名主は百姓同様に諸上納をすることにすれば，万雑も不足しないであろう。三組・岡方だけでなく，領分全体この方法で万雑を減らせるであろう。藩で評議のうえ命じられれば領民の大きな救いとなる。もっとも小規模でも名主が必要な村，大規模でも寄せることが可能な村などもあるだろうから，藩の判断次第である。

	内割は決してしないようにしたい。近年猥りになり，特に山嶋組では多くみられる。やむを得ず内割をする場合には，万雑役所に届け出るようにしたい。また，近年寺社山伏などの奉加が多く，内割の原因となっている。今後は訳もない者に領分奉加などを仰せつけないで戴きたい。
	以上あらましの所を申し上げた。新発田領の年貢収納は古来より順当で，特に御手宛も行っているが，末々まで行き届いていない。第一庄屋・名主が他領に比べ権高なので，万雑や名前（人足）が多くかかり，下々が迷惑をしている。城下に近い三組は両者あわせて1石に5〜6斗，山嶋通は1石に1石4〜5斗までもかかり，百姓にどれほど手宛をしても助けにならない。このところの改革を命じて戴ければ永く百姓の安心となるだろう。
白河領の事例	白河領では先年は万雑繋ぎ等が多く百姓が難儀していたが，当代より柏崎役所で改革が行われ，現在は至って百姓に便宜となっているという。当年も御用金が賦課されたが早速調達がなされたという。刈羽郡野田村の年寄より以下の仕法を聞き取った。
	大庄屋給は組中現石高1石につき5合ずつを百姓から取る外は，雑用など一切割りかけない。かつ大庄屋は百姓と全く同様に諸上納物や人足役を勤めるが，役料は前述の5合のみである。この改革の当初は難儀をしたが，現在ではかえって倹約の結果，大庄屋達は以前よりも豊かに暮らしているという。
	名主給は支配村の現石1石につき1升ずつで，他に雑用の割りかけはしない。諸役諸上納も百姓同様に勤める。大庄屋給・名主給ともに，役高引きなどはなく惣高に割るので，大庄屋や名主自身の持高にも割り振られる。
	村々組頭給は1人につき米6斗ずつで，そのほかは引き物はしない。
	村小走給は，野田村の例では米2石4斗と銭2貫400文。
	領主へ勤める御中間に対して1人分金1両2分の与内を出す。領主からは6俵ずつの切米が与えられる。野田村からは7人を出している。
	家中への出人（の代金）として金2両3分ずつを出す。野田村では3人分を出している。
	柏崎役所への水夫給として米2斗8升を出す。
	郷蔵番給として現米1石につき米2合ずつを出す。郷蔵は柏崎にあり，郷蔵番は柏崎町人が勤める。
	現在の御役所の役人は，御郡代様1人，郡御奉行様2人，御代官様2人，御勘定衆6人，御手代衆5人，御足軽衆40人ほどである。
	大御目付様1人，横目衆12人，大目付は3月に交代があり，一年の任期の間一切門外に出ず役所内で立ち会う。横目衆は交代で絶えず郡中をまわり，何によらず大庄屋・名主の執務状況を聞き合わせて大目付に報告するという。
	柏崎役所にすべての役人の名を張り出し，不行跡があると横目衆がその名の上に黒星を付け，これが三つ重なるとその役人は暇を出される。賄賂等の不正や百姓に不為の筋があると星一つでも暇を出されるため，賄賂等は一切受納しない。大庄屋・名主も同様であり，郡中百姓にとって大きな便宜である。野田村では昨年差し出した額は銭87貫のみであった。
	大目付の交代に際しては，新旧大目付は一切対面せず，先大目付が白河に戻る際に，横目衆を6人引き連れて領内を残らず廻村する。この際に依怙贔屓や政務の滞り等があれば申し出るよう触出されるので，近年は皆が慎むようになり訴願も減少した。こうして近年懸り物が減り百姓が喜んでいるので，御用金なども速やかに調えられた。

第7章　支配錯綜地帯における地域的入用　　　213

	以前は大庄屋・名主ともに足前役を取っていたが近年取りやめとなった。これは百姓が訴願したのではなく領主側の判断で取りやめ，大きな百姓の利益となった由である。
	横目衆が廻村をする際には，大庄屋・名主の手で政務が滞っていることや百姓が迷惑していることがあれば包まず願い出るように仰せつけられる。また横目衆は他領の隣村に泊まって白河領の噂を聞き合わせるとのことである。
	村々では長百姓の内から年寄役両名を定め，年々の諸上納物や郡中繋ぎなどはすべて年寄役が割符をし，帳面を名主に渡した上で名主方で取り集める。名主・組頭は割符の実務には関与しない。名主・組頭の筆墨紙代は1年で1貫200文ずつの由である。
	人足の世話も年寄役が行い名主・組頭は関与しない。この世話に際しては人足2人ずつを貰い，1人20文ずつの由である。
	以上白河領では大庄屋・名主給の定めがあり余分な割り方がないので惣百姓の利益となっているとのことである。これは昨年の5月に聞き取った情報である。
長岡領の事例	組々に代々割元・一代割元という者がおり，これが大庄屋にあたる。組内で人柄の確かな名主を一名目付役とし，割元より上座において諸割符等すべてに立ち会わせるので，余計な割符は一切無い。しかし様々な上納物が多く百姓は迷惑しているという。1町の田地を持つ百姓の作徳が4斗俵2俵のみである由，万雑は1石につき米8升ほどで済む由。
加治領（三日市藩）の事例	加治領向中条村は村高1176石余，納石504石余である。
	大庄屋所諸郡中書役郷走并村入用，庄屋組頭所々罷出雑用，年中筆墨紙代とも銭36貫792文。1石につき72文。
	大庄屋所書役郷走庄屋組頭蔵番給，小走給ともに米11石2斗。1石につき2升8勺。
	足役賃銭越石抱持等1石につき100文ずつ。
幕領水原支配所の事例	水原御支配飯島新田は村高169石4斗6升2合6勺，うち6石7升無開発石除。
	年中郡中入用3貫981文。これは御役所入用表，郡中支配の庄屋の諸方出役雑費，廻米新潟納請納取方，大阪江戸納方廻米沖上乗，上納金江戸往来，御用につき水原・所々出役等の諸事入用。
	年中村入用13貫92文。これは村庄屋方の年中筆墨紙油蝋燭代，御用水原詰宿払，組頭方同断，廻米納百姓代新潟宿払，水原役人御泊検見入用。
	自普請入用2貫900文。往来橋1ヶ所，作場道橋3ヶ所。
	庄屋・組頭・小走・野守・御囲籾蔵地代・蔵番給ともに米5石9斗3升。1石につき3升5合。
	他村より掛持の足前賃銭1石につき200文。居懸百姓が農業間に勤めるので100文計の費。
	御代官様秋下り御廻村・御検見は，手代衆同道で2手3手に分かれ1日に7・8ヵ村から10ヵ村も廻る。朝六時から仕舞は提灯で上がる。人足・賄いは前記の万雑銭の内で弁ずる。
吉兵衛書状写　2月18日付白勢藤野権兵衛宛	時候挨拶，先日御馳走の礼。
	米取引の概況。正米買い入れたが買人なし。新発田米，三分一米（幕領金納のための放出米か）等の相場予想。
	昨日御隠居様御話の一件につき，「御両人様」に問い合わせた結果を別紙で申し上げる。連絡を取り御両人様と直接話をしてほしい。

上記書状の別紙か	当時相場報知　長岡米・白河米・新発田米・町米・大豆・銭。
	当年の登せ米の高は4万俵くらいで，正確なところは不明である。まずは4万俵で，それ以上は2・3千俵位の出入りであると，「御両人」がおっしゃっている。
	金子御利息は先日1両2分と申し上げたが，私の聞き間違えであった。このたびよくよく聞くと，100両毎に1両2朱とのことである。
	当年の地払いは4万俵以上なさるとのお話である。このうち去暮に7500俵，当春に5000俵の御払い（が既になされた）
	御登せ米の大坂での売払平均値段と地払値段を比較すると，地払いの方が1割7・8分通り良い。もっとも3年に1年ほど，大坂で良い時節に売れると地払いより高く売れることもある。まず近年は登せ米は損になるので午年は廻米を休んだ。しかし御用方がたって願ったのでやむを得ず当年は3・4万俵も登せることとなった。
	米運賃については，米値段が下がり2割2分では高くつくので，2割1厘と定めた由である。
	長岡表での御役人様の倹約や，米売方諸懸りを吟味し近年は粗末な様子がなくなったとのことで，財政状況も良く，この5・3年は御領分への才覚金等一切ないとのことである。そのほかの件は追々申し上げる。この間は御両人はことのほか大取込であったとの由である。
	4月上旬に殿様が当地へお廻り遊ばされ4・5日も逗留なさるとのことで，六右衛門殿が在陣し町を見分するなど，検断御両人はことのほかお取り込みであった。しかし一昨日承ったところでは，おいおい詳しく問い合わせてみようとのご内意であった。

未年「聞合書」（『新潟県史資料編8近世三』所収）より作成

川除に関する堤・樋・杭の普請など，全体の半数近くがこの見積に関するものとなっている。

　これらに共通した考え方は，名主が交代で藩役人と共に見積を担当し，また普請の監督も名主たちが行い，完成後にその仕様帳通りにできているかを監査した上で藩役人が丁場を受け取る，という手順にまとめることができる。この方法の利点は，費用の減少が図れると共に普請の質が向上する（「御普請ハ丈夫ニ出来」）点にあるとされるが，これは「第一近年所々水門・樋なとも請負ニ被仰付候故，不丈夫ニ而，多堤通り切候と申ハ，不残圦樋之場所切申候」との記載からもわかるように，当時一般的であった請負での普請では，しばしば手抜きが行われ，そうした手抜工事の箇所で水害が頻発しているとの認識に基づいている。また名主による交代の見積にすれば「百姓うたがひも有之間敷哉と奉存候」と述べていることからは，費用水増しに対する疑惑も存在していたことが窺える。

　このような提案は，村々の名主を藩行政の中に官僚として位置づけた

うえで，個々の利害から離れて公共に奉仕させ，その元で「公正な」地域的入用の運営を期待するという性格を持つものと捉えることができるだろう。御用や公共の用務が私的利害と結びつくことで万雑が増額するとみるこのような立場は，例えば蔵所間の米運搬を万雑からの出銭（おそらくそれによって雇われる駄賃取りなど）に頼らず百姓の夫役に戻すべきだとした主張にも窺うことができる。また，藩役人の村々への出役に際し，一般の百姓家に宿泊すると万雑による出費が必要なので，名主宅で賄いをするべきだという主張も，そうした賄いを名主が対価なしで担うべきだという主張とみられ，共通した認識に支えられているものとみられる。

しかし一方でこのような名主などの役割への期待は，他方で問題もあることが認識されていた。このセクションの末尾にあたり「（新発田領では）第一庄や名主ハ外御領分ゟ権高ニ而万雑足前多懸候故，至而下々迷惑仕候」と述べられているのは，その点を端的に示している。他領に比べて藩政機構の中での官僚としての位置づけが顕著な新発田藩領の庄屋や名主は，その「権高」な地位故に多額の万雑を必要とする側面もあるというのである。例えば本史料でも，三組・岡方組では上知以後組の規模が縮小したにもかかわらず庄屋の担う御用が減じていないという問題が指摘されている[42]。またさらに踏み込んで，小さい村には個別に名主や小走を置かず，数ヵ村でまとめてはどうかという大胆な提案にも至っているのである。もちろんこれらは藩の支配機構の根幹に関わる問題であり，基本的には「御上ニ而御考弁」に委ねられてはいる。

このように「聞合書」における万雑改革の提言は，非常に踏み込んだものとなっているが，ここでさらに注意しなくてはならないことは，それが庄屋や名主の「権高」を問題とし，一方で彼らの対価なしの奉仕に期待をし，また「百姓うたがひ」を指摘するという面から浮かび上がってくるように，そうした庄屋・名主を外から縛ることによって，「百姓くつろぎ」を実現しようというその立場であろう。この時期の白勢家は既に才覚金の引受等は行っていたが，藩内の公的な役職には就いていない。そのような立場からの提言であることが，この史料の大きな特徴と

---

42) 前掲註6)でみたように，この問題が顕著に表れるのは宝暦5年から13年の間と考えられ，本史料の年代比定と関係する可能性がある。

なって表れているともいえるだろう。

3 周辺諸領の情報

続く他領の情報の部分は，本史料が「聞合書」と名付けられた所以のものである。扱われているのは白河藩領[43]，長岡藩領，三日市藩領，幕領水原代官所支配地の4つで，白河藩領では刈羽郡野田村（現柏崎市野田），三日市藩領では蒲原郡向中条村（現新発田市向中条），水原代官所では飯島新田（現新発田市飯島新田）の具体例があげられている（長岡藩領では具体的な村をあげていない）。

これら村々のうち，飯島新田には白勢家の所持地が多く存在するが，他の野田村や向中条村には少なくとも安永期頃までに白勢家が土地を取得した形跡はみられない[44]。それでも向中条村はまだ近隣であるが，野田村はかなり離れた位置にある。この野田村の事例は4者の中で最も詳細であるが，概村で年寄を勤める津兵衛という者から昨年5月に聞き取った情報であるという。この津兵衛と白勢家がどのような関係があったのか，現在のところは不詳であるが，意図的に収集された情報であることは明らかである。すなわちこれら他領の情報は，白勢家の所持地を含むがそれだけではなく，自らの地主経営の範囲を超えて広く情報収集をした結果がまとめられているのであった。こうした点からも，この「聞合書」が単なる経営上の覚書でないことは明らかであろう。

先述のようにこのセクションにおいて，白河藩領野田村の記述は最も詳細である。それは白河藩領では近年改革が行われ，「只今ハ至而百姓方宜相成候」という認識によるものであった。その特徴は，大庄屋・名主[45]の役料が低額に抑えられてそれ以外の雑用の割り振りがないこと，大庄屋・名主に無役石などがなく百姓同様に持ち高すべてに掛かる諸役や上納物を納めていること，大目付配下の横目衆の役割が徹底しており藩役人や庄屋名主の不正が抑制されていること，村内の諸賦課も名主組頭以外の年寄役が行うこと，などであり，まさに新発田藩領における庄

---

43) 陸奥白河藩久松松平氏は寛保元年（1741）の転封以前に高田を城地としていたことから，転封後にも越後に多くの飛び領を有し，柏崎に陣屋を置いて支配した。

44) 前掲『白勢家の地主構成』。

45) 実際の白河藩領では組を管轄する役人は大肝煎，村を管轄する役人は庄屋と呼ばれるが，本史料では新発田藩の呼称にあわせてこう表現している。

屋・名主の「権高」なあり方の対極にあることが強調されていることがみてとれよう。

続く長岡領，三日市領，幕領の記述はこれに比べると簡素である。長岡領では組における公正を期した割符のあり方が示され，万雑は1石につき8升ほどとされるが，他の細々とした上納物が多く百姓は難儀であるという。三日市領と幕領では，具体的な費目のあり方の紹介に重点が置かれているが，例えば三日市領の上納高は，三組で1石につき5・6斗，山嶋通では1石につき1石4・5斗にもなると記されている新発田領の額に比べると，相当に少ないようにみえる。

こうしてみると「聞合書」のこの部分は，周辺他領の事例を挙げて前半部の提言の根拠としたものであることが明瞭であろう。

最後に末尾の二つの部分について触れておく。2月18日付藤野権兵衛書状で「御両人聞合」の様子を「別もの書付申上」としていることから，最後のひとまとまりがその別紙に相当するのであろうと思われる。書状そのものは商人相互の書翰に通常みられる商況の報知であるが，別紙において述べられるのは，いずれかの藩における大坂廻米と地払いとの配分の見通しに関する情報である。ここで状況判断のための前提として「長岡表御役人様御倹約」に触れられていることから，この藩は長岡藩であると推測でき，その「殿様」の訪問の準備に忙殺されている情報源の「御両人」は，新潟町の検断であると推測できる。したがって藤野は新潟町の商人であると判断される。しかしながらこの情報自体は，その前の万雑改革提言，またそれと連関した他領の情報と直接の連関はなく，なぜここにこれが写されているかは現在のところ不明というほかない。

以上，「聞合書」の検討を行ってきた。この万雑改革に関する提言を白勢家が実際に藩（あるいはいずれかの庄屋等）に示したかどうかは不明である。しかしこうした提言を領内の大地主が行い得たことは重要である。それは他領，例えば万雑改革に成功したとされる白河領の例をあげて新発田藩の万雑の問題点を指摘し，例えば庄屋名主の「権高」なあり方を相対化する視点を，領民の側が獲得していたことを示すからである。藩による18世紀後期の万雑改革は，こうした領民の視線とも対峙しつつ行わなければならなかったことに，注目する必要があるだろう。

おわりに

　以上本稿では，主に18世紀後期の新発田藩における万雑改革の過程を検討してきた。万雑は中世の万雑公事を淵源とするその名称からも示唆されるように，本来は領主が賦課する雑税の範疇にあったと思われ，ごく大きな流れとしては，これが組・村を主体とする地域的入用として捉え返されていくという見方は，間違いではないだろう。

　しかし例えばその中で，藩から在地に万雑運営が委ねられた画期と目されてきた天明万雑改革に至る過程の詳細な検討を通して明らかになったことは，三組と岡方山嶋組々が異なる経緯をたどっていたことや，元文期以来の藩の積極的関与の中で，様々な農民負担が組み合わされ「万雑役所」がこれを扱う方式が成立していったこと，こうした万雑役所の機能は，天明万雑改革後も一部存続したこと，このような藩の積極的関与に対しては，庄屋・名主層の側からの要請もあったこと，等々の，やや複雑な歴史過程である。こうした過程の中で，先述した大きな流れとは逆に，藩の側がこうした地域的入用を諸雑税とともに掌握していく動きも，また一時的にはあり得たといえるだろう。このような動きは，一面で庄屋・名主が官僚的性格を強く持つような，新発田藩の地方支配の特質と関わっている可能性もあるだろう。しかしそのことは，他領の事例等との比較によって今後慎重に検討していかなければならない。

　一方支配錯綜地帯にあって新発田藩は，このような万雑改革に際して，周辺他領の情報を収集し，上述した新発田藩の庄屋・名主のあり方を「権高」と相対化して捉える視点を獲得しつつ，独自に政策の提言を行いうるような一部の領民の存在をも，前提にしつつこれを進める必要があった。情報の流通が地域にもたらす事態の，日本近世におけるひとつのケースとして，このことの持つ意味は大きいであろう。本章ではそのような局面が存在した事実を示すにとどまったが，こうした支配領域を越える情報の流通が，藩の地域支配なり大庄屋層の地域運営なりにどのような影響を与えるのか，今後は上知前後の組の変化など別の側面からの検討も含め，さらに具体的に明らかにしていく必要があるだろう。

第7章　支配錯綜地帯における地域的入用　　　　　　　　　219

　本章で中心的に検討した18世紀後期は，新発田藩において様々な改革が進められた時期に当たる。地方支配に関係するものだけでも，検地に匹敵する大規模な土地調査である天明の地改めをはじめとし，社倉制度や除米制度の創設等が集中して行われている[46]。本稿で明らかにした万雑改革の流れを，こうした一連の改革政治の中に再び位置づけること，さらに安宅が詳細に明らかにした19世紀以後の流れとどのように連接していくかを見極めることは，なお大きな課題である。

付記1　新発田市立図書館所蔵資料の調査・閲覧に際しては，同館館長鈴
　　　　木秋彦氏，新発田市古文書解読研修会鈴木博氏に多大な便宜をはかっ
　　　　ていただきました。末筆ながら記して感謝申し上げます。
付記2　本稿は2012～2014年度科学研究費補助金・基盤研究（C）「藩地域
　　　　アーカイブズの基礎的研究——新発田藩を中心として」（研究代表者：
　　　　原直史／課題番号24520741）による成果の一部である。

---

46)　前掲『新発田市史上巻』等による。

第8章

清国における海産物市場の形成と市場情報
——明治20年の清国調査を中心に——

麓　慎　一

　　　　　　　　　　　　は　じ　め　に

　近世における北海道の海産物は，江戸幕府の統制下におかれていた。それらは，「俵物」と呼ばれ北海道から長崎を通じて清国に売買されていた。しかし，明治維新によりこの統制は崩壊し北海道の海産物は日本人と清国人による自由な売買の対象になった。明治政府は，北海道の海産物が清国商人との価格競争による売買価格の低下を防ぐために広業商会という組織を立ち上げた[1]。

　この広業商会は，明治十年代でその役割を喪失した。北海道庁は，明治21年（1888）になって，この広業商会の役割を担う「日本昆布会社」を立ち上げて海産物の流通を再編することを企図した。北海道庁は，この再編のために清国における海産物市場の情報を得る必要があると判断した。

　本稿は，この情報の収集過程を分析するとともに，この情報が流通の再編に果たした役割を明らかにすることを課題とする。この海産物市場

　1）広業商会については多くの研究がある。たとえば間宮国夫「明治初期における直輸出会社の設立と展開」（『社会科学討究』9巻3号，1964年）や木山実「明治9年設立『広業商会』の国産会所的性格」（『経済論集』〔愛知大学経済学会〕158号，2002年）などがあげられる。近年の代表的な研究として籠谷直人『アジア国際通商秩序と近代日本』（名古屋大学出版会，2000年）と黄光栄『近代日中貿易成立史』（比較文化研究所，2008年）がある。黄は広業商会が清国商人に融資を行っていた点などを指摘して，広業商会と「華僑通商網」の依存関係にも分析を及ぼす必要性を喚起した。

の調査については鈴木旭が『函館市史』の「貿易通商圏の拡大」(第六章第四節)で言及している。鈴木は,「日本昆布会社の設立」において,昆布市場の視察が「昆布諮問会」の開催につながり,さらに「日本昆布会社」の設立と「昆布生産連合組合」の結成に繋がったことを指摘している。また,鈴木は,昆布市場の視察が実施される直前の状況について,視察後に作成された「復命書」に依拠して,昆布市場が極めて不振な状態にありその原因が清国商人による昆布の流通と売買の掌握にあった,と述べこのような事態に対処するために清国における昆布市場の調査が行われた,と位置付けている[2]。すなわち,昆布の一元的集荷を図るために生産者の連合組合組織を立ち上げ,昆布の直輸出と販売業務を担当する特約会社を設置して,昆布の流通過程を一元化して清国商人を排除し,市況の回復を図ろうとした,と捉えられている。

　本稿は,この鈴木の分析を踏まえつつも,実際には分析の対象になっていなかった根室支庁勧業課赤壁二郎・北海道共同商会会頭遠藤吉平・昆布事業者鹿島万兵衛の清国調査を検討して,彼らがどのような情報を獲得し,それが昆布の流通の再編にどのような影響を与えたのかを明らかにする。

第1節　赤壁二郎・鹿島万兵衛・遠藤吉平の調査

　最初に,清国調査が実施されることになった契機を明らかにしておきたい。岩村通俊北海道庁長官は,明治20 (1887) 年5月,全道郡区長会議において北海道の施政方針を明らかにした。その施政方針の一つは「水産物製造ノ改良及ビ販路ノ拡張」であった。岩村は次のように述べる。北海道の水産物の中で鯡・鰯・鮭・鱈・昆布が重要である。これらの水産業を活性化させるために二つの方策を採った。第一に,魚粕の改良・魚油の製造・魚類蕃殖の方法などを研究させるために明治19年 (1886) に官吏をアメリカ合衆国に派遣した。第二に,魚類・昆布の販路を拡張させるために明治20年(1887)に官吏とその売買に経験のある者を選んで,

---

2) 鈴木旭「日本昆布会社の設立」(『函館市史』通説編2巻,1990年) 76頁以下。

第8章　清国における海産物市場の形成と市場情報　　　223

清国に派遣して実況を検討させる[3]。前者のアメリカ合衆国における水産調査は，北海道庁の伊藤一隆によるそれを示唆している。後者が，赤壁二郎・鹿島万兵衛・遠藤吉平による清国調査を指している[4]。このように，清国調査は岩村長官による「水産物製造ノ改良及ビ販路の拡張」の方策として実施されたのであった。

　岩村は，明治20年（1887）3月11日，総理大臣の伊藤博文に「庁員等清国派遣ノ儀上申」を出して，赤壁二郎と遠藤吉平（函館区共同商会会頭）の清国における海産物調査の許可と予算措置を求めた。この上申書は次のように述べる。清国は土地と人口に比較して沿海地域は少なく，魚介類を他国に求める必要がある。日本から清国に輸出する魚介類は一年に300万円ほどであるが，その中で北海道のものは60万円にも達する。さらに輸出を増やすために清国の状況を探り，彼らの嗜好だけでなく調理や貯蔵の方法を調査して，それに対応する製法を改良する必要がある[5]。このように二人の派遣の必要が上申され，3月18日にその許可が下りた。

　さらに岩村は，明治20年（1887）5月13日，伊藤に「水産営業者清国

　3）「岩村長官施政方針演説書」（『新撰北海道史』6巻史料2，1936年）657頁。
　4）遠藤吉平は，天保12年（1841）3月15日，新潟県北蒲原郡中村浜に生まれ，明治10年（1877）に函館に商店を開いた。その後，函館商工会議所・函館セメント会社・北海道共同会社・百十三銀行などの設立に尽力し，明治23年（1890）に函館区会議員に当選した。彼は，事業家として海産物の粗悪な荷造の改良に尽力したとして，明治42年（1909）年11月，「藍綬褒章」を下賜されている（『公文雑纂』明治42年・第4巻・内閣4〔国立公文書館所蔵，纂01108100〕）。
　赤壁二郎は，安政5年（1858）5月21日，富山県射水郡杉三ヶ村に生まれ，札幌農学校を卒業し農学士となる。彼は，明治15年（1882）12月に根室県御用係判事となり，その後，根室支庁において勤務し，明治31年（1898）11月には根室支庁長に任命された（吉田千萬「赤壁二郎の足跡」『根室市歴史と自然の資料館紀要』21号，2007年〉を参照した）。
　鹿島万兵衛は，嘉永2年（1849）11月5日，江戸堀川町で生まれ，横浜で砂糖の仕入れを行い，その後は紡績業に従事した。北海道における海産物事業に成功し，その関係から上海・天津・台湾などに数回にわたって旅行し，詳細な記録を残した（「鹿島万兵衛履歴」〈『土屋家旧蔵文書』東京大学経済学部所蔵，78-5〉ならびに『鹿島万兵衛記録』〈北海道立文書館所蔵〉を参照した）。
　5）『公文雑纂』明治20年，27巻，元老院北海道庁府県（国立公文書館所蔵，2A-013-00・纂00066100）。赤壁二郎については水産事業に精通し，英語が堪能であることが，遠藤吉平については，明治維新以来，清国との取引に従事した経験がその派遣の理由として挙げられている。二人に与えられた「調査スヘキ要件」は，①これまで輸出してきた水産物の売買の手続き，②消費の実況，③将来の貿易と需要に変化や増減を起こす理由，④これまで輸出していなかった水産物の売買の見込みの4点である。

派遣之義上請」を提出して鹿島万兵衛を赤壁らの調査に加えることを上申して，5月27日に許可された。鹿島万兵衛については，北海道において「許多ノ昆布場及魚場」を有していることがその派遣の理由になっている[6]。

このような経緯で三人の派遣の許可が下りたのであった。

次に，三人の旅程を確認しておきたい。彼らは，明治20（1887）年10月9日，長崎を出発して，10月10日に上海に到着した。上海を10月21日に出発して芝罘（煙台）・牛荘を調査して11月10日に天津に到着している。ここで赤壁二郎は，単独で北京に向かい，遠藤と鹿島は寧波の調査に向った。その後，上海に集まった後，12月27日に香港に到着し，汕頭を調査し，再び明治21（1888）年1月25日には上海に戻った。三人は，2月1日に上海を出発して鎮江・安慶府・黄州府を通って，2月25日，漢口に到着した。この後，鹿島と遠藤は帰国することになり，赤壁はさらに四川の重慶に向かっている。鹿島と遠藤は，3月2日，長崎に到着し，赤壁は6月下旬に日本に戻って来た。

おおよそこのような旅程で清国における海産物，とりわけ昆布の市場調査が実施された。彼らが調査した内容を具体的に分析する。

1　赤壁二郎の調査

赤壁は，明治21年（1888）2月7日，上海からこれまで調査した内容の中で早急に報じた方が良い，と判断した情報を「北海道水産物清国販路実況」（以下「販路実況」と略記する）と題して『北水協会報告』（34号，明治21年5月）に掲載した。赤壁が「販路実況」で最初に報じたのは，日本産昆布とロシア産昆布の流通状況だった。それによれば，上海以南においては日本産の昆布のみが流通していたが，芝罘以北では日本産とロシア産の両方の昆布が流通していた[7]。しかし，牛荘ではロシア産の

---

6) 『公文雑纂』明治20年，27巻，元老院北海道庁府県（国立公文書館所蔵，2A-013-00・纂00066100）。赤壁と遠藤は，沿海地域だけでなく内陸部の調査も求められていた。一方，鹿島は沿海地域を調査して，二人に先立って帰国する予定であった。しかし，鹿島についても旅程の延長が途中で認められ，予定よりも長期にわたって調査をすることになった（「清国派遣者日延ノ義上請」明治21年2月10日，北海道庁長官岩村通俊上申，『公文雑纂』明治21年，37巻，元老院北海道庁府県〈国立公文書館所蔵，2A-013-00・纂00114100〉）。

7) 芝罘における日本産昆布とロシア産昆布の競合やロシア産昆布の清国市場への流入過

昆布がほとんどで，日本産の昆布は極めて稀にしか流通していなかった。

次に赤壁が注目したのは，昆布の新旧による価格差だった。昆布の価格は産地である日本での状況と異なり，清国の沿海地域では新しい昆布と古いそれの価格差はとても小さく，古い昆布でも腐敗の兆候が認められないものは新しい昆布と同様に取り扱われていた。赤壁は，この新旧の昆布の価格差に関連して明治20年と明治19年の日本産昆布について次のように報告している。明治20年産の昆布は，明治19年産のそれと比較すると品質が劣っていた。具体的には「短尺」の昆布が混入していて，砂も付着した状態で，乾燥も十分ではなかった。明治20年（1887）の「三場所」および釧路の昆布は，最低の品質だった。赤壁は昆布の製造の良し悪しが価格に大きな影響をあることを報じたのであった。

また，昆布の価格は，明治20年（1887）10月以来低調であり，その12月から少しだけ値を戻したにすぎなかった[8]。このような昆布価格の下落の理由を赤壁は二つあげている。第一は，函館に昆布が過度に集積された，という点である。これは昆布の産地には貯蔵施設がないことと製品の検査が簡略なために採取されるとすぐに函館に昆布が輸送されていたためであった。昆布漁の時期になると一挙に大量の昆布が函館に集まり価格の低下を招いていたのである。第二は，生産量が多量になるという予想が価格の低下を招いていた。清国商人は，明治20年（1887）の昆布の生産量が過剰になり，価格が下落する，と予想して買い入れを控え

程については，ロシア史研究者によって分析が加えられている。原暉之は，この芝罘や牛荘へのロシア産昆布の進出について先駆的な研究を行っている。原によってロシア産昆布の清国への輸出とそれが日本産昆布と競合する点について多くの指摘がされているが，ここでは以下の点に特に留意したい。①清国に輸出されている昆布が陸路では琿岐・琿春・寧古塔・牛荘（営口）に，海路では芝罘・上海に輸送されていたことである。②セミョーノフが，清国では下等種の昆布にも需要があり，販路の拡大の機会があると考えていた点である（同「清国コンブ市場をめぐる日露関係」《『北海道の近代と日露関係』札幌大学経済学部附属地域経済研究所ブックレットNo.9, 2007年》）。東アジアにおけるロシア産昆布の状況については，神長英輔「コンブの道」（『ロシア史研究』88号, 2011年）によって研究がさらに進められている。

8）昆布の品質の低下を防止しようとする試みは広業商会の時代から行われていた。本章が対象する時期ではその方策の一つとして品質の検査が強化されていた。北水協会の齋藤承明が『北水協会報告』（34号，明治21年5月）に掲載した「本道漁民の注意を促す」によれば，明治21年（1888）2月1日，上海に「昆布検査所」が設置され，日本から清国に輸出される昆布はここで検査を受けることになった。齋藤は，これを踏まえて昆布の「製造に注意し不正の粗品を以て一時の奇利を貪ぼるを止め」るように北海道漁民に注意を喚起している。

た。これによって昆布の在庫が増えて，価格が下落したのである。第三は，これまでは昆布を一つの商社に任せていたものの，明治20年（1887）にはそれが分散して競売が激しくなったためであった。昆布の購買者に有利な状況が生まれたのである。報告は，このように明治21年（1888）における北海道産の昆布の清国における状況を説明した。

　赤壁は，現地の状況を踏まえて昆布の流通の問題点を理解するに至った。さらに，彼は清国調査で日本産昆布と競合する外国産の昆布を入手してその分析を試みている。赤壁は，これより先の明治20年（1887）11月，ロシア産昆布（二束）と三種類の朝鮮産昆布を鎮江から北海道庁に見本として送った。函館の仁木理事官は，明治21年（1888）2月29日，この見本を受け取った。しかし，それらの見本は取扱いが悪く大半が腐敗していた。仁木理事官は，それでも昆布の業者にそれを見せれば参考になるのではないか，と考え，平出喜三郎（函館区物産商取締）と工藤彌兵衛（水産商取締）に分析させた。彼らは分析の内容を「見本昆布品評書」として提出した。彼らは次のように評した。朝鮮産の昆布についてはあまりに少量であるために評価できない。一方，ロシア産昆布は，サハリン島の西海岸のもので品質は下等であるが乾燥が十分である。それゆえ，形状も十分に保全されている。それらは青森県下北郡北浦の昆布に類似している。ロシアのサハリン島の昆布は，清国の天津地方に直輸されていて，この地方の「下等人身」の嗜好に適しているようである。この昆布は，明治20年度にあっては16,000石にもなっている。もし日本で取れる同程度の昆布を輸出したとしても日本から輸出する場合には，「輸出税」を支払わなければならないことや輸送費が割高になり利益をあげることはできないであろう，と算定された。

　賃金についてもサハリン島では「山丹」・「満州」の「土人」がその採集に使われており賃料が低額に抑えられている，と指摘する。このような点から，ロシア産の昆布は北海道産の昆布と比較するとその品質は劣等であるが，「需要の途を増加する」であろうと結論付けられている[9]。

　平出と工藤は，鎮江から送られてきたロシア産昆布の品質だけでなく，清国における日本産の昆布との競争を念頭に置いて論評を加えたので

---

9)「見本昆布品評書」（『北水協会報告』33号，明治21年4月）26頁以下。

あった。その結論は，ロシア産昆布の前途が有望である，ということだった。

　赤壁は，帰国後の明治22年（1889）1月19日，小樽倶楽部で開催された北水協会の「臨時談話会及議員会議」で「清国輸出水産物の前途」と題して演説を行っている[10]。ここでは昆布に焦点をあててこの演説を紹介する。彼は言う。日本が清国に輸出する水産物は現在，300万円にも達している。その中心は，鰻・海参・鮑・寒天・昆布である。四川地方は，日本の昆布類を消費することで有名であるが，実際に昆布を食べているのは100人の内，数人でしかない。もし，その価格を下げることができればその需要は増大する。それゆえ，価格を下げることが重要である。

　しかし，ここで問題になるのは昆布市場における外国との競争である。盛京省の牛荘ではロシア産の昆布に市場を奪われてしまっている。さらに，南方の天津では3年ないし4年前から日本産の昆布とロシア産のそれが競争——「戦争」——している。赤壁が，実際に天津地方の状況を視察してみると日本産の昆布はかなり劣勢であった。日本産の昆布が，ロシア産のそれを凌駕しているのは揚子江の沿岸と四川地方であるが，これも油断すればロシア産の昆布にその市場を奪われる可能性がある，と彼は指摘した。

　このように赤壁は，清国における調査を踏まえて昆布市場の状況を報告した。ロシア産昆布の清国市場における勢力の拡大，という状況に危機感を持ち，それについて警鐘を鳴らしたのであった。

　赤壁が清国における調査の過程で送付した「北海道水産物清国販路状況」と彼によって送られた昆布の評価を記した「見本昆布品評書」，さらに帰国後に実施した「清国輸出水産物の前途」と題する演説を素材にその調査の内容を考察した。これらはその主眼であった昆布について詳細に考察を加えていた。次に，赤壁が清国の水産業の全体的な状況を北海道の水産物との関係から分析している報告を取り上げたい。これによって彼が北海道の水産物と清国の関係を全体としてどのように捉えていたのか，という点を示しておきたい。

10）「清国輸出水産物の前途」（『北水協会報告』43号，明治22年2月）8頁以下。

赤壁は,「清国需要水産物の供給者は我が北海道なるへし」と題して清国調査の状況を,明治21年(1888)10月20日に開催された北水協会の「月次小集会」において発表した[11]。赤壁は,清国での実地調査を踏まえて,日本から清国に輸出する水産物は,今後,さらにその輸出額を増加させるであろうと予想する。この予想には次の三つの根拠があった。

　第一は,清国の漁業が衰退の傾向にある,という認識である。赤壁は,北は盛京省の牛荘から南は広東までの沿海を航行し海岸を見る機会があった。その海岸で樹林を目にすることは無かった。もともと清国の海岸は樹木が少ないのであるが,内陸に入れば材木の産地として有名な福州・湖南・盛京省などがある。福州の森林は海岸から300から400里も上流にあった。しかし,ここ4年から5年の間にそれらは伐採されてしまっていた。それゆえ,さらに60里から70里も入らなければ木材を入手することはできなくなっていた。このままでは,10年もたてば100里ほども山奥に入らなければ材木を得られなくなるだろうと予想する。さらに,そのような場所では切り出した材木を河川を利用して運送することも困難になっていた。赤壁は,すでに福州は「木材産地」の名を失った,とまで評している。

　このような乱伐は自然災害をもたらしていた。盛京省の材木は牛荘近郊の海域に運送されていた。住民に地図を示してこの地方の状況を聴取してみると彼らは黄河と揚子江の状況について次のように話した。黄河は昔から「漲水の害」(洪水)が発生していたが,近年では揚子江の水害がひどい状況になっている。これは水源や海岸の樹木を伐採し,天然の「堤防」を破壊してしまったからだ,というのである。乱伐によって海岸の樹木も少なくなり,内陸部も同様な状況になり,それらは洪水を誘発する原因になっていたのである。これらは,結局,魚の成育を阻害し海岸に群来することを少なくさせる,と赤壁は評している。

　第二は,清国の広東・香港・福建・上海・天津などで勃興している製造業の発展の問題であった。海岸に設置された製造業の工場から「水族に有害」なものが海中に投機されるようになっていた。かつてはその量は多くなかったが,工場の増設とともにその量が増加してきていた。こ

---

　11)「清国需要水産物の供給者は我が北海道なるへし」(『北水協会報告』40号,明治21年11月) 3頁。

れが清国における漁業の衰退を加速させる，と彼は考えた。

　第三は，汽船の往復が活発になったことである。漁業で有名な台湾・広東・福州・寧波などでは4年ないしは5年前から欧米人が争って航路を開設するようになった。赤壁が乗船した船の船長は，福建省の汕頭の漁民が減少したのは汽船が頻繁に往来するために漁業の利益が少なくなったからだ，と明言した。また，漢口にいたっては河口から漢口までに四つもの開港場があるために汽船の往来が激しく，この河川の漁業は衰頽してしまっていた。漢口での漁業はすでに「古老の口碑」であると形容されている。これが漁業の衰退の第三の理由であった。

　赤壁はこれらが「清国漁業の衰退を後来に招くべき主因」であり清国人が「外国に向て水産物を仰くことの益増加すべき」理由であるという。さらに赤壁は，清国における漁業は漁獲量・漁場・漁法などについて制限がほとんどないために稚魚まで濫獲する，という現状を指摘する。それゆえに清国の漁業が回復する可能性は低く，外国から水産物を輸入し続けなければならないのである。そして，その供給を担うのは日本であり，とりわけ北海道なのである，と彼は主張する。ここでは，昆布に限らず，清国の水産業の衰退が日本，特に北海道の水産物の販路の拡大につながるという見通しを彼は示したのである。

2　鹿島万兵衛の調査

　鹿島万兵衛が清国調査において収集した情報を分析する前に，彼がこの調査に加わることになった経緯を確認しておきたい。彼の清国派遣には北海道庁長官岩村通俊の意向があった。岩村長官は，明治20年（1887）5月7日，鹿島と長官邸で面会した。鹿島は，「支那行ニ付而差支ヘノ点ヲ上申セシニ」と清国行きについての懸案を話した。しかし，岩村は鹿島の清国行きは「早晩何れに而も都合ニ而宜シ」と鹿島の都合を考慮しつつ「九月出発ハ至極タリシトの事」と明治20年（1887）9月頃を提案した。そこで鹿島は「辞退スルノ廉ナク」と清国行きを最終的に決した[12]。

　彼は，札幌における岩村とのこの対談について次のように回想してい

---

12) 『北海道行　明治二十年』明治20年5月6日条（北海道立文書館所蔵，B23-10）。鹿島は，岩村との清国行きの会話を回想する記事の直前に「二十年ノ五月某日デ御座イマシ

る。彼は，岩村に清国に行くことは引き受けたが長く滞在することは到底できないので，期間を半年くらいにしたうえで昆布の調査を行いたい，と申し入れた。これに対して岩村は3か月でも4か月でもよいからと調査を依頼した。この回想は，先の5月7日の状況を指していると推定される。さらに鹿島は，これ以前に次のような経緯があったとも回想している。岩村長官から手紙が来て面会を求められた。面会の席で岩村は鹿島に，

　　　今度此ノ支那地方ヘ水産物ノ実況ヲ取調ニヤリタイト思フ，夫レニ付テ道庁カラ役人ヲ一人ヤル夫レカラ箱館カラ商人ヲ一人ヤルガ，マダドウモ産地ノ状況ヲ知ツタ者ガ居ラヌニ依テ貴公ガ御苦労ヲシテ呉レルカ，或ハ柳田藤吉ニ往ツテ貰フカ，ドッチカシタイト思フガ兎ニ角貴公ノ見込ハドウダ[13]

と尋ねられた。鹿島は清国に一度は行ってみたいと思っていた。しかし，柳田藤吉が行くのであれば自分は辞退する，と回答した。すると岩村はそれならば柳田に照会するまでもなく，鹿島に行って欲しいと依頼した。

　鹿島は，清国往きに関する『日記』の中で「清国派出之内命ハ廿一年四月九日長官岩村君御在京中芝濱海水浴場ニ於而，出張之事ヲ命ゼラレ」（ママ）と記しており，明治20年（1887）4月9日にこの「内命」があった，と推定される[14]。

　長官の岩村通俊は，明治20年（1887）7月1日，鹿島万兵衛に次のように「命令書」を出した。清国の出張に際して香港・上海・牛荘・天津などにおいて次の3点について主に調査する。第一に，日本から輸出されている水産物の売買の手続きとその消費の実況である。第二に，将来

――――――――――

タガ芝浜ノ海水浴カラシテ岩村サンカラ一寸来テ呉レト云フ手紙ガアリマシテ参リマシタ」と記しており，日記の「芝濱海ノ浴場」と一致するので，本文のように認定した（『昆布事業ノ顛末』〈北海道大学所蔵，道写本99〉）。

　13）『昆布事業ノ顛末』（北海道大学所蔵，道写本99）。

　14）『清国出張覚』（北海道立文書館所蔵，B23-11）2丁。鹿島は，岩村との清国行きの会話を回想する記事の直前に「二十年ノ五月某日デ御座イマシタガ芝ノ海水浴カラシテ岩村サンカラ一寸来テ呉レト云フ手紙ガアリマシテ参リマシタ」と記しており，『清国出張覚』の「芝浜海水浴場」と一致するので，本文のように認定した（前掲『昆布販売顛末』）。

第8章　清国における海産物市場の形成と市場情報　　231

における日本と清国の水産物の貿易ならびに清国側にあってその需要に変化や増減をもたらす要因である。第三に，日本からこれまで輸出していなかった水産物で，これから売買できる可能性があるものの選定である。以上の調査を出発してから150日以内に実施する[15]。このように彼は指示を受けて清国における海産物の調査に向かったのである。

　鹿島の調査を考察する。彼は，明治20年（1887）10月21日，上海を出航して10月23日に煙台（芝罘）に到着した。ここで紀嗣唐という人物からこの地域の水産業の情報を得ている。鹿島は，日本の昆布の販路や値段など全体的な状況だけでなく，「大坂商人ヨリ委託販売等受タル事アリヤ」と質問して「日本ヨリ直委託受タル事ハナシ」と回答を得るなど，芝罘における昆布市場と日本の特定の地域の関係を聴取している。この点について日本人の「委託」を受けているのは「福建人」で，彼らは日本の横浜や長崎と関係がある，と説明されている。また，鹿島は「昆布ハ厚薄何れを好ムヤ」と質問して「薄キ長キ昆布」が好まれるなど清国人の嗜好についての情報も得ている。さらに「日本及魯国（ロシア）ヨリ入ルノ昆布」が一年間に搬入される量や「此地方ニ而魯ノ昆布ヲ好ムハ値安キニヨルカ，或ハ品物ノ質ニヨルカ」とロシア産昆布の流通の理由を詳細に質問していている[16]。

　鹿島らは，10月29日，芝罘を出発して，10月30日に牛荘に到着した[17]。彼らは，牛荘でドイツ商人のガスタアーブ（泰興洋行）を訪問して昆布事業について調べている。彼らは牛荘でも昆布に課せられる「口銭」や「魯西昆布ヲ見ル」など昆布の流通事情を実地に調査することができた。また，このドイツ商人の妻は，横浜生まれで日本語を話すことができた。そこで鹿島らは彼女に調査の協力を求めている[18]。

　彼らが煙台に戻ったのは，11月6日のことであった[19]。煙台では再び海産物情報を集め「昆布ハ新旧別ニ価ニ差別ナシ」と新しい昆布と古いそれに価格差が生じないことや「魯亜産昆布一ケ年壱千斤程販売出来ル」

---

15) 前掲『清国出張覚』2丁。
16)『清国旅行第二手記　明治二十年』（北海道立文書館所蔵，B23-13）22丁。
17) 前掲『清国旅行第二手記　明治二十年』49丁。
18) 前掲『清国旅行第二手記　明治二十年』67丁。
19)『大清旅行手記第三　明治二十年』（北海道立文書館所蔵，B23-14）15丁。

などロシア産昆布の流通量についての情報をさらに集めている[20]。

　彼らは，二日後の11月8日，天津に向けて出発し，11月12日，同地に到着した[21]。天津でも「東亜貿易会社」や大倉組で働いている仙台出身の二宮という人物を通じて清国人の水産商から情報を収集している。ここでもロシア産昆布と日本産昆布の課税の相違についての情報を得ている。すなわち，ロシア産の昆布は100斤につき上等品は1匁5分の輸入税であるが下等品は1匁であった。一方，日本の昆布に対する輸入税は品質に関係なく100斤について1匁5分だった。実態として，ロシアには「上等昆布と云フものノナシ」なので，結局，ロシア産昆布は1匁の輸入税で，日本産昆布は1匁5分のそれになるのであり，日本産の昆布が税制上，不利な状況に置かれていることを再認識した[22]。

　3人は，明治20年（1887）11月22日，天津で分かれることになった。赤壁は陸路でさらに内陸に行くことになり，鹿島と遠藤は上海に行くことになった[23]。

　鹿島は，明治21年（1888）2月9日，上海でウラジオストックに滞在したことのある秋田県出身の鈴木運吉という人物に会っている。彼からロシアのサハリン島や沿海地域の昆布についての情報を聴取している。この人物は，明治11年ないしは明治12年にドイツ人の船長ナイ氏のアレウト号の水先案内としてサハリン島のクシュンコタンなどに行ったことがある人物だった。これは「テンベイ」――ジョージ・フイリップ・デンビー――と「スミエノフ」――ヤーコフ・ラザレーヴィチ・セミョーノフ――とナイの組合による事業だった。その後，ナイ氏は死亡し，2人による組合活動になった。彼らの昆布漁の拠点の一つはサハリン島の西トンナイにあった。彼らは，ウラジオストックで清国人と朝鮮人を雇用して，昆布の漁場に派遣していた。雇用された清国人や朝鮮人は事前に給与が定められていたわけではなく，売買の価格をおよそ事前に定めておいて，採取後に買い上げられることになっていた。その支払いのと

20）前掲『大清旅行手記第三　明治二十年』20丁以下。
21）前掲『大清旅行手記第三　明治二十年』46丁。
22）前掲『大清旅行手記第三　明治二十年』56丁。
23）鹿島は，赤壁から体調の悪い遠藤とともに上海に戻るように求められて，それを受け入れたものの「北京行ヲ不果ハ残念ニ而尚計画ヲナス」と日記に記している（前掲『大清旅行手記第三　明治二十年』73丁）。

きに酒代や煙草代などの代金が清算されるという仕組みだった。

　清国人の多くは「山東人」であった。彼らは蓄財をあまり得手としていなかったようである。一方，朝鮮人は食事も「栗」を食べて節約するなど蓄財して戻るものが多かった。このように鹿島たちは鈴木運吉からサハリン島および沿海地域（オリガからウラジオストック）における昆布業の状況を詳細に聴取して，その事業主だけでなく働き手などの情報を得たのであった[24]。

3　遠藤吉平の調査

　次に，遠藤吉平の調査を考察する。赤壁と鹿島の調査にできるだけ重複しないように考察を加える。また，遠藤は調査を踏まえて，日本産の昆布の勢力の回復についての方策も提言しているので，この点も分析の対象とする。

　遠藤は，明治21年（1888）1月30日，上海から北海道共同商会にそれまでの調査の状況を報告している。彼は，昆布の調査は沿岸地域の諸港だけでしか行っていないので明言することはできないと留保を付した上で，新旧の昆布の価格差について報じている。函館などにおいて昆布を売買する場合に，収穫された昆布は翌年の2月ないし3月には「囲品」と称されるようになる。清国の商人は，新しい昆布の輸入を見込んでこの「囲品」の値段を下げさせようと駆け引きする。さらに新昆布の輸入が近くなるとこの「囲品」はその品質を問うことなく捨て値になってしまう。彼が清国の貿易地で日本の昆布を調べてみると，その多くは「囲品」であった。彼は，その「囲品」の持主に依頼して荷造を解いてもらい現物を調べてみた。それらは明治19年（1886）に製造された北海道産の昆布だった。

　24）『大清旅行手記第八　明治二十一年』（北海道立文書館所蔵，B23-20）10丁。ロシアにおける昆布業の担い手やその活動については，清水恵「函館におけるロシア人商人の活動——セミョーノフ商会・デンビー商会」（『函館・ロシア　その交流の軌跡』函館日ロ交流史研究会，2005年）第二章第三節を参照した。ロシア極東における昆布漁の担い手が清国人や朝鮮人であったことも神長英輔の研究によって明らかにされている（同「コンブの道——サハリン島と中華世界」〈『ロシア史研究』88号，2001年〉）。本稿が指摘したいのは，このようなロシア極東における昆布業についての情報を清国調査によってかなり正確に鹿島たちが得ていた，ということである。

この明治19年（1886）の北海道産の昆布は改良と製造が十分に行き届いており比類なき良品である，という評判を得ていた。遠藤もそれらについて乾燥が十分であり腐敗などが見られないだけでなく，色つやも良くて新しいものと弁別できないと感想を記している。このような製品は「囲品」であっても新しいものと同等の値段で販売されていた。遠藤は，この現地調査を踏まえて，製法が良ければ「旧品」（「囲品」）であっても捨値などにはならず販路を十分に確保できる，と結論づけている[25]。

　遠藤は，帰国後に調査を踏まえた「昆布価格挽回の意見」を『北水協会報告』（35号，明治21年6月）に掲載している[26]。彼は，昆布の価格の現状とその挽回策について次のように述べる。昆布の価格は低落し明治20年（1887）から明治21年（1888）にいたってはその下落はさらに甚だしい状況にある。まず問題なのは昆布の産地による価格差である。日高国および釧路国釧路郡の昆布は100石で220円から230円であるが，根室国および釧路国厚岸郡の昆布は，100石で330円から340円である。前者と後者には大差が生じている。この価格の差異は，昆布の乾燥の精粗に起因する。製法を工夫さえすれば，日高国の昆布も根室のそれとの価格差を30円から40円ほどまで縮小することができる。

　このように，彼は昆布の価格の地域差の解消に留意することを提起した。その上で，彼は昆布事業全体を活性化するのは容易のことではない，と留保しつつも次のようにその方策を提起した。清国における調査から，昆布の需要は高まっても減少することはない，と予想される。このように昆布の需要が大きいのになぜその「商勢」が衰退したのか，と彼は問う。彼は次のように答える。昆布の生産者がそれぞれ分立して，昆布を需要する地域の状況なども考慮せずに取ったら直にそれを売却してしまう。これによって需要と供給のバランスは崩れて競売が生じ，昆布の価格は下落した。この弊害を防止するには，昆布の生産者が連合して北海道の昆布を一手に集めて販売する必要がある。販売を一手に行えれば，その購入者が日本の商人でも清国の商人でも，商況を維持することができる。これによって昆布の出産地に利益を還元することもできる。

　遠藤は，さらにこの昆布の一手販売の方策について具体的に次のよう

----
25)「在清国遠藤氏の来状」（『北水協会報告』32号，明治21年3月）53頁。
26)「昆布価格挽回の意見」（『北水協会報告』35号，明治21年6月）20頁。

に提言する。昆布の生産者に組合をそれぞれの地域ごとに立ち上げさせる。函館ないしは便宜の場所を選抜し，そこに「各組合連合販売所」を置いて，毎年，4月ないし5月の規定した日時に各組合の総代が集合して，昆布の受け渡しの期限や数量などを買い手と交渉して契約を結ぶ。売り手と買い手の両者が，違約に備えて「証拠金」を銀行ないしは官庁に預ける。買い手については清国の商人であるか日本の商人であるかは問わない。もし，売買契約が成立しないときは，清国に直接，輸出してできるだけ高い値段で売買する。このような「連合販売」は函館が開港して初めてのことなので，明治21年（1888）は準備期間として，実際の活動は明治22年（1889）から実施する。遠藤は，清国における調査とこれまでの昆布売買の状況を勘案してこのように方策を提起したのである。

　彼は，清国の調査から帰国したのち，主だった昆布生産者たちにこの「連合販売」についての意見を聴取したところ概ね賛意を得ていた。それゆえ，昆布価格の下落に苦しんでいる昆布生産者たち全体の賛意も得られるであろう，と彼は予測している。

　さらに，この明治22年（1889）からの「連合販売」の開始を念頭に「昆布価格挽回の意見」は，ある人の考えとして二つの点に考慮する必要がある，と述べる。

　第一は，今年，すなわち明治21年（1888）の昆布の製法を良くしてなるべく価格を高くする。なぜなら，「連合販売」が開始される明治22年（1889）の取引き価格は前年が基準になるからである。明治21年（1888）の昆布の売買価格が高くなればなるほど，事業を開始する明治22（1889）年のそれも高くなる，と見込んだのである。特に，一つの地域のなかで昆布の品質に差異が発生しないように留意する必要がある，とも付け加えている。

　第二は，昆布生産者の資金についての慣例に注意することである。昆布の生産者は事業にかかわる資金を，収穫予定の昆布を抵当にして確保するか，あるいは買付の約束によってそれを得ている。このような慣例は，組合を立ち上げて連合で昆布を一手に購入するときには障害になる。生産者が清国の商人──「居留清商」──と契約して資金を借り入れている場合には特に留意しなければならないと注意を喚起する。

　このように「昆布価格挽回の意見」は「連合販売」を開始する上での

注意点を「ある人の考え」として示した。

　また，この時期，昆布価格の下落を阻止する手段の一つとして昆布の採取場に制限を設けるという方策が提起されていた。遠藤はこれに次のように反論している。昆布業者が採取場の制限を守る保障などはなく，もしこれに効力を与えるとすれば採取する量にも制限を設けなければならない。しかし，昆布は日本だけが清国に輸出しているわけではなく，ロシア産の昆布もかなりの量が清国に輸出されている。それゆえ日本において昆布の採取量に制限を設けても，ロシア産の昆布が清国にさらに輸出されるだけで価格の下落を阻止する有効な方策にはならない。

　遠藤は，昆布価格の低下を防止する方法は「連合販売」以外にはなく，このことは，清国調査に同行した人たち——赤壁二郎・鹿島万兵衛——も同じ意見だけでなく，昆布の輸出に関係してきた会社や上海の清国の商人さらには日本に居留している清国の商人の主だった者たちも同じように考えている，と明言する[27]。彼は，このように清国によって得た情報と北海道の昆布産地の状況を勘案して方策を提起したのであった。

第2節　「昆布ニ関スル復命書」の上申

　3人は清国での調査を踏まえて「昆布ニ関スル復命書」(以下「復命書」と略記する)を永山武四郎北海道庁長官に提出することになる。次に，この提出までの過程と「復命書」の内容を考察する。鹿島万兵衛は，明治21年(1888) 7月22日，横浜を出航し，7月25日に函館に到着した後，小樽を経由して7月28日，札幌に到着した[28]。鹿島は「復命書」の作成に当たって当初，遠藤吉平と合意点を見出すことができなかった。少なくとも8月3日までは赤壁も含めて議論されていたことが鹿島の日記で確認できる[29]。鹿島の回想によれば，その対立点は次の如くであった。

　遠藤は，北海道の生産者の昆布を一手に集めて函館で売買する，と考

---

27)　前掲「昆布価格挽回の意見」22頁。
28)　『清国紀行　9号　大阪明治二一年』(北海道立文書館所蔵，B23-21)明治21年7月28日条。
29)　前掲『清国紀行　9号　大阪明治二一年』明治21年8月2日条。

えていた。一方，鹿島は，清国における昆布の中央市場である上海まで日本人が昆布を運送し，そこで売買するという構想であった。赤壁は遠藤と鹿島に少し遅れて明治21年（1888）6月に帰国した。鹿島が赤壁とこの問題について協議すると，赤壁は鹿島の考えに賛同した。基本的には，これまでの函館などの清商を排除して上海において昆布を売却することで価格の維持を図ろうというのが鹿島の考えであった[30]。

　3人は，明治21年（1888）8月6日，北海道庁長官永山武四郎に「復命書」を提出し，「昆布営業」に関して急務と考えられる意見を上申した。

　次に，この「復命書」を分析する。「復命書」は次のように述べる。昆布は清国人の最も嗜好するものである。北海道産の昆布も8割から9割は清国人が消費している。明治11年（1878）から10年間の平均で見るならば，その輸出高は1年間に10万3千余石にもなる。しかし，清国は広大な国土を持ち人口も多いことを考えるならば，北海道産の昆布の消費が促進されているとは言えない。

　清国における昆布の需要は，その国内の運輸が整備されたならばさらに増加するであろう。輸出に供されている昆布は，現在，北海道の東部と利尻島や礼文島が産地であるが，西海岸の一帯も産地として望みがある。しかし，近年の昆布の価格の低落は止まることなく進んでいる。昆布価格は，明治19年（1886）にやや低落し，明治20年（1889）には甚だしい低落となった。昆布の生産者は収支が合わず著しく困難な状況にある。昆布価格が低落することは昆布生産者に困難をもたらすだけでなく，国内・国外における商売に不利をもたらすことになる。価格が低落するとそれによって利益が減少し，昆布の質も悪くなってしまう。さらに，生産者は負債を回避するために委託を受けたものだけを取り扱うようになる。これは生産量の減少となり，貨物の滞留を引き起こして昆布業を全体として縮小させることになる。

　このような状況で商況を挽回して，昆布の生産者の利益を図るには以下の4点が必要である，と「復命書」は言う。第一は，「競売ノ幣」を除去する。第二は，製造のコストを低減する。第三は，運賃および売買の費用を節減する。第四は，貨物の品位を保持して需要地の嗜好に適す

30）前掲『昆布販売顚末』。

るようにする。この四点を実施するために「生産者ハ組合連合ノ法ヲ設ケ販売ヲ一手ニスルコト」が必要であると提言する。「組合連合」による販売を一手に実施し「商権」を獲得して価格の決定権を握るのである。そして，昆布を産地で「組合連合」に売却させることで諸費用も節減できる。

このように生産者による自由な売買を許さず，一括して昆布の生産と売買を管理する必要があると「復命書」が訴えるのには，従来の昆布の生産と売買についての次のような反省があった。かつて昆布の出荷が多岐にわたり「商権殆ント我手ヲ去リ」と，その「商権」を失った時期があった。そこで明治10年（1877）に広業商会という組織が立ち上げられた。広業商会によって多額の貨物を一手に掌握して，価格を維持することができた。しかし，日本人による昆布の輸出高が，これまでの9年間で居留の「清商」を凌駕したのは1年のみである。それ以外の年は清国の商人の3割から4割を広業商会が扱ったに過ぎない。それでも昆布価格を維持する，という点において広業商会は貢献していた。このような点から考えるならば北海道の全ての生産物を掌握できるならば，その効果は計り知れない。したがって「組合連合」を設置して「販売ヲ一手」にすることは今日において必要な方策である[31]。

このように「復命書」が方策として提起したのは「組合連合」と「特約会社」の設置であった。さらに「復命書」は，その内容についても詳細に記している。「昆布生産者組合連合組織之事」と「特約会社ノ有スベキ資格」と題して，組織の概要を示している。次にこの点を考察する。

1　「昆布生産者組合連合組織之事」

「昆布生産者組合連合組織之事」（以下「連合組織」と略記する）は15条に亘って条項を示す。第一条では「昆布生産者」とは「長切昆布」ないしはそれに類似する昆布の生産者と規定する。第二条では，北海道の昆布生産者は悉く「一致団結同盟規約」を設けて一手販売を行う。第三条は，北海道における昆布営業者組合を17に分割する[32]。第四条は，各組

---

[31] 鹿嶋万兵衛編『北海道昆布支那貿易調査』（北海道大学所蔵，道写本361）．

[32] この17の地域とは，第一〔国後・花咲〕・第二〔厚岸〕・第三〔釧路・白糠〕・第四〔広尾・十勝〕・第五〔幌泉〕・第六〔三石・浦河・様似〕・第七〔静内・新冠・沙流〕・第八〔勇払・

合は連合して「一大組合」を組織する。第五条は，一つの組合の中においては各生産者に対して昆布の買い取り価格に差異をつけない。第六条では委員および委員長と副委員長の選出を規定する。第七条では，各組合の委員長らは連合組合と協議して昆布の採取の着手や売却を行う。第八条では，正副組合長は報酬を得るが組合員は組合に対する義務として活動する。第九条は，各組合の昆布生産者はできるだけ「特約会社」の株主となる。第十条は，昆布の生産に必要な物品を組合ごとに購入し，低廉になるようにする。第十一条は，昆布漁の雇夫は組合ごとに雇入れ，逃亡などに備えて取締法を設ける。第十二条は，各組合が「昆布干場」の廃止なしは借入を管理する。第十三条は，各組合が昆布生産者による昆布の「乾燥結束」を指導する。第十四条は，各組合は昆布産業の状況を一年の内，定期的に四回にわたって「特約会社」に報告する。第十五条は，連合した組合は役員を選挙して北海道庁長官の許可を得る。

このように「連合組織」の規定が示された。この「連合組織」は，単に北海道における昆布生産の向上というのではなく，「特約会社」と連携して北海道の昆布を独占して流通させることを企図していたことが分かる。また，連合した組合の役員が北海道庁長官の認可を受ける必要があるなど，北海道庁の監督のもとに組織の運営がなされることを念頭に置いたものであった。

2 「特約会社ノ有スベキ資格」

次に「復命書」に記された「特約会社ノ有スベキ資格」（以下「特約会社」と略記する）を考察する[33]。「特約会社」の規定は全部では八条である。

第一条は，「特約会社」は清国に昆布を直輸出して販売すると規定する。第二条は，「特約会社」の昆布事業に関して50万円の資本を備えると規定する。第三条は，「特約会社」の役員の内，若干名を官撰とする。第四条では，「特約会社」が他の事業を実施する場合でも，昆布事業に充

―――――
白老・室蘭・幌別〕・第九〔礼文・利尻〕・第十〔宗谷・枝幸・苫前・天塩〕・第十一〔留萌・増毛〕・第十二〔浜益・厚田〕・第十三〔磯谷・歌棄・寿都・島牧〕・第十四〔瀬棚・太櫓・奥尻・久遠〕・第十五〔爾志・檜山〕・第十六〔松前〕・第十七〔亀田・茅部・上磯・函館〕であり，北海道の昆布産地を網羅している（鹿嶋編，前掲『北海道昆布支那貿易調査』〈北海道大学所蔵，道写本361〉）。

33) 鹿嶋編，前掲『北海道昆布支那貿易調査』。

てる資金および人員は昆布以外の事業と別にする。「純益」が資本金に対して1割5分以上になったときは，それを越えた「純益」の半額を生産者に付与する。第五条は，「特約会社」は函館およびその他，便宜の場所に支店ないしは出張店を設ける。第六条は，「特約会社」は上海に支店を置き，天津・芝罘・漢口などに代理店または出張所を置くと規定する。第七条は，「特約会社」は清国の各地において方策を講じて販路の渋滞をもたらさないように注意する。第八条は，「特約会社」は各組合から営業上に必要な物品の購入にあたって，価格や運賃をなるべく低廉になるように尽力する，と規定する[34]。

このように「特約会社」は昆布の清国への直輸出を基本に生産者に利益をもたらすとともに，日本と清国の各地に販売網を形成する組織として立ち上げられることが企図されている。

3　「特約会社ト昆布生産者組合トノ関係」

このように「復命書」は「特約会社」と「昆布生産者組合連合組織」の規定を詳細に提示したうえで，この二つの組織の関係について，「特約会社ト昆布生産者組合トノ関係」と題する以下の7条を提示している[35]。第一条は「特約会社」は，毎年，4月ないしは5月中に昆布生産者組合の委員と便宜の場所において会合し，その年の昆布の価格や売買の順序などを決定する。第二条は，「特約会社」と組合が決定する昆布の価格は組合毎に決定する。第三条は，昆布価格は毎年，協議の上で決定するものの，「特約会社」と各組合との売買は五年間の契約とする。第四条は，「特約会社」は各組合に水揚げの見積もり石数の6割を内金として譲渡する。第五条は，各組合は「特約会社」と協議して荷物積み出しの手順を決定して，「積取船」が到着したら速やかに積み出せるように手配する。第六条は，各組合の正副委員長は，「特約会社」の昆布に関する帳簿や荷高などを検閲する権限を有する。第七条は，「特約会社」が毎年，「魯領産昆布」の豊凶や商況を視察して各組合に報告する。

このように「特約会社ノ有スベキ資格」は，「特約会社」と各組合との関係を規定した。ここで留意したいのは，「特約会社」と各組合が協

34）鹿嶋編，前掲『北海道昆布支那貿易調査』。
35）鹿嶋編，前掲『北海道昆布支那貿易調査』。

力して昆布の生産と流通を掌握するだけでなく，第四条に見られるように，内金の譲渡によって各組合が生産した昆布を例外なく「特約会社」に売買させるような仕組みを提示している点である。また，これらの規定で特に興味深いのは第七条である。「特約会社」がロシア産の昆布の生産や商況を各組合に報告する，という規定である。規定だけでは，この条項が果たした役割を明確にすることはできないが，少なくとも「復命書」を上申した赤壁・鹿島・遠藤らが北海道の昆布事業にとってロシア産昆布の動向が重要であると考えていたことを示している。

4 「官庁ニ請願スベキ保護ノ事」

「復命書」は，「特約会社」と「連合組織」の関係を規定したうえで，「官庁ニ請願スベキ保護ノ事」と題する書類を添付している[36]。彼らが，昆布事業の再編にあたってどのような援助が必要である，と考えていたのかを考察する。

第一条は「特約会社」が事業を開始してから5年間，清国に輸出する昆布の100石毎に20円の「賞金」を北海道庁が拠出するように求める。第二条は，「特約会社」がロシア産昆布の状況を視察する際に，北海道庁の官吏が派遣されることを求める。第三条では，「特約会社」が各組合と昆布の価格を決定する時に官吏が立会うことを求める。第四条は，「長切昆布」に類似する昆布の生産者で組合に加盟しない者の製造品を「長切昆布」とそれ以外に判然と区別して，混同されないようにする。第五条は，「特約会社」のために若干の役員を選出して派遣することを求める。以上の5点にわたって官庁，すなわち北海道庁の保護が昆布事業には必要である，と上申した。この上申の主眼は，第一条の資金の援助――「賞金」――である。それを踏まえた上で，ここでもロシア産昆布の視察に北海道庁の援助を求めている点に留意したい。

このように「復命書」は，（1）「昆布生産者組合連合組織之事」・（2）「特約会社ノ有スベキ資格」・（3）「特約会社ト昆布生産者組合トノ関係」・（4）「官庁ニ請願スベキ保護ノ事」の4点にわたって方策を提起した。「復命書」は最後に，いくつかの説明を加えなければならない点があるとし

---

36) 鹿嶋編，前掲『北海道昆布支那貿易調査』。

て，次のように述べている。

　現在，清国に輸出しているかないしはこれから輸出する望みのある昆布を一手に取り纏めて取り扱う必要がある。これによって「魯産昆布」にも対応し，「特約会社」が「清国昆布市場」において「独歩」できるようになる。昆布の生産組合は地勢の状況，出産の多寡，品位の異同などを考慮して「漁業組合」と一致させることで，費用を減少して品質の改良を推進し，余剰を少なくするべきである。

　このように「特約会社」が目指すべき方向を示した上で，具体的な運営について以下のように補足する。この昆布の生産に関する組合の役員は公選とし，定期および臨時の会議の報告や積立金ならびに費用の徴収に違約した者に対する処分などの運営方法は会議によって決定する。さらに「特約会社」は，1割5分以上の利益が出た時には，この1割5分以上の利益の半分を昆布生産者に還元するか否かについて営業者の意見を聴取する。

　「特約会社」は，その売買の方法として「予約売買ノ法」と「委託販売ノ法」の内，前者を採用する必要がある。後者の「委託販売ノ法」では「特約会社」が貨物の処理に煩瑣な手続きを求められて利益を減少させるだけでなく，荷捌や運送に差異を生じさせることになり，生産者の不評を招くことになる。さらに「委託販売ノ法」では，生産者は委託した貨物が「特約会社」の元を離れて，さらに1か月から2か月も経過した後でなければ代金を受け取ることができない。一方，生産者は，その間も倉庫料や為替料など諸費用の負担を求められる。結局，「委託販売ノ法」は，多くの欠点がある，と結論付けられている[37]。一方で「予約販売ノ法」についての懸念について「復命書」は次のように反論する。その懸念とは2点あった。第一にこの方法では「特約会社」と「連合組織」の間において価格を決定できないのではないか，という懸念である。第二は，この方法では清国の商人が団結して「特約会社」に抵抗するのではないか，という懸念である。

---

　37)「委託販売」は広業商会が採用していた方法であった。委託する側が売買の値段を事前に指定した場合には，それより売買価格が下回った時には売買は成立しない。事前に売買価格が指定されていない場合には，郵便ないしは電信などによって委託側と広業商会が協議することになる。両者は煩瑣な手続きで時間と資金を喪失することになる（間宮，前掲「明治初期における直輸出会社の設立と展開」）。

第8章　清国における海産物市場の形成と市場情報　　　　　　　　　243

　第一の点については次のように反論する。価格の決定は簡単なことではないが,「特約会社」と「連合組織」の予約販売の契約が成立すれば,「特約会社」は日本で唯一の買い手となる。その一方で「連合組織」は唯一の売り手となる。両者の売買が成立しなければ，買い手は営業ができず,売り手も非常な困難を招来する。このような状況が売買契約を促すのである。さらに，予定した以上に利益が生じた場合に，それを「特約会社」と生産者の両者が享受する規定を入れれば契約の成立はさらに促される。このように「特約会社」と「連合組織」の売買が不成立となる可能性は低いと「復命書」は明言する。
　第二の清国の商人の団結と抵抗とについては次のように述べる。清国の商人の団結は，彼らと「特約会社」との昆布の売買契約の成立を促す。これは昆布の国内および国外の取引にとって望ましいことである。「特約会社」は清国の商人の希望に応じて，それぞれの取引に際して数人の清国商人を選抜して団結させ，この団結した清国商人と「特約会社」が互いに「証拠金」を積み立てた上で，売買を行う。このようにして清国商人が団結して「特約会社」と取引きすれば「利ニ反スルノ敵ニアラズシテ利ヲ共ニスルノ友タルベシ」とまで評している。すなわち,「特約会社」が昆布を一手に掌握していれば，団結した清国商人は取引き相手として組みしやすい，と見なしているのである。
　このように「復命書」は最後に「細説」として，補足説明を記し,「復命書」の示した構想に対する疑義を封じようと企図した。

<h2 style="text-align:center">お わ り に</h2>

　本稿の課題は，清国の海産物市場に関する情報が流通の再編に果たした影響を明らかにすることであった。赤壁二郎・鹿島万兵衛・遠藤吉平による清国調査の情報は次のようにまとめることができる。
　第一に，日本においては大きな価格差が生じていた「囲品」(「旧品」)の昆布が，十分な乾燥などその製法が良好であれば新しい昆布と遜色なく清国で売買できることが判明した。これまで函館における清国商人との売買において「囲品」の昆布は，極めて低廉ないしは捨値同然に取引

されていた。このような清国商人との「囲品」の売買が昆布の価値を反映したものではないことを十分に理解するに至った。これは昆布の製造のさらなる改良を促すことになる。

　第二に，清国において日本産とロシア産の競合状況を明確にできた点である。これ以前にあっても上海の領事館などから「上海海産物商況」などの題名で昆布を含む海産物の価格やその変動に関する情報は日本に伝えられていた[38]。一方，赤壁らは入手したロシア産昆布を函館に送付して実際に分析するなど実地調査のメリットを十分に生かしてロシア産昆布を多角的に分析した。彼らは，日本産昆布とロシア産のそれとの競合状態を調査しただけでなくロシア産昆布の勢力の拡大の可能性を実感することになった。このことは「復命書」がロシア産昆布のさらなる調査や対策の必要性を言及することにつながった。

　このような調査が流通の再編に果たした役割は以下のようにまとめることができる。第一に，彼らの調査は「昆布ニ関スル復命書」としてまとめられ，「連合組織」と「特約会社」の設立を提起し，この両者の関係について具体的に提示されることになった。さらに，昆布事業に対する北海道庁の協力などの範囲も明確に提起された。

　本章は，清国調査とそれが昆布の流通の再編に与えた影響を分析した。この点で特にロシア産昆布との対立という東アジアにおける新たな要因に北海道産の昆布が対応しなければならなくなったことを指摘しておきたい。その一方で「特約会社」が流通を一手に掌握できたならば，これまで北海道産昆布の価格を低下させる要因になっていた清国商人さえも取り込んで利害を共有できる可能性がある，と「復命書」が提起していた点にも留意しておきたい。

　このような清国調査による新たな昆布事業の見取り図が，実際にどのように実現していくのかは今後の課題である。先行研究が指摘するように「昆布諮問会」における議事など分析しなければならない点が多く残されているが，「日本昆布会社」の成立に関する諸研究が言及していないロシア産昆布への対応という点に留意して分析を行うことが重要であ

---

[38] たとえば「海産物◯十九年第三季（自七月至九月）上海海産物商況」（『通商報告』7号，明治20年2月）や「水産部◯（自千八百八十一年至全五年）五ケ年間清国十九港へ昆布其他海産物輸入高」（『通商報告』12号，明治20年3月）などを挙げることができる。

る，という認識をえることができた点を本章の成果としてあげておきたい。

(付記)

　本稿の作成にあたって北海道大学・大学文書館の井上高聡氏に多くのことを教えていただきました。記して感謝します。

　本稿は，平成25年度科学研究費補助金・挑戦的萌芽研究「東アジアにおける水産業の形成と展開」（研究代表者：籠慎一／課題番号25580152）の研究成果です。

第9章
近代ハルハ・モンゴルにおける土地制度の系譜とその展開

広川　佐保

はじめに

　清代のモンゴル地域では原則として「封禁政策」がとられてきたものの，少しずつ開墾が進みつつあった。たとえば20世紀初頭までの内モンゴルにおける開墾は，旗レベルの開墾から，周辺の省や「軍閥」による開墾事業へと転換を遂げてきた。そのさい，地権者と入植者のあいだには数多くの土地契約文書が取り交わされ，書き換えられてきた。一方，ハルハ・モンゴル（いわゆる外モンゴル。以下，ハルハ）でも清代初期より少しずつ漢人移住が進み，開墾が行われていた。佐藤憲行によれば，ハルハでは，清朝時代，キャフタ交易にともない，漢人商人らがモンゴルに赴いていた。しかし交易がしばしば中断したため，そのまま商人たちはモンゴルに定住し，モンゴル人に対する貸付の代償として農地を開墾していた。こうして19世紀までにトシェート・ハン部の河川流域を中心に農耕地が拡大し，彼らがイフ・フレー［もしくはウルガ，現：ウランバートル］の穀物生産を担うこととなる。これに対して庫倫辨事大臣は，彼らに票（許可書の一種）を与え耕作を許可していった[1]。
　このようにハルハでもトシェート・ハン部の一部の地域やホブドなどで牧地の開墾が進みつつあったが，内モンゴルほど大規模に開発が行われたわけではなかった。ところが清末（1910年），清朝中央が国家の近

---

1) 佐藤憲行『清代ハルハ・モンゴルの都市に関する研究』（学術出版会，2009年）。

ロシア帝国

ホブド
オリヤスタイ
キャフタ
フレー
ボグド・ハーン制モンゴル国
内モンゴル
中華民国
○北京

1910年代のモンゴル地域

代化を目指しておこなった「新政策」にともない，イフ・フレーに庫倫辦事大臣の三多（サンド）が赴任したことで，状況は少しずつ変化してゆく。このさい三多もハルハにおいて「新政策」を実行しようとするが，結局ハルハに混乱をもたらし，人々の反発を招くこととなった[2]。三多の「新政策」実施を契機として，モンゴルの支配者達のなかにはロシアとの接点を探る動きが見られるようになる。そうしたなかで1911年に辛亥革命が起こると，ハルハではチベット仏教の高僧ジェブツンダンバ・ホトクト8世を中心とするボグド・ハーン制モンゴル国（ボグド・ハーン政権）が成立し，「中国」の版図から独自の道を歩むことになった。

それまで清朝の一部であったハルハのモンゴル人にとって，ボグド・ハーン政権成立後，急務とされたのが独立した国家財政の確立であった。それゆえ同政権ではさまざまな経済関連の取り組みが行われた。ユーイングによれば，1910年代，ロシアから経済顧問としてC.A.コージンが派遣され，モンゴル史において，初めて予算を整え，改革基金を創設し

---

[2] 三多による新政策については，Mei-hua Lan, "China's "New Administration" in Mongolia", Stephen Kotkin, Bruce Elleman (ed.), *Mongolia in the 20th Century: Landlocked Cosmopolitan*, M.E.Sharpe, 2000. 中見立夫「宣統三年夏の庫倫——満洲アムバン，ロシア領事とモンゴル人」（細谷良夫編『清朝史研究の新たなる地平：フィールドと文書を追って』山川出版社，2008年）参照。

第9章　近代ハルハ・モンゴルにおける土地制度の系譜とその展開　　249

たという[3]。また，モンゴル国の研究者であるロンジドもコージンについて，「モンゴル国政府のあらゆることがらを創設し，また国有財産を管理・利用する業務に助言し，経済関連の業務を刷新し変更する規則を深化させた」[4]と評価している。また，ロンジドの研究は，ボグド・ハーン政権期における財政問題を論じたほとんど唯一の専著であり，本稿もこれに負うところが大きい。このほかオランゴアの研究[5]は，ボグド・ハーン政権期における，ロシアとの外交関係，ロシア人の経済活動，および文化的交流について検討したもので，巻末には関連する史料が付されており参考になる。

　以上のように，ボグド・ハーン期の経済政策を考えるにあたって，ロシア人経済顧問については比較的高い評価がなされているといえるが，ロシア人経済顧問の就任以前，すなわち清末やボグド・ハーン政権成立時の政策とどのような関係にあるのか，不明な点が多いと思われる。その理由として，モンゴル国において，清朝末期の漢語史料や，当時新たに発足した財務省に関する公文書がほとんど公刊されていない点が挙げられる。一方，現在，モンゴル国立中央文書館には，ボグド・ハーン政権期の文書として，財務省史料が保管されている。本稿では主にこの財務省文書を利用して，ボグド・ハーン政権期における土地政策の成立の流れに着目し，この時期の制度改革の意味について検討することにしたい。

---

　3)　Thomas E. Ewing, *Between the Hammer and Anvil? : Chinese and Russian Policies in Outer Mongolia 1911-1921*, Bloomington, 1980, pp.83-84. C.A. コージン (Сергей Андреевич Козин：1879-1956) は，サンクトペテルブルグ大学を卒業し，1914-1918年の間，ボグド・ハーン政権で経済顧問を務めた後，ソ連で言語学博士号取得，アカデミー会員となり，1920-50年代にかけてレニングラード国立大学で教鞭を執る。『モンゴル秘史』，『ゲセル物語』等をロシア語へ翻訳。なお，文献によって経済顧問，顧問官僚など表現が異なるが，本稿では引用文以外は経済顧問に統一した。ШУА-ийн түүхийн хүлээлэн, *Монголын үндэсний хувисгалын нэвтэрхий толь*, Улаанбаатар : Адмон, 2011, 187 дахь тал.

　4)　З.Лонжид, *Монгол улсын санхүүгийн албаны түүх*, Улаанбаатар, 2002, 32 дахь тал.

　5)　Ж.Улангуа, *Монголын тусгаар тогтнолд хаант Оросын үзүүлсэн хүчин зүйлс*, Улаанбаатар : Соёнбо, 2010.

第1節　三多の墾務事業とボグド・ハーン政権

　1911年12月，ハルハにおいてボグド・ハーン制モンゴル国が成立すると，五省（内務省，外務省，軍務省，財務省，法務省）の一つとして財務省が成立する。初代財務省大臣にはトシェート・ハン・アイマグのジャサグ，チャグダルジャブ（1911～1915年まで）が就任したほか，二人の副大臣，大臣代理等が任命された。それまで清朝の版図に属し，一国家として独立した財政を持っていなかったモンゴルは，早急に国家財政を確立する必要が生じていた。そのため1911年以降，外務省と協力して財政計画の完成のために，外国人に対して新たに商業税を賦課することや人頭税の改革に着手した[6]。また，ハルハではそれまで外国人の土地利用や鉱山開発に関しては十分な法令が制定されていなかったが，1911年末より外務省と財務省から特別に任命された官吏が金鉱山の開山に関する規則をまとめ，ボグド・ハーンに奏上している[7]。これ以外にもボグド・ハーン政権では，財務省設立とともに，税制にかんする規則が徐々に整備されつつあった。ここでは1910年代の土地政策について検討する前に，清末の墾務事業について，ボグド・ハーン政権がどのように評価していたのか見てみることにしたい。

1　清末における墾務事業

　清末，庫倫辦事大臣の三多が「新政策」の一環として，ハルハにおいて兵備処，巡防営，木捐総分局，衛生総分局，車駝捐局，憲政籌備処，交渉局，墾務局の設立を打ち出し，その一環として墾務事業が推し進められた[8]。その規模や実施状況については不明な点が多いものの，ボグド・ハーン政権時代の財務省文書には，三多の墾務事業に対する評価をいくつかみいだすことができる。まず，1913年8月31日（共戴3年7月

---

　　　6)　Лонжид (2002), 27-28 дахь тал.
　　　7)　Лонжид (2002), 9-10 дахь тал.
　　　8)　たとえば『庫倫奏議（第1，2冊）』（北京：全国図書館文献縮微複制中心，2004年）は，新政策実施にあたり，三多が北京と取り交わした書簡であるが，そのなかに墾務局に関する記録は含まれていない。同書については，中見，前掲「宣統三年夏の庫倫」参照。

第 9 章　近代ハルハ・モンゴルにおける土地制度の系譜とその展開　　251

30日）付の外務省から総理大臣宛への上奏文[9]には，三多が墾務局を設立し，農地を測量したさい，土地帳簿が作成されたが，税務省がこれを利用しながら，課税を行おうとしていたことが記される。

> 昨年［共戴2年－引用者注，以下略］，我が政府機関より各蒙旗のノトグ［牧地］に，中国の民人が耕作している土地を，前清国，庫倫辦事大臣三多［サンド］の測量した帳簿を遵守して，上等の熟地1ウル［畝］毎から，毎年賃借料3ツェンを，中，下等地より，それぞれ5フン［分］減らして賃借料を集めて規則を決定させたが[10]……（後略）
>
> nitunun jil man-u jasaγ-u kereg sitgekü γajar-ača olan mongγol qosiγun-u nutuγ- tur dumdadu ulus-un irged-ün tariy-a tariju büküi γajar-i uriddaki čing ulus-un küliyen-ü kereg sitgekü sayid sangdu-yin kemjiyelegsen čese-i jirumalan degedü jerge-yin bolbasuraγsan γajar nigen ür-e büri-eče jil tutum türiyesü mönngü γurban čen douratu γajar-ača tusburi tabuγad fun qoruγdaγulun türiyesü quriyaqu-bar dürim kemjiy-e toγtaγaγsan bolbaču…

さらに1913年12月22日（共戴3年11月25日）付の外務省から総理大臣への上奏文[11]は，清末の三多による，民人（漢人耕作民）に対する課税負担額が非常に軽いものであったこと，またそのさい民人に対して土地を「永遠の財産」であると認め，また測量のさいに開墾地に加え，未墾地も測量のうえ，取得させたことを指摘している。

9）　МУУТА（Монгол улсын үндэсний төв архив，モンゴル国立中央文書館の略）．
ФА2-Д131-ХН9：γadaγadu-yin yamun-ača. mongγol olan qosiγun-u nutuγ-tu dumdadu ulus-un irgen-ün tariy-a tariju büküi γajar-ača türiyesü mönggü quriyaqu kereg-ün uča[i]r yabudal-i ulamar-a tusiyalγan daγaju yabuγulγaqu jerge güyičetgen sitgegülür-e jokiqu γajar-uud-tu qubiyan yabuγulun tusiyayad. medegden iregsen kereg.

10）　なお，ツェン（čen：銭），フン（fun/pün：分）リ（li：里）は清代の重量単位であり，ここでは1ツェンは銀10分の1両（3.8グラム）で，1フンはその10分の1，リはその100分の1である。

11）　МУУТА．ФА2-Д1-ХН131-Н11：γadaγadu yamun-ača tus ulus-un ba. γadaγadu ulus-un kümün irgen-ü qaγučin qaγalaγsan ba .sin-e nemejü qaγalaqu tariyalang-un γajar-ača türiyesü mönggü quriyaqu dürim kemjiy-e toγtaγaju ayil[a]dqaγad. jarliγ yosuγar bolγaγsan-i kičiyenggüyilen daγaju. jokiqu γajar-ud-tur tegüber yabuγulun tusiyayad medegden iri[e]gsen kereg.

昨年［共戴2年］の冬の最後の月［12月］に　税務省よりトシェート・ハン・アイマグのサイド・エルデニ・ゲチュン・ワン・ナ［＝ナムスライ］などの5旗のノトグ［牧地］に中国の民人の開墾した耕地を前清代の大臣，三多の衙門から官僚を出させ，調査，測量し，税金をあつめる決定に従い，上等耕地1ウル［畝］より税金1ツェン5フン［分］，中・下等地よりそれぞれ5フン［分］減らして集めること，また本当の税金のほか，バガ・アルバ［少額の税］というムング［銀］を，上（等地）は1フン［分］5リ［里］，中・下（等地）は5リ［里］ずつ減らして集め，公的に用いるさい，費やして規則をさだめ……（後略）

nitunun ǰil ebür-ün segül sar-a-du γayili-yin kereg-yi yerüngkeyilen sitgekü yamun-ača tüsiyetü qan ayimaγ-un sayid erdeni gečün wang na [空白]-yin ǰerge tabun qosiγud-un nutuγ nutuγ-tur dumdadu ulus-un irged-ün qaγalaγsan tariyalang-un γaǰar-i uridaki čing ulus-un sayid sanduwa-yin γaǰar-ača tüsimel γarγaǰu bayičaγan kemǰiyeleǰü türiyesü quriyaqu-bar toγtaγaγsan kereg-i ǰirumlan degedü tariy-a nigen ür-e-eče türiyesü mönggü nigen či[e]n tabun fun dumdadu douratu γaǰarača tusuburi tabuγad fun qoruγdaγulun quriyaqu ba.basakü ǰingkini türiyesü-eče γadan-a baγ-a alban kemekü mönggü degedü-dür nigen fun tabun li. dumda douratu-dur tabuγad li. qoruγdaγulun quriyaǰu alban-u kerigsen-dür ǰi[a]ručaγulqu-bar dürim kemǰiy-e toγtaγaǰu···

以前の清国の大臣，三多は，我がモンゴルの盟旗のノトグ［牧地］を漢人に占拠させる考えを持ち，税金をそのように非常に軽く決めさせたことから，その決定させた規則にならい処理することはできない……（後略）。

uridaki čing ulus-un sayid sanduwa bolbasu man-u mongγol ayimaγ qosiγun-u nutuγ-i kitad kümün-iyer eǰelgülekü sanaγ-a aγuγulǰu[aγul-]türiyesü mönggü-i činggeči masi könngen-iyer toγtaγaγsan kereg bolqu učir-a tegünü toγtaγaγsan dürim-i üligerilen sitgeǰü ülü bolqu···

規則を定めるさい，まさにその三多の衙門から，それらの耕地をす

べて所属する民人に永遠の財産として得させることを知らしめて通告した。また、それらの民人は、その土地の利益を貪り、開墾していない草地や開墾することができない土地さえも、一緒に測量させ取得したことがある。

dürim kemǰiy-e toγtaγaqui-du mön kü sanduwa-yin γaǰarača eteger tariyalang-un γaǰar-i bürin-e qariyatu irged-tür egüürde-yin körünnge bolγan olγaqu-bar uqaγulun ǰarlaγsan ba. teden-ü irged mön γaǰarun asiγ-tur sinuǰu qaγalγatui belčiger γaǰar ba. qaγalaǰu ülü bolqu γaǰar-i ču mön qamutuda kemǰiyelegülün abuγsan ǰüyil bui ba.

　また、これらの問題と関連して、1914年4月30日（共戴4年3月5日）における、外務省、および財務省からモンゴル国会下院に対する協議[12]のなかで、トシェート・ハン・アイマグのエルデニ・ワンなど数旗のノトグにおいて、農耕民から徴収する税が以前より軽減されていることや、清国の庫倫辨事大臣三多が、これらの耕地をすべて所属する人民の永遠の財産となし、得させると公布し、測量したことが指摘されている。またこの問題について、関係する省の官吏が調査したさい、多くの人民は勝手し放題であり、税額が大幅に減少したため、国の収入にダメージを与えていることが問題視されている。
　つまり上記の一連の文書からは、三多の墾務事業がトシェート・ハン・アイマグの数旗において実施され、それが漢人耕作民の負担を軽減させるもので、かつ漢人農民側の土地に対する権利をより強化するものであったことが理解できよう。清代のモンゴル・漢人の土地権利関係が、近代以降の土地整理事業によって変化してゆく状況は、内モンゴルでもしばしば見られるが、多くの場合それは漢人ないし、漢人統治機構の権限を強めるものであった。これらの文書からは、内モンゴルと同様の動きがハルハでも生じ、それが漢人の土地に対する権限強化に結びついていたこと、そしてそれにボグド・ハーン政権側が危機感を持っていたことも見て取れる。つぎに、こうした状況に対して、ボグド・ハーン政権

---

12) МУУТА. ФА1-Д1-ХHm11 ［本文に表題なし］。なお同文書は、Ж.Гэрэлбадрах, Y.Дэлгэрмаа, Э.Жавзандулам, *Монгол улсын дээд, доод хурал I: Баримт бичгийн эмхтгэл*, Улаанбаатар：Соёмбо, 2003. 29-30 дахь тал. にも収録される。

が採った土地政策について見てみることにしたい。

2 ボグド・ハーン政権初期における土地政策

ハルハにおける農業の歴史は古く、清朝時代には兵士の駐屯地に農地が設けられていた。その後、漢人農民の流入により、20世紀初頭までに、①セレンゲ河、オルホン河中・下流地域周辺、②オリヤスタイ、ホブドなどの都市周辺、③ホブド国境の南部オブス・ノール付近、④ハンヒーン・ノールあたりで農業が行われていた。ボグド・ハーン政権が成立した後、漢人農民のなかには故郷に戻ったものや放逐されたものもおり、いったん農業は衰退したが、1917年頃から漢人が帰還しつつあったという[13]。またモンゴル北部では、キャフタ付近より南下したロシア人がモンゴル領内で農業を行っていた。

財務省設立後の共戴2年（1912年2月19日～1913年2月6日）頃、総理大臣文書として「農地開墾、鉱山採掘、家畜放牧地に課税する規則」[14]が作成された。同規則は、ボグド・ハーン政権における、最も初期の土地にかんする課税規則と考えられ、農地、鉱山、放牧地の使用に対して課税額を定めたものである。農地にかんしては、「農地開墾に関する規則16条」が定められ、その概要を示すと、第1～3条では、ロシア、中華民国、その他の外国の人民のなかで、土地を賃借するものは3年間の賃借証明書を取得する。そのさい河川からの遠近に基づき、1ウル（畝）につき、上等地3ツェン、中等地2.5ツェン、下等地2ツェンというように土地を3等に区分のうえ、それぞれ賃借料を定めるとともに、開墾するさい、開墾費も合わせて徴収するとした（第4～8条）。また、賃借料は、財務省官吏と旗の役人が共同で徴収し、うち6割が財務省、4割がその土地（ノトグ）の属する旗の収入となった（第9～10条）。また、賃借した土地は他人に転売することはできないし、勝手に増やしてはならなかった。これに背いた場合は罰金を課し、また賃借料が滞った場合は土地を回収し、証明書を破棄するとした。賃借証明書は3年毎に改訂

---

13) И.Маиский, Ц.Отхон, *Орчин үеийн Монгол : Автономит Монгол ХХ зууны гараан дээр*, Улаанбаатар : Согоо нуур, 2001, 261 дахь тал.

14) МУУТА. ФА2-Д1-ХН105 : ayiltγaγad toγtaγaysan tariyalang qaγal[a]qu olan aγurqai negegekü ebesü qad[u]qu mal adγulqu γajar türiyesülekü dürim-üd.

することが定められた（第11〜15条）。

　つまり「農地開墾に関する規則16条」には，国家の方針として，モンゴル各地で開墾に従事する漢人，ないしロシア人農耕民などから賃借料を徴収すること，その収入を財務省と旗の収入とする方針が示されていた。それまで土地文書の登記簿には，漢人は民人とだけ記されていたが，ボグド・ハーン政権成立以降，外国人として位置付けられてゆくことも確認できる。また，開墾費徴収や土地の転売禁止，回収にかんしては，清代の内モンゴルにおける伝統的な開墾規定と類似性を持っていた。前述したように，清末の三多の墾務事業は，漢人農民に有利な内容を含んでいたが，これに対してボグド・ハーン政権成立後に作成された「農地開墾に関する規則16条」は，外国人を含む農耕民の土地の権利を規制し，管理しようという意図が示されている。しかしながら現実にハルハから漢人を排除することは難しく，彼らから徴収する土地賃借料が財政的に非常に重要であった。

　「農地開墾に関する規則16条」は，その後，1910年代におけるハルハの法令のなかで繰り返し引用されていくこととなる。たとえば，前述した1913年12月22日（共戴3年11月25日）付の上奏文にも巻末に「農地開墾に関する規則16条」が添付され，外務省において同年冬の初めの月に各盟旗のノトグで，自国，および外国の人民が過去に開墾した，もしくは増墾した耕地ごとに徴税する規則を詳細に審議し，決定のうえ総理大臣に上奏している[15]。このようにボグド・ハーン政権では少しずつ土地制度の整備に着手しつつあったが，1914年以降，これにロシア人経済顧問が関与することとなる。つぎにその経済顧問の活動について見てみることにしたい。

15）МУУТА. ФА2-Д1-ХН131-Н11.

第2節　ロシア人経済顧問による経済政策

1　C.A.コージンのハルハ滞在

　はじめにも触れたように，現在のモンゴル国において，コージンの経済改革に対する評価は比較的高いといえる。たとえば，ロンジドは，1911年以前の土地利用にかんして，「外国の人民らがどのような税（物品税）もなく，土地や草原，耕地を利用し，鉱山を開いている状況」であったとし，「1916年末以降，外国人に使用させる耕地，草刈地，草原，宅地を三等に分かち，課税することになった。すべての土地の賃貸収入の6割は国庫に，4割は所属旗の倉に納めることができ，また土地貸借の上限期限を35年に制限」したと記している。さらにこうした政策を実施したコージンについて，「1914年以降モンゴルの伝統的な耕作の支配権を支え，財政的援助を与えた」と評価している[16]。しかしながら「農地開墾に関する規則16条」などを見る限り，ボグド・ハーン政権における土地課税の試みは，1914年以前，すなわちコージンがモンゴルに滞在する前に立案されたことが確認できる。

　1912年11月，ロシアとモンゴルのあいだで「露蒙協定」が成立すると，これによって「モンゴル」の「自治制度」の維持，ロシアの商業的権益の認可などが取り決められた[17]。また，1912年12月，ボグド・ハーン政権は，外務大臣ハンダドルジを正使とする使節団をペテルブルグに派遣している。その後，モンゴル側はロシア政府と軍事援助に関して交渉を重ね，200万ルーブルの借款を得ていた[18]。

　デンデブによると，1913年末から1914年初頭にかけて，ボグド・ハーン政権から，サイン・ノヨン・ハンのナムナンスレン使節団が帝政ロシアに派遣されたさい，ロシア大蔵省により，300万ルーブルの借款供与

---

　　16)　Лонжид (2002), 48 тал.

　　17)　中見立夫「1913年の露中宣言——中華民国の成立とモンゴル問題」『国際政治』66号，1980年）。

　　18)　これらの経緯については，橘誠『ボグド・ハーン政権の研究——モンゴル建国史序説1911-1921』（風間書房，2011年）において詳細に論じられている。

が決定される。そのさいロシア政府は，モンゴルの財務省に財政状況の改善，および借款をどのような項目に使用しているのか監査するため，特別条約を設定するのが適切であるとして，財務官僚のコージンに，12条の条約を批准させることを決定した。さらにモンゴルでは，コージンを国家予算の帳簿の作成，税制の決定，経済法規の制定などに従事させた[19]。このさいコージンが批准した12条とは，1914年1月8日（共戴3年12月11日）付で，ナムナンスレンと取り交わした協定を指している[20]。その前文には，コージンを招聘することについて，「モンゴル国のあらゆることがらを創設させ，国家財産を管理するために顧問官僚となすほか，政府のことがらを刷新し改良する法規を作成させる」と記されている。12条は，批准から3年間有効であり，財務省に国家財産および収入を管理する委員会，および国庫の物品を保管し，監査・管理する委員会を付設し，それを「顧問官僚」が監督するとした。さらに「顧問官僚」の業務として国家の年間収支計画を立てることや，国内の土地や産業を調査し，経済改善のため法規を作成することが規定され，これらは大臣の批准を受ける必要があった。また，コージンら「顧問官僚」へはモンゴル側から給与や旅費，住居が支給されることも明示されていた。

　1914年5月，モンゴル政府の経済顧問として，コージンがウルガ（フレー）に赴任し，1918年初めまでモンゴルに滞在した。そのさいコージンは，片腕のП. A. ビッテを含む25人の技師や通訳を用いている。これらの技師はロシア人，ブリヤート・モンゴル人が大部分を占め，彼らの専門は，農業，土壌，漁業，電気，機械，獣医学など多岐にわたり，その中には，著名なブリヤート人民俗学者ツウェーン・ジャムツァラーノも含まれていた[21]。1915年6月になると，ロシア，中華民国，モンゴルの間でキャフタ協定が締結され，ハルハ・モンゴルには中華民国の「宗主権」のもと「自治」が認められたが，コージン達の活動は一層活発になっていったようである。コージンは1916年頃，5部隊からなる調査隊を各地に派遣して，モンゴルの約4分の1の土地を調査し，翌1917年に

---

19)　L.Dindüb, *Monγol-un tobči teüke*, ulaγanbaγatur : Mongol keblel-ün qoriy-a, 1934, 90-91 daki tal. [Л.Дэндэв, *Автономит Монголын товч түүх*, Улаанбаатар : Экимто ХХК, 2011所収].

20)　原文は中央文書館所蔵の文書。Улангуа (2010), 206-207 дахь тал. 所収。

21)　Лонжид (2002), 39-40дахь тал.

は2部隊を派遣した。そのさいモンゴルの牧地の状況や鉱物資源の調査を行った[22]。またこれと並行して，コージンはモンゴルの税制度・教育制度の改革，法制度の整備などを計画し，1917年に国家財政の改革案を提出する。コージンの最初の仕事は国家財政の把握であり，その結果，中央政府の国家の財源にある程度の合理性を持たせ，国家予算の均衡を保つことに成功したとされる。経済顧問の事務所は1918年に解散し，事業は未完に終わるが[23]，その一端を知るために，この時期に立案された農業奨励政策について検討することにしたい。

2　農業奨励政策──「土地使用規則」

ハルハでは，漢人農民だけでなく，小規模ながらモンゴル人自身も農業に従事していた。マイスキーによれば，ホブド国境周辺ではモンゴル人による農業が大規模に行われていたが，その技術は決して高くはなかったという[24]。コージンがモンゴルに赴任する前後の1914年頃，ボグド・ハーン政権では，農業奨励政策として，農業を行う旗に対して，鋤や鎌などの農具や種子を与え，3年以降，収穫物の一部を保存用とし，国庫，および所属旗の税目として納付させたあと，残りを耕作者に与えるとした[25]。これを受けていくつかの旗では，ある程度，農業振興に着手したといわれる[26]。ロンジドによれば，その後，1916年以降，コージンやビッテの意向を受けて，財務省の許可のもと，同様の事業が多くの盟や旗，ハロール（哨台）の土地において，国庫の支援を受けて実施されたという[27]。

このような状況のなかで，「自治時代」（本文の記述に基づく）に財務

22）　МУYТА. ФА6-Д1-ХН344 : olan-a ergügdegsen-ü doluduγar on qaburčaγ, mongyol ulus-un sang-un kereg-i jöblekü tüsimel kojin-u tusa ulus-i sayijirayulqu tuqai sanal qaraju eldeb alban-u kereg-i yabuγulqu keregtü jaruγsan mönggü-i todurqayiraqu-yin γadan-a ulus-un bayidal-i tobčilan todurqayilaγsan bičig-ün eke dangsa.

23）　Ewing(1980), pp.83-84.

24）　И.Маиский (2001), 263 дахь тал.

25）　Монгол улсын ШУА-ийн түүхийн хүлээлэн, *Монгол улсын түүх : Тавдугаар боть XX зуун*, Улаанбаатар : Адмон, 2003, 88 дахь тал.

26）　Б.Роломжаб, "БНМАУ-ын тариалангийн хураангуй түүх", *Studia Historica*, Tom. XX, Fasc. 1, 1987, 16 дахь тал.

27）　Лонжид (2002), 49дахь тал.

省によって「土地使用規則」（9条）を含む冊子（モンゴル語活字版）が作成されている[28]。同規則が直接，コージンの方針を反映しているかは明らかではないが，おそらく内容から見て，コージンの在ハルハ時期の改革と関連したものと考えられる。

　まず，同規則の前文には，モンゴルの牧業繁栄に加え，モンゴル人に農業を奨励することが盛り込まれている。その内容を概観すれば，農業に従事するノトグのモンゴル人に対し，それぞれが属するノトグの支配者から「国家財産管轄規則」に従い，財務省より土地を測量して取得させることや（第1条），土地の全て，もしくは一部を他人に好き勝手に移動させてはならないことが定められている（第8条）。また，土地を開墾する人に対して，家屋建設のために，最初の三年間，「国家財産管轄規則」に従い，無税で150平方アルド・モド（alda modu）[29]の土地を使用させるとした（第3条）。もし土地を他人に与えるなど，違反をおかした場合は土地や家屋を全て回収するとされた（第9条）。

　当時，ハルハにおいて農業に従事していたのは漢人やロシア人で，モンゴル人は1割程度といわれたが[30]，上記の「土地使用規則」からは，牧業振興とともに農業を重視し，モンゴル人自ら農業に従事させる方向性をみてとることができよう。ただし1914年の農業奨励政策はさほど成果を見ずに終わったとされる[31]。とはいえボグド・ハーン期の農業奨励政策の趣旨が，その後，明文化され，法制化されていった点に注目すべきであろう。

第3節　ハルハにおける土地制度確立の進展

　以上見てきたように，ボグド・ハーン政権による試みを経て，1918年までにロシア人の経済顧問により，さまざまな財務関係の諸規則が制定

---

28)　МУУТА. ФА6-Д1-ХН497〔本文に表題なし〕．
29)　alda, mod はともに長さの単位であり，1 alda は1尋（約5尺，もしくは約1.6メートル），1 mod は1ロシア里（約1.067キロメートル）を表すが，ここでの換算方法は不明である。
30)　Лонжид (2002), 49дахь тал.
31)　Б.Роломжаб (1987), 16 дахь тал.

されようとしていた。しかしながらこれらの規則は，系統立てて編纂されたわけではなく，中央文書館の文書に散在しているため，全体像は明らかではない。その解明は今後の課題であるが，ここでは『欽定モンゴル国則例』[32]をもとに，1910年代における土地政策の進展状況について検討することにしたい。

『欽定モンゴル国則例』は，65巻からなるボグド・ハーン期の法典であり，1913年末から1918年頃編纂されたもので，ハルハにおける最初の近代的法典と評価される。『欽定モンゴル国則例』の内容は清朝の影響を色濃く受け継ぐ一方で，近代的要素も盛り込まれているとされるが，その位置付けは定まっていない[33]。しかしながら『欽定モンゴル国則例』は，近代モンゴル法のいわば到達点ともいえ，同則例を分析することは，この時期の外国人に対する土地政策の特徴を理解するうえでかかせないであろう。

『欽定モンゴル国則例』第12巻は倉糧（сангийн аму）[34]に関する法令であるが，倉糧の調査や納付，ジェブツンダムバ・ホトクトの領地，および外国人に対する耕作地の賃借や開墾に関連した11条の条文から構成される。うち3条は，外国人に対する土地賃借についてであり，そのうちの一つ「外国人に土地を賃借し，土地を耕作させること」は，下記のように規定される。

> 外国人が各旗，［および］シャビ［ホトクトに隷属する宗教的隷属民］のノトグ［牧地］で土地を賃借し，耕作したいというものがあれば，外務省より，その土地に支障がないか否かノトグを管轄する役所が調査して，実際に差し障りがある土地がなければ，耕作地の名前，規模などを明確に地図に記し，外務省，財務省にそれぞれ届け出て，

---

 32)　『欽定モンゴル国則例』については，島田正郎「ボグド＝ゲゲン＝フトクトの勅定法典――1920年自治外蒙古法」(『清末における近代的法典の編纂――東洋法史論集第三』創文社，1980年) 参照。なお，『欽定モンゴル国則例』は О.Батсайхан, З. Лонжид, Ч. Хажидсүрэн, *Зарлигаар тогтоосон Монгол улсын хуулы зүйлийн бичиг*, Улаанбаатар, 1995に収録されている。

 33)　萩原守『清代モンゴルの裁判と裁判文書』(創文社，2006年) 15-16頁。

 34)　大島清『庫倫出張報告書』(1920年，東京外国語大学附属図書館蔵) 付録の日本語訳では сангийн аму を「国有地」と訳している。モンゴル語で сан は庫や倉，аму は穀類を意味し，いわゆる蔵入地を表すが，ここでは倉糧とした。

第9章　近代ハルハ・モンゴルにおける土地制度の系譜とその展開　　261

期間［を記した］証明書を受け取り，法律に従って課税せよ[35]。

　これ以外の外国人に対する条文として，「好き勝手に外国人を集め，土地を開墾することを禁止する」として，各盟旗，およびハロールのノトグにおいて，ジャサグや王公，官吏，俗人らが無断で外国人を招聘し，土地を開墾させた場合の罰則規定がある。さらに条文「すべての耕作地を耕作し，居住する外国人民は，10戸につき1名，長を置き，厳しく監視させること」では，表題通り，外国人を戸ごとに管理し，逃亡者や放浪者，それを隠匿したものを厳しく取り締まることが規定されている。これら一連の法規から，『欽定モンゴル国則例』において，政府の管轄のもと外国人の土地使用に対する課税と開墾規制を行うことが明確に打ち出されたといえよう。これらは清朝時代の旧慣を継承する一方で，外国人とモンゴル人との線引きを明確にしている点に特徴があるといえる。
　それでは，これまで見てきた法規が実際にハルハ領内でどのように運用されたかについて確認しておくことにしたい。中央文書館には，共戴8年（1918年2月12日～1919年1月31日）頃作成された「耕作許可書」が残されているが[36]，同史料は，ボグド・ハーン政権下において，外務省の認可のもと，キャフタ周辺で耕作しているロシア人に対し付与されたモンゴル語文書である。この「耕作許可書」は，土地の場所，土地の等級，および賃借額などが空欄となっており，許可書があれば，3年間の耕作が許された。さらに「耕作許可書」の文末には，先の「農地開墾に関する規則16条」が付記されており，同規則に基づき，外国人耕作民の土地使用が認められていたことが改めて確認できる。このようにボグド・ハーン政権下において，少しずつではあるが，土地政策が実行され，それが外国人に対して適用されつつあったことが理解できるだろう。

35）О.Батсайхан, З. Лонжид, Ч.Хажидсүрэн (1995), 63-64 дахъ тал.
36）МУУТА,ФА6-Д2-ХН144, γajar türiyeslekü temdeg bičig.

おわりに

　1910年代，東北アジアではロシアの南下と清王朝の体制変革という大きな変動が生じていた。このような状況を背景としつつ，モンゴル地域における土地制度は，すでに変化の途上にあった。まず，内モンゴルでは，清末までに開墾が進み，また土地制度の「近代化」によって，漢人耕作者の権利が強化されつつあった。一方，清朝時代のハルハでは，漢人農民による無秩序な開墾が行われ，庫倫辦事大臣の三多がそれを公認し，強化させる方針を示していた。これらはいずれも清朝末期のいわゆる「新政策」に対応したものであったが，清代のモンゴル社会の秩序を大きく転換させる契機ともなった。これに対し，ハルハにおいてボグド・ハーン政権が成立すると，内外モンゴルは，異なる道筋をたどることになる。1910年代，辛亥革命やキャフタ協定締結を経て，中華民国の領域内に取り残された内モンゴルでは，周辺の省政府によりさらに開墾政策が強力に進められてゆく。一方，ボグド・ハーン政権では，いちはやく土地政策を打ち出して外国人による土地利用を規制するとともに，農業奨励策を実施し，さらにロシア人経済顧問の影響力のもと，法制化を進めていった。しかし同政権は，外国人に対する課税を強化するなど，財政的には彼らに依存する傾向も見せていた。これらの政策は，既得権益を有していた漢人に対し，規制を強める意味を持っていたが，同時にロシア人にとっては制度的な「開国」を意味していたのである。

　以上，本稿では，1910年代のハルハにおける土地政策をごく大まかに検討した。同時期の制度変化の過程を解明し，実際の牧地の賃借についてさらに検討をくわえ，モンゴル的秩序の模索過程を明らかにすることが，筆者の今後の課題である。

第10章
南進論と日独伊三国同盟
――情報の調査と立案をめぐる再検討――

芳井 研一

はじめに

　1940年9月の日独伊三国同盟の締結に至る過程において南進論がどのような位置を占めていたかについて，諸情報の調査と立案に即して再検討しようというのが小稿の目的である。

　三国同盟の締結過程については，日独伊ソの四国同盟をめざしていたかどうかや，松岡外交の是非等が近年までの大きな争点になっていた観がある[1]。もちろんかつての通史叙述以来，三国同盟の締結が対米戦への道を切り開く重要な節目になったこと，南進政策の決定によって三国同盟の締結が必然化したことは的確に位置づけられている[2]。先駆的な外交史的研究である細谷千博の三国同盟の分析でも，三国同盟の締結が南進政策と連関していたことが詳細に検討され，アメリカの対日態度の硬化につれて，南進に際してのアメリカの武力介入を阻止する必要が，政府指導者をして同盟締結への決意を固めさせた，と指摘している[3]。

---

1) 日独伊三国同盟をめぐる研究として，三宅正樹『日独伊三国同盟の研究』（南窓社，1975年），テオ・ゾンマー『ナチスドイツと軍国日本』（時事通信社，1964年），義井博『日独伊三国同盟と日米関係』（南窓社，1987年），木畑洋一『日独伊三国同盟と第二次大戦』（岩波書店，1988年）などがある。海軍に関しては，工藤美知尋『日本海軍と太平洋戦争』下巻（南窓社，1982年）などがある。なお近年の研究として，平間洋一『第二次世界大戦と日独伊同盟』（錦正社，2007年），手嶋泰伸「第一次日独伊三国同盟交渉と日本海軍」（『歴史』第110輯，2008年），石田憲『日独伊三国同盟の起源』（講談社，2013年），渡辺延志『虚妄の三国同盟』（岩波書店，2013年）などがある。
2) さしあたり，歴史学研究会『太平洋戦争史』第3巻（青木書店，1972年）70-74頁。

このように南進政策と三国同盟締結が連関していたことについては通説的な理解として定着しているだろう。にもかかわらず，防共協定強化交渉以来一貫して締結に反対していた海軍が，なぜ最終的に賛成したかについての説得的な分析となると，今なお十分とはいえない。松岡外交の評価についても，かつて植田捷雄が松岡の独裁外交に引きずられたと分析して以来，外交のそれなりの論理性を解明する作業も詳細にすすめられているとはいえ，分裂したままである[4]。

そこで小稿では，こうした問題を念頭に置きながら，情報の調査と立案というファクターから再検討したい。政治過程論的な検討を骨子としながらも，それぞれの機関が，変転する情報をどのように受けとめ，調査を進めながら立案し，方針を決定していったかについて，南進論を中心として検討する。それがいかなる脈絡で三国同盟の締結に結びついたかについて，海軍の事務当局をはじめ，陸軍・外務省等の実務担当者による立案過程を検証することによって考える。彼らはどのように諸情報を調査・収集し，そのなかから何を選択して判断の基準としたか，それらが三国同盟締結にどのような影響を与えたかについて，南進論の展開過程と枢軸提携交渉の推移を連関させながら検討する。

第1節　海軍の南進論

1　南進論国策化の端緒

南進論が海軍の公式方針として明示された最初は，1933年9月25日決定の「対支時局処理方針」であった。塘沽停戦協定以来の華北における陸軍の活動にならって，華中・華南で同様の情勢を「波及拡大せしむるに努む」とした。排日運動が華中の既得権益を侵害するとき「必要なる

---

3) 細谷千博「三国同盟と日ソ中立条約」（『太平洋戦争への道』5巻，朝日新聞社，1963年）159-227頁。同書に収録されている，大畑篤四郎「日独防共協定・同強化問題」も，防共協定強化問題の推移を詳細に跡づけた先駆的研究である。

4) 植田捷雄「日独伊三国同盟」（『太平洋戦争原因論』新聞月鑑社，1953年）338頁。近年の松岡外交の評価としては，森茂樹「松岡外交における対米および対英策」（『日本史研究』421号，1997年）などがある。

場合は実力行使も敢て辞せ」ないとした。華南では「列国の軍事的進出に対しては極力警戒防止に努」め,「同方面に対しては追て積極的方途を講ずることあるべし」とした[5]。これらの新方針は,第三艦隊の従来の任務を確認しつつ陸軍への対抗上盛り込まれたようにいわれているが,むしろこの年3月27日の日本の国際連盟脱退通告に連動した反応であったとみるべきであろう。海軍はこれより先の2月22日に,日本の南洋委任統治地域の主権問題が国際連盟の脱退問題と関係がないという声明を出していた。南洋群島は海正面の「生命線」であり,「死命を賭しても手放すことは絶対に出来ない」のであった。海軍にとって,太平洋におけるアメリカとの戦略的対峙やシンガポールに海軍の拠点をもつイギリスとの対抗上,南洋群島の軍事的価値は高く「死守」せざるを得ないと認識されたのであるが,それが華南における「積極的方途」の模索につながっていたといえる。5月20日に施行された艦隊の平時行動区域には,「本邦,関東州」などとともに初めて「委任統治南洋群島」が明示された[6]。

　もう1つ海軍にとって重要だったのは,国際連盟脱退後の国際的孤立化の下でのワシントン・ロンドン両軍縮条約の期限切れ問題であった。1933年5月27日に海軍省大臣官房に臨時調査課が新設されたのは,軍縮問題の対策のために研究調査を行う必要が生じたからであったという[7]。国際連盟からの正式脱退の時期は1935年3月であったが,その年末には,改訂されない場合にはロンドン軍縮条約が廃棄されることになっていた。さらに翌年にはワシントン軍縮条約も,通告により廃棄されることが見込まれた。1936年に訪れるかもしれない軍縮の無条約時代に備えた軍備拡充計画の実施と戦略の見直しが必要になったため,その調査と立案を担当する臨時調査課が発足したのである。

　海軍は,1934年2月に,アメリカによる福建省等の飛行場建設支援事業を阻止するため国民政府に抗議し,日本からの航空路を拡充するよう申し入れた。吉田善吾海軍省軍務局長は,福建省以外を含む中国各地に

---

5)「海軍の対支時局処理方針」(『現代史資料8　日中戦争11』みすず書房,1964年) 9-10頁。

6)『戦史叢書　大本営海軍部・連合艦隊〈1〉』(朝雲新聞社,1975年,以下,『連合艦隊』と略記) 257頁。

7) 同前,287頁。

外国勢力が伸張して日本に不利な施設を作ることに対し「各種の手段を以て之を排除」しなければならないとした[8]。中国の華南地域を舞台とするアメリカとの対立が表面化した。

　こうしたアメリカとの摩擦の拡大は，軍事的に緊要と位置づけられた東南アジア地域の調査の必要性を痛感させることになった。その役割を担うため，1935年7月に対南洋方策研究委員会が，海軍省と軍令部の中心メンバーによってつくられた。同委員会の任務は，国防と国策樹立のために表南洋に関する各種の調査研究を行い「海軍として権威ある対南洋方策を確立するに資せんとする」ことにあった。表南洋とは，蘭印・タイ・フィリピン・英領マレー・英領ボルネオ・英領ニューギニアなどを指している。海軍では，従来これらの地域について「未知未調査のもの多く資料亦不備不足」であったが，「対南洋政策に関しては海軍が指導乃至推進的立場にある」ので，至急資料を整えて研究する必要があるとされた。直接の対象は表南洋であるが，南洋群島を含む裏南洋方面も研究対象に含まれていた。表南洋方策を実行するための「進出基地として台湾裏南洋方面に施すべき準備的工作」も調査対象となった[9]。毎月1回研究委員会が開かれ，月4回から8回程度の研究小委員会も開かれた。同年11月から12月にかけての研究小委員会では「進出目的及進出方針」（第8～14回），「海軍政策の研究」（第14～16，18，21回）などについて検討された。その後は対蘭印政策や対内策などについての個別の議論が行われていった。

2　国策の基準

　1936年3月19日には，国防方針や軍事関係国策，軍事関係条約などを検討する海軍政策及制度検討委員会が，対南洋方策研究委員会と同様の海軍省部の中心メンバーによってつくられた。すでに両軍縮条約の失効が前提とされ，新たな国際情勢に即した日本の中国大陸における権益確保策と「南方に発展を策する」ための対策が検討された。とくに対外国

---

　　8) 「米国航空勢力の対華進出」（前掲『現代史資料8』）54-59頁。
　　9) 「対南洋方策研究委員会」（「岸幸一資料」所収，アジア経済研究所蔵），『昭和社会経済史料集成』1巻，「海軍省資料1」（大東文化大学東洋研究所，御茶の水書房，1978年，以下，『史料集成』と略記）282-305頁。

策としての南方進出の必要性が叫ばれ「当然覚悟すべき英，米，蘭等の圧迫阻碍に対し常に慎重の用意を以て臨み且万一に対する実力の準備完成を要す」と強調された。中国大陸と「満蒙」の諸権益を確保するためには対ソ・対米軍備の強化を行わなければならず，そのために資源を求めて南方に進出しなければならない。しかし南方進出のためには宗主国であるイギリス・オランダが邪魔になるので，彼らに優越する軍備が必要となる。及川第三艦隊司令長官は３月27日付の具申で，「必ずや或る処に於ては実力を行使して其の障碍を除去する準備と覚悟」を同委員会に求めた[10]。同月に作成された海軍中央部の「国策要綱」は，「南方に発展するを根本方針」とした。ただ言い回しは慎重で，審議機関の設立や移植民と経済の両面における漸進的進出を図ること，イギリスの対日政策への牽制などが盛り込まれているにとどまっていた。

　他方陸軍では世界最終戦論を持論とする石原莞爾が作戦課長として影響力を発揮し，６月に「国防国策大綱」を作成した。同案には，イギリスの東アジアにおける勢力を駆逐するとか，実力によりオーストラリアやニュージーランドを日本の領土とするなど，誇大な構想が示されていた。そこで陸海軍事務当局が調整・妥協をはかり「国策大綱」を作成し，外務省に持ち込んだ。１か月にわたる陸海外三省の協議を経て一致をみた案が，８月７日に五相会議で「国策の基準」として決定された。同基準は，「東亜大陸に於ける帝国の地歩を確保すると共に南方海洋に進出発展する」とした。陸海軍レベルでの南方進出方針が国策として認知されたことになる。

　なおその間に帝国国防方針の第三次改定作業が進められ，６月８日に裁可された。仮想敵国を米国，露国の順にしたのは以前と変わらないが「併せて支那，英国に備」えるという文言を加えた。初めてイギリスを対象に組み入れたことは，南進論との関係で重要である。伏見宮軍令部総長は５月に赴任する吉田茂駐英大使に対し「帝国の南方発展に伴ひ，英国との利害衝突は避け難」いと述べているが，南進論と対英論がセットになってこの時認識されていたことに注目せざるを得ない[11]。８月に

  10)「支那ヲ中心トスル国策ニ関スル所見」(『太平洋戦争への道　別巻資料編』朝日新聞社，1963年) 216-222頁。
  11)　前掲『連合艦隊』，297頁。

作成された昭和十二年度海軍年度作戦計画には「英国に対する作戦方針」として，作戦当初にイギリス東洋艦隊を撃滅すること，来航途上の主力艦隊を捕捉減勢し東洋海面で撃滅することが盛り込まれた。

3 北海事件への対応

　国策の基準が五相会議で決定された直後の1936年8月24日，四川省成都の日本総領事館の再開に反対する暴動が起こり，2人の日本人記者が殺害された。また9月3日には，広東省北海で丸一薬房を経営していた日本人が，暴徒により殺害された。これらの事件に対し，海軍は第三艦隊を派遣して警備にあたらせた。海南島の対岸に位置する海港の北海には，香港から嵯峨，青島から球磨，さらに横須賀から洲崎が派遣された。これらの艦船を第三艦隊南遣部隊と名付けて待機させた。

　問題は，その間の海軍の対応である。まず臨時調査課は事件勃発11日後の9月14日に「支那警備方針に関する所見」をまとめた。国民政府に対し，3つの航空路（福岡・上海便，上海・成都便，上海・海南島・北海・成都便）を開設し，日中合弁会社をつくるよう要求すること，交渉にあたって相手が誠意を見せない場合「海南島を保障占領」するための準備を整える，とした[12]。これは海南島占領方針が明示された最初の案である。所見の欄外には「会澤軍令部第二課長殿　岡大佐」「御意見御願致度」という書き込みがある。臨時軍事課長であった岡敬純大佐による回覧書類であったことがわかる。翌日軍令部は，「本事件は成都事件と合わせ国民政府を相手とし全面的排日の禁絶及国交根本的調整に利導し此が解決を促進」するとする「北海事件処理方針」を決定した。兵力を派遣しつつ外交交渉を進め，もし誠意が認められずかえって排日を助長するようなことがあれば「情況に依り海南島若くは青島の保障占領を行」うとした。前日の臨時調査課の所見を下敷きにして作成された方針であったことは，海南島の保障占領まで盛り込まれていたことにより明らかである。

　9月23日に国民政府外交部長の張群と川越駐華大使による会談の決裂の報に接した海軍中央部は，翌24日，第三艦隊参謀長に対し「海南島保

　12）「支那警備方針ニ関スル所見」（前掲『史料集成』2巻，1980年）419-420頁。

障占領の件は考慮し非すと雖北海事件を契機とし今後我方勢力の扶植を希望」しているので，当分必要兵力を配備するように要請した。さらに25日の福留繁第一課長の意見は，海南島の占領は当面考慮していないが，「兼ねて我勢力の扶植を希望し居たるに付此次事件を契機として爾今なるべく当方面にも警備兵力を配備し我勢力の進出を擁護推進せんとする方針なり」とのことであった[13]。海南島保障占領案についてはトーンダウンしているが，北海事件を利用して国民政府に譲歩を迫り，この地域への影響力を確保することを目的としていたことがわかる。そのために艦隊を派遣し，国民政府に対する強硬姿勢を持続した。用意された第一課作成の出師準備案には，中国への出師準備案とともに対米（英）作戦のための出師準備案もあった。また9月28日に第一部長が軍事参議官にその間の経緯を説明した「覚」には，「海南島警備兵力の配備に関しては対支交渉並に同島に対する我方の勢力扶植を有利ならしむる目的を以て差当り所要の兵力を海口方面に存置せられ度中央より3Fに内意を伝えたり」との記述があり，北海事件勃発以後の対応が，海軍中央部の組織としてのものであったことをはっきり示している。それ故，川越張会談で国民政府側が陸海外三省でまとめられた航空路開設などの要求案を受け入れない場合には，より強硬な手段に出ざるを得ないと考えられた。

　実際大角海相は，10月1日に開かれた閣議で，中国側が日本の条件を受け入れない場合には海軍は「極めて困難なる局面に際会することとなる」ので「最後の腹を決めて短時日に徹底的に遣る考なり」と「最後の強力手段」に訴えると発言した[14]。

　川越と張群による事件処理をめぐる交渉は12月まで続けられた。国民政府の陳謝，犯人の処罰，被害家族への3万元の支払いという条件で12月30日に合意し，公文が交わされた。そのため，この事件を利用して艦隊派遣を背景に海南島保障占領などによって勢力伸長を目論んだ海軍中央部の強硬姿勢は腰砕けになったが，この時に採用された一連の方針はそのまま海軍内に保持され継承されることになる。

---

13) 軍令部第二課「北海（支那）事件経過概要」（前掲『現代史資料8』）218-219頁。
14) 同前，239頁。

第2節　南進論と防共協定強化問題

1　第一次近衛内閣期の海軍南進論

　北海事件処理が終末を迎えた1936年末以降に，海軍省上層部の顔ぶれは大幅に入れ替わった。同年12月には海軍次官に山本五十六，翌1937年2月には海相に米内光政，10月には軍務局長に井上成美，臨時調査課長に高木惣吉がそれぞれ就任している。英米との協調を重んずる穏健派といわれた人々の登場である。ただ軍令部の方は，第一課長の福留繁などはそのままで，軍令部直属大佐の中原義正が1936年12月に横井忠雄に替わったのみであった。「海軍の南洋王」と呼ばれ反英論の急先鋒であった中原から，直前の4年間ドイツに駐在していた横井への交代は，この時海軍が直面していた課題として南進論と共に防共協定強化問題が加わったことに対応していた[15]。海軍省とは異なり，統帥部である軍令部では，それまでの人事構成と方針が維持されたことに留意したい。というのは盧溝橋事件以後の日中全面戦争の過程で，海軍省の臨時調査課の立案文書に南進論は挿入されていないが，軍令部では事態の推移をにらみつつ戦略上の問題として南方進出策を推進していたからである。

　まず海軍省軍務局第一課別室高木中佐による1937年9月17日付「日支和平解決に関する研究」を見よう。上海や揚子江一帯の安全を確保するため列国との協調を約束するとしている。国民政府への要求についても，前年に示した海南島・北海経由の航空路ではなく福岡・上海便，台北・広東便が盛り込まれているのみであった。一方上海空爆などを実施して戦火を拡大させるなかで，軍令部側は華中・華南に最大の権益をもつイギリスとの摩擦を問題視し，和平の仲介にあたるドイツへの接近に意味を見出すことになった。なお1938年1月16日に国民政府の抹殺を意味する「対手にせず」声明を出した直後の18日，広田外相は，南洋委任統治領をいったんドイツに返還し，改めてドイツから買収して日本の領土と

---

15)　相澤淳「日本海軍の対英観の再検討」（『戦史研究年報』4号，2001年）55-57頁。

するという奇策を近衛首相に提案している[16]。日独防共協定の相手方であるドイツが，イギリスに接近しないよう植民地問題を提起しておく必要があると考えられたからだというが，外務省でもそのような関心が委任統治領に寄せられていたことがわかる。

　海軍はこの時期に，楊子江一帯の守備や海南島進出を足掛かりにして自らの政治的基盤を固め，北守南進へと国策の軌道修正をはかろうとするようになる。そうした思惑は海軍省も軍令部も共有しており，板垣陸相が五相会議に「日支新関係調整要綱」を提案した1938年8月以降に表面化した。その推移を見よう。五相会議では，陸軍の要綱案をもとに陸海外蔵の事務当局が必要な加除をおこなうことになった。同要綱によると，日満支三国は「東洋文化の再建を以て共同の目標と」し，中国が「満州国」を正式承認することにより「東亜復興の理想下に新国交を修復す」るとした。東洋道義文化を基軸とした日中の連携という考え方が示されているものの，中国側が満州国を承認するという高いハードルが設定されている。同時に華北・蒙疆を国防上・経済上の日中強度結合地帯とし，なかんずく蒙疆には軍事上・政治上の特殊地位を設定し，さらに楊子江下流域をも経済上の強度結合地帯とするものであった。これらの基礎条件が満たされれば「日本軍隊は全般並局地の情勢に即応し成るべく早期に之を撤収」するとしている[17]。

　汪精衛工作が本格化し，同要綱が御前会議案に煮つめられていくなかで原案の骨子も修正されていくが，そこに以下のような海軍の南進への明確な意図が盛り込まれたことは重要である。

　第1に，閣議決定案の基礎事項前文の「東洋文化の再建を以て共同の目標となし」という部分が，10月29日付の陸海外蔵四省主任者案では「新東亜建設の理想の下に」と改められ，さらにそれを海軍省主任者が「東亜新秩序建設の理想の下に」と修正した[18]。事務当局作成文書のなかに

---

16) 「独逸ノ旧独領植民地回復問題ニ対スル帝国政府ノ方策ニ関スル件」(『史料集成』5巻) 26-29頁。

17) 「日支新関係調整要綱　八月一六日閣議決定」(『近衛文麿文書』3C-30),「日支新関係調整要綱」(「高木惣吉史料　諸意見申合並戦争指導」防衛庁戦史部図書館所蔵，以下,「高木史料」と略記)。

18) 「日支新関係調整要綱　一〇月二九日付,陸海外蔵四省主任者案」(『史料集成』6巻,1984年) 224-227頁。

はっきり「東亜新秩序建設」の用語が使われたのは，これが最初であると推定される。さらに11月3日の第二次近衛声明をへた案では「東亜に於ける新秩序建設の理想の下に」となった[19]。

第2に，同じく基礎事項として新たに「南支沿岸特定島嶼（海南島を含む）に於ける特殊地位の設定（審議未決定）」が加えられた。11月3日案ではこの部分に「支那沿岸特定地点」が書きこまれた。ただ11月21日付の陸海外蔵四省主任者案では元に戻り，備考に「南支沿岸特定島嶼とは差当り厦門，東沙島，三竃島，海南島，四沙群島」が含まれると付記された。このとき海南島については「軍事上の根拠地設定のみを考慮しあるも未着手なるを以て政治様式には触れす，之に着手したる後は特別行政区域若くは自治区域とする海軍事務当局の腹案」であったという。陸軍の援蒋ルート遮断の思惑を利用しつつ海軍の権益拡張的要求が盛り込まれた。

第3に，陸海軍の事務当局の間でもっとも鋭い対立点となったのは，共同防衛の原則と経済開発の原則であった。前者については，陸軍の日支防共軍事同盟締結等の共同防共方針を認めると「対蘇戦実行を方針的に容認することとなるやの懸念」があるとして海軍側は反対したが，結局そのまま認めることになった。代わりに「共通の治安安寧維持のため楊子江沿岸特定の地点及南支沿岸特定の島嶼に若干の艦船部隊を駐屯」するという項目が加わった。経済開発については，陸軍が日満の不足資源は華北と蒙疆で十分調達できるとし，企業化も容易であるとしたのに対し，海軍はそれを「誤判断」と認識しつつも反論できず，華北重点主義の開発方針が採用された。ただし海軍は，「中南支に於ても亦特定資源の開発に付支那側より便益供与を獲得する方針を堅持せり」としている。

このように四省の事務当局会議で海軍の華中や南方への権益拡大的要求が正式の検討の対象になり，それらの文言が「日支新関係調整要綱」に挿入されたことに大きな意味がある[20]。伝統的な陸軍の北進論に対抗

---

19)「日支新関係調整要綱　一一月二一日付,陸海外蔵四省主任者案」（前掲「高木史料」所収）。

20)「日支新関係調整方針　御前会議決定」（『日本外交年表竝主要文書』下巻，原書房，1966年）405-407頁。

する意味での南進論が，日中全面戦争の収拾策をめぐる陸海軍の戦略方針（対ソ戦か英米戦か）の選択というレベルで浮上したことを示すことになったからである。

　そうした動向を反映して，海南島占領への道が一気に加速した。同年10月2日に刊行された『武漢三鎮陥落後戦争はどうなるか』という一般向けの本は，海南島をどうしても攻略して占領すべきだと主張した[21]。海軍内では「海南島占拠の仏国に対する法的関係」について検討が加えられた。日本の海南島占拠に対して「仏国は東京湾及仏領印度支那の安危に関する問題として極めて之を重大視し英国の支持と相俟つて全般的に国際世論の激昂を免れ」ないとしながらも，法律的には違法とする根拠はないとしている[22]。同年11月7日付の臨時海軍特務部長の「蒋に絶望的感化を與ふる方法なきや」という質問に対し，軍令部第三部は「海南島攻略により仏印経由武器援助を停止し得れば蒋の抗戦意識に大影響を与ふ」と答えている。またフランスに働きかけてイギリスを動かす方法はないかとの問いかけに対し，フランスとの接触は困難で「寧ろ海南島攻略等に依り仏を圧迫し対英依存心に苦杯を嘗めさすを可とす」と応じた[23]。当時参謀本部戦争指導班員であった堀場一雄によると，海軍は広東作戦以来海南島に着目していたが，12月に入ってその問題を再燃させたという。陸軍はそれを阻止しようとしたが，陸海軍協調の義理もあったので，目的を航空作戦と封鎖作戦の基地を設定することに限定し，かつ将来の政治経済問題に関連させないという一札を入れて共同作戦を実施することにしたという。ただ12月という時期については堀場の記憶違いである。実際には11月25日の五相会議で「日支新関係調整要綱」を議決するに際して「海南島は作戦上の必要ある場合之を攻略」することが了解事項として決定されていた。これには「五相会議限りとす」との但し書きが加えられていた。このとき五相会議は，海軍の海南島武力占領要求を受け入れていたのである[24]。こうして海南島攻略作戦は1939年1

　21）『武漢三鎮陥落後戦争はどうなるか』（亜細亜出版社，1938年）28-30頁。
　22）「海南島占拠ノ仏国ニ対スル法的関係」（『史料集成』6巻）196-198頁。
　23）「日本ノ中国関係対外政策ニ関スル意見」（同前）258-259頁。
　24）堀場一雄『支那事変戦争指導史』（時事通信社，1962年）236-237頁。外務省東亜局「外務省宛（十一月二十六日午后一時）日支新関係調整要綱議決ノ際海軍大臣提案五相会議了解事項（昭和十三年十一月廿五日）」（「旧陸海軍関係文書」所収，アメリカ国立公文書館所蔵）。

月13日の御前会議で決定され，19日に大本営が作戦を発令した。2月10日に日本軍は上陸し，海口などを占領した。さらに3月30日，新南群島（スプラトリー諸島）を日本領土であると宣言した。

海南島軍事占領に対する中国・フランス・イギリスの反対は激しかった。蔣介石は，2月13日に外国人記者に対して海南島占領は太平洋上の「満州事変」であると発言した[25]。有田外相はフランスの抗議に対し，同じ13日に，領土的野心はないと述べざるを得なかった[26]。イギリスは3月に中国の法幣を安定させるための1000万ポンドの借款契約を国民政府と結んだ。アメリカは3月に国民政府に対し軍用機と発動機を購入するための費用として1500万ドルの借款を供与する契約を結んだ。日本の南進への着手に対する直接の批判は表向き控えられたものの，アメリカを中心とする欧米諸国は中国国民政府を強く支援する姿勢を鮮明にした。

2　防共協定強化問題の台頭と海軍事務当局

つぎに防共協定強化問題の台頭について海軍事務当局の対応をみながら整理しておこう。すでに大島浩在独陸軍武官は，1938年1月，リッベントロップ（2月に外相就任）と防共協定強化の必要性について合意に達していた。陸軍中央部はイギリスを対象に含む枢軸関係の強化を望み，5月の徐州作戦後に大島を通じてドイツ側に打診した。ドイツは7月上旬にいたって大島に防共協定強化を非公式に提議した。海軍はこの時点では軍令部第一部直属部員の横井忠雄が個人的にその経緯を知っていた位で，8月5日に笠原携行案が海軍に提示されるまで全く関与していなかった。ただし小島秀雄在独海軍武官は，大島から相談を受け，「陸軍がソ連以外の国家をも対象として考慮するようになったのは進歩であると感じ」賛意を示した[27]。外務省はそれらの動きを察知していなかった。

7月19日，五相会議は日独伊防共協定研究方針を決定した。そこでは「対ソ威力及対英牽制力を強化し以て当面の支那事変解決を迅速有利」にするためドイツと「対ソ軍事同盟を結び，イタリーと対英牽制の秘密

25）塩崎宏明「軍部と南方進出」（『昭和史の軍部と政治3　太平洋戦争前夜』第一法規出版，1983年）91頁。

26）前掲『日本外交年表竝主要文書』下巻，122頁。

27）「小島秀雄談」（「海軍関係調査記録」所収，以下，「海軍記録」と略記）。

協定を締結する」こととしている[28]。8月5日，笠原はドイツ案を持って帰国したが，その趣旨は「本協定の対象たるべき国はソ連のみに非ずして民主主義陣営の中心勢力を形成する英仏を含む」ものとなっていた[29]。陸軍はこの案に全面的に賛成した。海軍事務当局はその趣旨に同意したが，第二条の「武力援助を行う義務あるものとす」を「直ちに協議に入る」と改め，「秘密協定に依り与ふべき兵力的援助の条件範囲・限度及実行方法を明確且詳細に規定することを要す」と添え書きするよう要求した。ただ海軍では，山本五十六海軍次官，米内光政海相ら海軍上層部がこのような事務当局の妥協的姿勢に反対していた。条約締結によって英米との協調が破れることを恐れ，強化案に難色を示した。8月19日，岡敬純軍務局第一課長は，海軍次官と海相に事務当局の結論を伝えたが，山本次官はその結論に対し6項目の質問を出した。軍務局第一課は説明案を作成した。海軍事務当局の防共協定強化に対する態度は以下の通りである。

(1) 独伊との関係強化によって外交力をつけイギリスを対日協調に転換させることが出来る。
(2) 協定の対象をソ連のみに限ることは日中戦争における対英交渉に不利であり，また南方進出に利用できない。対象にイギリスを含むべきである。
(3) 日ソ戦の場合，ソ連兵力を西部で牽制出来るから効果がある。
(4) 協定締結に対抗して英仏が経済圧迫を加えるのではないかとの懸念はあるが，三国の強固な結合に対して対抗できるとは思われず，むしろ単独の場合こそやられる危険がある。[30]

海軍事務当局は，ソ英両国に対抗する防共協定の強化案に賛成したが，その理由は海軍が推進しようとしている南進策に利用可能と判断していたことにある。それに対し海相と次官はイギリスを含む強化案には断固

---

28) 「日独伊防共協定研究方針」（「経過日誌」，『現代史資料10　日中戦争3』みすず書房，1964年，同資料については以下，「経過日誌」と略記）172頁。
29) 「［五相会議呈出外務案］」（同前）173頁。
30) 前掲「海軍記録」所収。

反対であった。8月21日に星ヶ丘茶寮で陸海軍両相会談が開かれたが，席上米内海相は「ソ英を一所にして，これを相手とする日独伊の攻守同盟のごときは絶対に不可なり」と述べた[31]。独伊と結んでも日中戦争を解決することは出来ず，むしろイギリスを利用すべきだとして，協定は「従来通りソ連を相手とするに止むべく，英国までも相手にする考えならば，自分は職を賭してもこれを阻止すべし」と強調した[32]。米内は，イギリスを含む協定締結により日本が経済的に破綻することを恐れた[33]。池田蔵相や宮中グループも同様の立場に立っていた。

　外務省は陸軍のイニシアチブによるイギリスを対象に含めた軍事同盟には反対していたが，枢軸提携強化そのものには賛成であった。宇垣外相は，軍事同盟に反対したものの防共協定の強化には賛成で，ただ英米を敵にすることを極度に恐れていた[34]。同様に井上欧亜局長も，対ソ同盟に賛成していたが，ソ連と戦うためにはイギリスと結ぶことが必要だと述べており，英米を敵とすることには反対であった[35]。したがって8月12日の五相会議に提出された外務案は，「日独政治的提携関係の強化は我対蘇関係の見地よりなるべく早く実現せしむるを可とす」るが「目標を対蘇関係のみに極限」するとし，さらに「攻守同盟を避け防御的なる相互援助条約」を締結するとした[36]。笠原携行のドイツ案に対しては，第二条の「脅威」を「挑発に因らざる攻撃の脅威」とし，第三条の「武力援助を行う義務あるものとす」を「兵力的援助の実行方法に関しては当該官憲に於て予め協議すべし」とそれぞれ訂正した。外務案は陸海外事務当局で協議され，ほぼ同案に沿って原案が作成され，8月26日の五相会議で決定された。しかし陸軍は決定案にはカムフラージュをほどこしてあり，実際には英仏等も対象とするものであるとし，その旨を大島駐独武官に送電した。宇垣外相から東郷大使に送られた電報でも，武官宛と同様英米等を正面の敵とするもののではないとする表現が用いら

---

31) 緒方竹虎『一軍人の生涯』（文芸春秋新社，1955年）41頁。
32) 同前，43頁。
33) 「海軍次官の質問に対する説明案」（前掲『現代史資料10』）174頁。
34) 宇垣一成「日独伊三国同盟締結時のこと」（「宇垣一成文書」所収，国立国会図書館憲政資料室所蔵）。
35) 「欧亜局長意見」（前掲『現代史資料10』）177頁。
36) 「日独政治的提携強化方針要領」（同前）173頁。

第10章　南進論と日独伊三国同盟　　　277

れていた。そこで決定案の解釈をめぐって実際に条約の対象に英米を含むかどうかをめぐって紛糾することになる。

　このような対立が起きたのは，陸海外事務当局が対立の調整ではなく条約の文言をあいまいにすることで両者を立てつつ妥協しようとしたことにある。それには理由があった。海軍では米内海相の「対ソ限り」の条約であるという認識に山本次官・井上軍務局長などは賛成していたが，海軍省主務者の神重徳や軍令部第一部直属部員の横井忠雄などの事務当局は，条約の対象についてソ連を主とし英仏を従とすると理解していた。西園寺公望の秘書である原田熊雄とたびたび接触していた高木惣吉臨時調査課長は，事務当局が提携強化について陸軍に歩調を合わせようとしている理由について，陸軍の北進論を牽制し独断専行をある程度阻止するために行っていると説明している[37]。そのような側面があったことは確かであるが，それだけではなく，海軍事務当局としてはさきにみたように折を見て南進論に舵を切りたかったので，その場合英米との摩擦への抑止力としてドイツとの提携強化が役立つと考えられていたからであった。それに対し米内海相らは，日本を取り巻く大局的な国際関係から英米協調が不可欠であるとの認識のもとに対応した。

　宇垣外相は興亜院設置問題の紛糾で９月に辞任し，代わって有田八郎が宮中グループの後押しで就任した。しかし宇垣は退任直前に，親英米的な東郷駐独大使を当時駐独陸軍武官だった大島浩に交替させた。イタリア大使には同じく親枢軸派の白鳥敏夫を任命した。イギリス等をも対象とする枢軸提携論の推進者を両大使に据えたのである。有田外相の下で外務省は12月１日，秘密協定に「兵力的援助はソ連邦より攻撃を受けたる場合に限る」という条項を挿入した第二次修正案を各省に提示した。陸海軍事務当局は，すでに英仏も対象に含めていると反対した。そこで急きょ19日に陸海外事務当局が合議した案が作成された。秘密協定の条項を削除し，諒解事項として「兵力的援助の実施は，ソ連が単独か第三国と協同して締約国の一を攻撃したときだけと」し，その実施を英仏がソ連に加担したときに限定するとした[38]。この案には陸海軍上層部も外

---

37)『西園寺公と政局』7巻（岩波書店，1952年）262頁。
38)「陸海軍（大臣決裁）にて一致せる［海軍作製の］妥協案」（前掲「経過日誌」）196頁。

務省欧亜局長も同意したが，有田外相が反対したので決定に至らなかった。

　1939年1月4日に平沼内閣が成立し，有田外相は留任した。6日にドイツの正式提案が送られてきたので，同じ枠組みで新内閣での議論が行われた。17日と19日の五相会議では陸軍案と外務案が対立した。新任の石渡蔵相は「我経済の対手を今日英，米より独伊に変更することは困難である」と発言し，結局さきの秘密了解事項に基づいた外務案が日本政府案として決定された[39]。その説明のため伊藤特使がベルリンに派遣されたが，大島大使はこれではドイツが反対することは明白だとして正式の交渉に入ることを拒否した。たしかにドイツもイタリアも英仏を対象とする武力援助を含む協定にこそ締結の意味があると考えていた。

　そこで海軍事務当局は3月14日，米内海相に対し，秘密諒解事項を削除し，その趣旨を細目協定に入れることで妥協を図りたいと提案した。外務省は秘密諒解事項の撤回は論外であると拒否した。そこで陸軍事務当局は海軍案をもとに両者を融合した妥協案をつくり，急いで上奏した上で両大使に電送した。それに対しヒトラーは，「第三国からの攻撃に対して参戦義務を負う」が「武力的援助について文書にする必要ない」とする最終案を示した[40]。この提案に陸軍は同意したが，海軍事務当局はそれでは無条件の参戦義務を負うことになると反対した。海軍の場合参戦とは敵国との全面戦争を意味したので，陸軍のように武力発動について自主的に決定することは出来ず慎重にならざるを得ないという事情があった。推進派の海軍事務当局としても，ヨーロッパで戦争が勃発した場合に無条件で参戦義務を負うことは想定外であった。

　4月8日の五相会議では，参戦の意味を「助力及援助」とし，必ずしも武力援助を意味するものではないとすることで妥協がなった[41]。しかしこれを受けた大島大使は，あくまで兵力的援助の義務が求められているのであるから，それを留保することは出来ないと返電した。有田外相はもはや交渉の余地なく，両大使を召喚するしかないと平沼首相・米内海相に伝えたものの，結局五相会議では再考することしか決まらな

---

39)　「日，独，伊協定外務案に対する［海軍］修正意見の件」（同前）208頁。
40)　「海軍案の趣旨」（同前）226-228頁。
41)　有田八郎『人の目の塵をみる』（講談社，1948年）327-328頁。

第10章　南進論と日独伊三国同盟　　　　　　　　　　279

かった。

　この時ドイツ側の姿勢に大きな変化が起こった。4月20日のヒトラー誕生祝賀会で，リッベントロップ外相が大島・白鳥両大使を別室に呼び，ドイツとソ連が接近する可能性があるのでこれ以上枢軸提携を引き延ばすと締結は不可能になると警告した[42]。しかしこのことを知らせる電報を受け取った陸海軍は，対ソ接近論を単なる脅してあるとして問題にしなかった。何とか条約を締結したいとするあせりが，ドイツによる重要なシグナルを見逃すことになったようである。

　リッベントロップ外相と宇佐見参事官により日本側の案を組み込んだガウス案が作成され，5月7日開催の五相会議にかけられた。これに外海蔵の三相が反対し，陸相が賛成するという構図が繰り返されたが，ここで平沼首相がガウス案賛成の立場に立ってまとめようとした。陸海軍事務当局は，無条件の武力行使は不可とするが，武力援助の程度や方法については細目協定締結の際か現実の状況に即して決定するという別案を作成した。海軍事務当局の横井忠雄は「交戦国関係に入る明確な意思表示」だけでも戦争の性質上全面戦争に入らざるを得ないとして，無条件武力行使論に強く反対したという[43]。海軍事務当局が抑止側に廻った。別案は五相会議で合意され，大島大使に打電された。大島はドイツとの交渉は別案では不可能であるとして自身の召還を求めた。

　この頃中国の天津英仏租界で親日派の中国人が暗殺される天津事件が起こった。6月14日に陸軍は，天津英仏租界を封鎖する措置をとった。ノモンハンでの日ソ両軍の戦争が7月以降激化した。したがって陸軍としては窮状打開のためドイツ案を丸呑みしても何とか枢軸提携強化交渉をまとめたいとあせったが，すでに平沼首相の支持は消え，海軍事務当局も消極的になっているなかでは妥結の見通しは立たなかった。

　このように当初海軍事務当局は南進論に有利だとして枢軸提携強化交渉に前向きであったが，海軍上層部の大局的判断に従わざるを得なかった。平沼内閣期に陸軍が大島駐独大使の意向や中国情勢の変化等を受けて無条件参戦論に傾斜すると，一転して反対論にまわった。そのため枢軸提携強化論は挫折し，8月25日に独ソ不可侵条約が締結されたことに

　　42)「大島発有田宛第三六九号電」(前掲「経過日誌」) 257頁。
　　43)「在独大使宛回訓案」(同前) 309-310頁。

よりこの時の枢軸提携交渉は閉幕した。

　ところで海軍の高木調査課長は，その直後の8月28日に「新情勢に対処し海軍の執るべき態度」を作成した。彼は，「帝国将来の発展は，人口，資源，国防，気候，交通其の他の何れの点より看るも南方に進」まざるを得ないと記した。そのためには「独伊ソとの連合政策」が当面とるべき「最も有利なる策」であるとした。日ソ国交調整を行うことにより日独伊ソの連携が成立すれば，北守南進の国策が実現するのであった[44]。新情勢に対応した新たな日独伊ソの連合案が示されていたが，高木としてはすでに4月に日本にもたらされていたドイツの対ソ接近についての情報を受けとめて，その対策を練りつつ独ソ不可侵条約締結の日を迎えたということになる。

第3節　南進国策の強化

1　南進の調査と立案

　その間に南進論をめぐる調査と立案はどの程度進展していたのだろうか。実は陸海外三省を含む諸機関は一斉に活動を開始していた。逐次見ることにしよう。まず陸海外事務当局は1938年3月以来各省の事務官僚が集まって南方問題研究会を開いていた[45]。それまで政府レベルでは南進の具体的立案はなく，もっぱら各省の事務官レベルで検討が加えられていた。外務省ではこれら各省の調査研究について緊密な連絡をとるために，1938年3月9日，欧亜局第三課の斡旋で第1回南方問題研究会を開催した。会合には海軍省から神中佐，軍令部から西田第八課長・高崎少佐，陸軍省から早淵中佐・斎藤少佐，参謀本部から吉仲第六課長・西郷中佐，拓務省から川本南洋課長，それに外務省から石沢欧亜局第三課長・千葉通商第三課長・石井アメリカ第一課長・東光事務官・勝野事務官・小沢事務官が出席した。以後ほぼ同様のメンバーで会合が重ねられた。出席者は陸海軍からは佐官クラス，外務省は中堅クラスの官僚であっ

---

44)　「新情勢ニ対処シ海軍ノ執ルベキ態度」（前掲「高木史料」所収）。
45)　外務省欧亜局第三課「昭和十三年度執務報告」（外務省外交史料館所蔵）。

た。海軍の枢軸提携強化の主務者でその締結を強く主張した神中佐や，外務省の若手事務官で枢軸提携に熱心な東光事務官などが加わっている。研究会は毎月1回第2水曜日に開くことになり，以後1938年中は毎月開かれた。研究事項は「南洋華僑の動静」や南洋の鉄鉱資源や漁業など広範にわたり，太平洋協会・南洋協会についても検討が加えられたが，南進論についての成案は残っていない。

　海南島占領後の1939年4月には，満鉄調査部の拡充にあわせて海南島調査が企図された。満鉄調査部の宮本通治次長が海軍軍令部の藤原中佐に相談して話が具体化したというが，4月6日付の報告によると，同月1日に興亜院連絡部長官は次のように語ったという。興味深い新資料なので，そのまま引用しよう[46]。

1　海南島占拠は軍事占領の旨各国に通告しある手前，公然とは企業に着手し得さる立前なり。調査に関しては積極的にやる意志あり。殊に海軍に於て然り，調査の結果企業的に放置すへからさる成果を得たる際は自然に原則の例外を見ることとなるへし。既に若干の調査隊は入り居るものと思ふ。調査隊と名のつくへきものなりや否やは知らぬ。凡て海南島に関する件は軍務局（海, 陸両方）に於て統括し居る筈なれは，満鉄に於て調査の意志ある旨を通せは喜んで賛成するものと思ふ。
2　海南島に対する興味は各方面共熱心にして，新嘉坡にてゴム園を経営する千田商会主千田牟屡太郎氏（元三井カルカツタ支店長）は海南島に於けるゴム栽培の可能性を信し中支興亜院連絡部に出頭，右件に付諒解を求め来れり。小職も同氏に面晤其の抱負を聴けるか相当の意気込なり。
3　大蔵省長沼事務官（銀行検査官, 元馬場蔵相秘書官）海南島に赴く。長沼氏は占拠地幣制に関する調査竝監督の任を有し，在支中囊に広東の幣制を指導し其の後上海の幣制施行立案中なりしか，昨4日発広東竝海南島に赴けり。
　同氏は満鉄の全般的調査乗り出しにつき異常な賛意を表し是非同

---

46) 南満州鉄道東京支社調査室「満鉄調査部拡大竝支那方面等調査ニ関スル件」［綴］所収。

氏に満鉄社員を同行させ現地にて企画させ度しとの希望申出てあり。不敢取香港の大形職員を同行せらるる様手配せり。
　4　当地海軍側は全般的に満鉄調査に対する信頼を有し，先般大野大佐（現興亜院第二経済局長）も南支視察より帰り，台湾の実力には限度あり，行く行くは満鉄に依頼することとなるへしと漏せり。

　海軍・大蔵省などを含め，海南島に対する調査活動と企業活動がすでに始動しつつあったことがわかる。満鉄上海事務所長からは，さらに軍令部将校の談として，陸軍は南進をなるべく手控える方針だが海南島の鉛・錫・ゴムを目撃してその価値を再認識したこと，海軍は海南島を極秘裡に調査する意向である，と伝えられた。海軍派遣の大野興亜院連絡部経済第二局長は，海南島開発については統制主義をとらず，適業主義によって各企業を進出させたいと語っていたとも記している[47]。海軍が海南島占領を既成事実とし，同島の経済開発と軍事拠点化を図ろうとしていたことがわかる。そのためにも満鉄調査部などと提携して本格的な調査を実施しようとしたのだが，人材の派遣以上には協力体制は整っていなかった。この時点で海軍が南進論のため本格的な調査研究を進めようとしていたことは，4月13日付「対南方策要綱案」中の「将来英仏の政治並経済力を南洋より駆逐する目標を以て準備工作を進むる」という文言をめぐって，軍令部第八課長が，「を南洋より」以下を「に対して左記調査研究を進むる」に修正するよう求めていることからも推定できる[48]。ただ南進をめぐる具体案は作成されていなかった。
　ところが独ソ不可侵条約の締結直後の9月1日にドイツ軍がポーランドに進撃して第二次世界大戦が始まると，事務当局における南進策の立案が一気に進んだ。まず外務省欧亜局第三課は9月18日に「南洋を含む東亜に於て可及的に自給自足の経済体制を形成することを目標」とする「新状勢と対南方政策案」を作成した[49]。海軍事務当局は同案について，南洋を日本の自給圏の一環とすることに賛同しながらも，「対E作戦は

47）　同前。
48）　高木大佐「対南方方策要綱案」（前掲『史料集成』第7巻）355頁。
49）　欧亜局第三課「新状勢ト対南方政策案」（同前，第8巻）366頁。

第10章　南進論と日独伊三国同盟　　　　　　　　　283

早晩覚悟せざるべからざる運命に在るを以て対南方政策に於て経済的進出を考慮する場合戦略的考慮を十分加味するを要す」という部分を削除し，「作戦上の要求があるから特に海軍と緊密に連絡をとるべきことを要求する」とした[50]。1か月後の10月19日に作成された「欧州新状勢の対応する南方政策案」でも，「南洋をして帝国経済自給圏の一環たらしむ」と記されている[51]。同案は陸海軍の主務者の協議にもとづいて外務省が立案したものであった。また10月20日付の海軍案「欧州戦争に伴ふ当面の対外施策」では，とくに「貿易の振興並に国防自給圏確立を促進強化する目的を以て情勢を利導し列強との経済関係を調整すると共に特に南洋方面に対する施策を重視す」と記して南洋重視の姿勢を示した[52]。

　さらに11月になると外務省は「欧州新情勢に対応する南方政策案」をまとめた。ヨーロッパにおける英仏の敗退を利用して「事変処理及新秩序の建設」を促進するが，その目標を「先ず之を南方政策の進行に置くべき」であるとした。「我朝野が禁輸案を繞る対日態度に一憂一喜するは我国の経済が米国に依存すること大なるに依るものなるに鑑み我方としては速に斯かる状態より脱却し以て我経済上，外交上の立場を強化せざるべからず」として南洋の資源に着目し，政治的・経済的・軍事的見地より南方進出の必要性を説いている[53]。ヨーロッパ戦線におけるドイツの進撃に応じて，南方政策案もエスカレートしていった。なお企画院が1939年9月の第2次世界大戦の勃発にともなう経済政策の立案において，自主的経済圏の確立のために南方への経済進出を図ることを決定したことはすでに別稿で触れた[54]。勢力圏論に基く官僚レベルの南進論は，この時点で相当煮詰まってきていたといえよう。

　そのことは先の外務省の政策案で，南方進出の遂行を目標とする基礎的外交工作の第一として独伊との提携強化が述べられていることからも明らかである。独ソ不可侵条約の締結によって防共協定強化交渉は流れ

---

50)　「新状勢ニ応スル当面ノ対南方方策案（軍務ニテ修正セルモノ）」（同前）362頁。
51)　外務省主務課「欧州新情勢ニ対応スル南方政策案」（同前）546頁。
52)　「欧州戦争ニ伴フ当面ノ対外施策」（同前）550頁。
53)　「欧州新情勢ニ対応スル南方政策案ニ関スル件」（「帝国南方政策関係一件」所収，外務省外交史料館所蔵）。
54)　拙稿「国際情勢の変転をめぐる満鉄調査部の現状分析」（『環日本海研究年報』18号，2011年）95-96頁。

てしまったが，事務当局レベルは依然として独伊との提携に熱心であり，1939年秋にいたって南方進出の必要性とそのための対英牽制という枠組みの下で再び枢軸提携強化論が浮上したのである。

2　陸軍の南進策と日独伊提携強化問題

　陸軍中央部では，対ソ戦備の強化のための二号軍備が支那派遣軍の新たな作戦展開のための兵力増派によって実行不能となるや，その対処策に苦悩していた。ドイツ軍の西方攻勢はちょうどこの頃開始された。6月22日には独仏休戦協定が調印された。日中戦争を独力で解決出来ない状況に陥っていた陸軍中央部は一転して強硬論に転じ，南進論を参謀本部の研究対象とした。海軍も，ドイツの西方攻勢の始まった5月11日から21日にかけて，蘭印を軍事占領した場合の図上演習を行い，南進の作戦構想を練った。すでに1939年末において陸海外事務当局で南方進出について合意が出来ていたが，ドイツの西方攻勢という「新情勢」によって参謀本部と軍令部は正式に南方進出を検討し始めた。

　陸軍省軍事課がシンガポール奇襲作戦の即時実行という強硬論を主張したのに対し，参謀本部では援蒋ルート遮断のため仏印進駐を行うかどうかで賛否両論が出た。6月18日の部長会議では，仏印進駐には消極的な意見が多く，上海・香港の封鎖と圧迫の強化についてのみ一致した。ただ陸軍中央部は一応消極策をとったものの急激な進出を思いとどまっただけであり，南進策をめぐってはすでに合意していた。

　6月21日以降，参謀本部第二部は南方作戦を含む戦争指導，作戦指導についての課内案をまとめた[55]。同案は7月2日の省部首脳会議で「世界情勢の推移に伴う時局処理要綱」として決定された。要綱では，仏印に対して「情況により武力を行使することあり」としてそのための戦争準備を8月末を目標にして行うと，はっきり武力を前提とする南進策を示した。また「特に速に独伊との政治的結束を強化し，対ソ国交の飛躍的調整をはかる」として日独伊提携強化を主張した。この時の陸軍の論理は，ヨーロッパ情勢からみて日本の対英米依存経済は不可能となるため南方を含めた経済的自給圏を確立する必要があり，そのために枢軸提

---

[55]　種村佐孝『大本営機密日誌』（ダイヤモンド社，1952年）16頁。

携，日中戦争の終結，南方進出を行わねばならないというものであった[56]。

7月4日に陸海軍省部事務当局が会談した席上，先の陸軍案が提示された。海軍事務当局はその骨子を受け入れたが，陸軍案が対英作戦と対米作戦を区別しているのに対し，英米不可分を主張し「対英戦の場合は対米戦を準備することが必要」だと反論した[57]。

海軍事務当局は7月4日の会談をもとに9日に海軍案をまとめ，参謀本部に提示した。海軍案は陸軍案と骨子は同じであったが，対英米作戦について，対米開戦に向けての準備の必要性を強調している。7月17日，陸海軍事務当局成案が決定された。武藤軍務局長は同日この成案を近衛に提示し，国策として採用するよう要望した。近衛は大命降下後の9月19日，東条・吉田・松岡の陸海外三相候補と会談（荻窪会談）し，新内閣の基本路線を話し合った。そして近衛内閣成立直後の7月27日に「世界情勢の推移に伴う時局処理要綱」が大本営政府連絡会議で決定された。武力を背景とする南進論の国策化である。

「時局処理要綱」が決定されると，松岡外相は要綱にもとづいてアンリ駐日フランス大使に日本軍隊の仏印通過と飛行場の使用を申し入れた。この問題をめぐり松岡・アンリ会談が継続されたが，フランス側は仏印におけるフランスの主権尊重の確認を要求したため交渉は長引いた。

海軍は要綱決定後の8月2日に省部首脳会議を開いた。南進政策の採択によるアメリカの態度についての検討が主要な議題であった。吉田海相は，「日本海軍は米国に対し一年しか戦い得ない」と述べて，この際対米協調のため陸軍に強い態度でのぞむ必要があることを強調した。この時期の海軍は仏印進駐に対するアメリカの反応を最も心配していた。8月1日付軍令部第一課作成の「対仏印方策に関する研究」は，仏印への武力行使の場合アメリカは屑鉄・石油の対日禁輸を断行する可能性が高いとして武力行使に否定的であった。アメリカの禁輸に対する対策の「準備にして未だ甚だしく不十分なりとせんが対仏印武力行使は其の時

---

56)「世界情勢ノ推移ニ伴フ時局処理要綱」(前掲『太平洋戦争への道　別巻資料編』) 322-324頁。

57)「軍令部第一部宇垣纏意見」(『戦史叢書　大本営陸軍部〈2〉』朝雲新聞社，1968年) 52頁。

期を遷延するもやむを得ざるべし」と記している[58]。アメリカの対日禁輸に対する海軍の躊躇は，対象が仮想敵国のアメリカであるが故にゆれざるを得なかった。

　海軍は対米態度について陸軍との合意が必要と考え，8月27日に「時局処理要綱に関する質疑応答資料」を作成した[59]。海軍では同夜首脳部会談を開き，対米関係の悪化を懸念して日独伊の軍事同盟締結に反対することになった。翌28日，要綱の陸海軍の解釈の異なる部分について話し合うため，参謀本部と軍令部の事務当局会談が開かれた。出席者は参謀本部から岡田大佐・高月大佐・種村少佐，軍令部から中沢大佐・大野大佐・川井大佐であった。席上海軍から「時局処理要綱に関する覚」が陸軍に提示された[60]。しかし陸軍では，すでに西原機関による対仏印交渉が進められていた。8月15日付の「蘭印および英領馬来の各要地を攻略する」という方針の下に作成された「南方総合作戦計画」でも対英蘭戦を辞さないとの主張が示されていた[61]。

　南方への武力行使問題は，陸海軍の対英米方針について調整がつかなかったのでそのままになった。その間に新たな既成事実が積み上げられた。8月20日，松岡外相とアンリとの間に北部仏印進駐に関する松岡・アンリ協定が結ばれ，日本軍の通過と飛行場の使用が承認された。これに基づいて9月4日，現地で西原・マルタン協定が結ばれ，平和進駐が認められた。しかし9月5日に第五師団の越境事件が起こったことにより，フランス側は態度を硬化させ，細目協定交渉の延期を申し入れた。このフランス側の態度に対し，9月13日，四相会議は「仏印問題爾後の措置に関する件」を決定し，「細目協定の成否又は交渉実施中と否とに拘」わらず「9月22日零時以降平和的に進駐を実施」すると自主的進駐を決定した[62]。9月22日に日仏印軍事細目協定が成立し，23日日本軍は北部仏印に武力進駐を開始してしまった。かくして陸軍は，富永第一部長の強いヘゲモニーの下に北部仏印への武力進駐を行ったのである。

　　　58）　軍令部第一課「対仏印方策に関する研究」（前掲『現代史資料10』）376頁。
　　　59）　「陸海軍首脳部会談ノ際ニ於ケル「時局処理要綱」ニ関連スル質疑応答資料」（参謀本部編『杉山メモ』上巻，原書房，1967年）16-22頁。
　　　60）　「「世界情勢ノ推移ニ伴フ時局処理要綱」ニ関スル覚」（同前）22-24頁。
　　　61）　「対南方総合帝国陸軍作戦計画」（前掲『大本営陸軍部〈2〉』）67-69頁。
　　　62）　「仏印問題爾後ノ措置ニ関スル件」（同前）91頁。

第4節　日独伊三国同盟の締結へ

1　陸海外事務当局の三国提携強化案

　リッベントロップ独外相は，1940年7月8日のベルリンにおける佐藤尚武特命全権大使との会談の席で，日本の日独提携強化への政治目的を明らかにして欲しいと提案した。そこで外務省事務当局は，7月12日に日本側の具体案である「日独伊提携強化案」を作成した。同日開かれた陸海外事務当局会議には，陸軍省の高山大佐，海軍省の柴中佐，軍令部の大野大佐，外務省の安東課長・石沢課長・徳永事務官が出席した。陸海軍のメンバーはいずれも枢軸提携推進論者であり，1938年から39年までの時期と同様に提携推進の姿勢は一致していた。まず安東課長は，ドイツがいずれイギリスを屈服させヨーロッパとアフリカに新秩序を建設するとの見通しに立って，対ソ牽制のためにも日本としては枢軸提携強化をはかりたい，その際ヨーロッパ戦争への「参戦に至らざる限度に於て最大限の提携を計」るという限定は必要であるとした。前年5，6月に陸相と外海相の主要な対立点であった自動参戦義務問題については，今回は陸海軍事務当局とも自動参戦を避けるということで合意した。南方における日本の政治的指導権の確立，対ソ関係，対米関係について討論されたが，東亜新秩序の建設のため南方に進出することをドイツ側に認めさせ，対ソ牽制と対米牽制の効果を期待できるとする点で一致した[63]。7月16日に2回目の陸海外事務当局会議が，新たに参謀本部の種村少佐の参加を得て開かれた。討論では，南方における日本の政治的指導権をドイツに認めさせることが重要だとして，対独交渉でこの点を強く主張することになった。
　ところが第二次近衛内閣の松岡洋右外相は，陸海外事務当局案に「参戦にいたらざる限度」の提携が挿入されているのが気にくわず，英米との戦争の回避のためにドイツと密接に同盟するしかないとの考えから，

---

　　63)　「日独伊提携強化ニ関スル陸海外協議議事録（昭十五，七，十二）」，「日独伊提携強化ニ関スル陸海外三省係官会議議事録（其ノ二）」（前掲「高木史料」所収）。

事務当局案を突き返した。

　陸軍は軍事同盟さえ可としていた。海軍では，米内海相のあとを受けて比較的彼らの見解に近い認識を持つ吉田善吾が海相になっていた。しかし吉田海相は「時局処理要綱」に盛り込まれている「対英一戦」を辞さないという合意と英米不可分論を批判できなかった。陸海軍予算獲得競争のなかで軍備拡充の緊急性を相手に認めさせる必要があった。陸軍は1939年決定の二号軍備を改め更改軍備充実計画（三号軍備）を作成していた。海軍は1937年決定の③計画から，新たな軍備充実計画として1939年に④計画，1940年に臨時計画を作成しており，これらの軍事予算の獲得が作戦計画の遂行にとって絶対的に必要であるとされ，そのためには政府との妥協が求められた。また海軍内の人事も，交渉に対する態度の変更に影響した。防共協定強化交渉当時の米内海相が1940年1月の首相就任とともに予備役となり，山本五十六は1939年8月に海軍次官から連合艦隊長官に，軍務局長の井上成美も同年10月に支那方面艦隊参謀長に転任していた。首脳部は一新したが，事務当局の中堅層はそのままであった。すなわち海軍内ではそれまで積み上げられてきた南進論の調査研究と海南島占領以後の現地支配の実績が政策立案の前提になっていたが，新海相は前任の米内海相のような，それに対抗して同盟締結を阻止するための枠組みを示すことが出来なかった。この時は南進論がすでに前提として組み込まれていたことが，一番大きな変化であった。

　松岡外相は，7月30日に対英軍事同盟としての性格を盛り込んだ「日独提携強化に関する件」を自ら作成した。そして8月1日，松岡はオット駐日ドイツ大使と会談し，枢軸強化の必要性を述べてドイツ側に南洋に対する態度と対ソ関係について質問した。ドイツは，8月に入って英本土上陸作戦の停滞とアメリカの参戦に対する危惧から対米牽制策を必要とするに至り，再び日本との提携を考え始めたところであった。8月22日，リッベントロップ外相は来栖駐独大使に，スターマー公使を日本に派遣すると伝えた。

　松岡外相は，陸海軍事務当局修正案をもとに「軍事同盟交渉に関する方針案」を作成した。すでに8月28日，外務省顧問に白鳥敏夫と斎藤良衛が任命されていた。彼らは何れも軍事同盟を可とする独伊との提携に賛成していた。外務省上層部は無条件軍事同盟推進派で固まった。外務

省修正案は，より強硬な内容となり，「日独伊提携強化に関する件」という標題を「軍事同盟交渉に関する方針案」に変更した。「一方が米国と戦争状態に入る場合」に可能なあらゆる援助を行うこととしている[64]。

2　海軍の妥協

「方針案」は9月4日の四相会議に提案された。四相会議には，海相が病気のため欠席し，住山徳太郎海軍次官が代理で出席した。提示案に対し，会議後海軍事務当局は，標題を「軍事同盟交渉に関する方針案」から「日独伊提携に関する方針案」とすること，基礎案件5の（2）中の「武力を行使す」の前にある「若くは我準備の成否に拘らず国際情勢の推移最早猶予を許さずと認めたる場合」の部分を削除するよう求めた[65]。

9月5日，吉田海相が辞任し，新たに及川古志郎が海相に就任した。翌6日，新海相を加えた四相会議が開かれた。松岡外相は，海軍側の見解を容れて修正した案を提示した。即ち標題を「日独伊枢軸強化に関する件」と変更し，ドイツ側との折衝は，新秩序建設のための相互協力についての原則的協定締結とそのための最善の方法についての協議，当面その趣旨を三国共同声明として公表する，とした。説明書のなかで，最善の方法とは軍事協力交渉を意味するとした[66]。海軍がこれに同意したことは，後のスターマー試案に対する海軍の態度からみて一見不思議なことであった。

9月9日，松岡外相は秘密裡にスターマーとの会談を開始した。スターマーは，日本に「凡ゆる方法に拠って米国を牽制し其の参戦を防止する役割を演ずる」ことを求めるが，そのためには「日独伊三国側の決意せる毅然たる態度」によってのみアメリカを牽制できるとした。また「ドイツは日本の大東亜における政治的指導者たる事を認め之を尊重するは勿論」でありこれらの地域でドイツの欲するのは経済的なもののみだと

---

64)「日本及独伊両国ノ欧州戦争及支那事変ニ対スル相互支持協力ニ関スル諒解事項」（前掲『杉山メモ』上巻）29頁。
65)「日独伊同盟条約締結要録（斎藤良衛）」（アジア歴史資料センター Ref. B04013490200，外務省外交史料館所蔵）19-20頁。
66)　同前，44頁。

した[67]。陸海外事務当局で最も熱心に議論された南洋群島の旧ドイツ権益を含む諸権益は，この条約の締結によって日本にもたらされることがはっきりした。

　あとは自動参戦義務問題のみが残された。9月11日にはスターマーとオットの私案が提示された。私案は，「三国の中一国が現在の欧州戦争又は日支紛争に参入し居らさる一国によって攻撃せられたる場合には凡ゆる政治的・経済的及軍事的方法により相互に援助する」こととなっていた。松岡はこれに同意した。だが9月12日に開かれた四相会議で，海軍は同案に難色を示し態度を保留した。松岡は豊田海軍次官・岡軍令部情報部長と会談したが，豊田は自動参戦義務についてあくまで反対し，附属議定書と交換公文で参戦は自主的判断によることを盛り込むなら賛成だとした。松岡はこれに同意した。

　9月14日，大本営政府連絡会議の下打ち合わせのため陸海外相と次官，それに参謀次長・軍務局長・軍令部次長が出席して会合が開かれた。席上軍令部次長は，「対米開戦準備が完成して居らず来年四月になれば完成する」とし，建艦競争では日米の差は開くばかりだとして「今日戦争としては一番有利」だと強調した。結局海軍は，松岡修正私案に対し海軍軍備の充実を条件に同意した。海軍はこの時点では，日米通商条約の破棄とドイツの西方攻勢によって陸軍とともに南方進出の態勢を固めていたので，アメリカとの戦争は避けたいとしながらも三国同盟に合意することにした。ただよく引用される「これ以上反対することは国内の政治事情が許さぬ」として賛成に回ったという発言は言い訳である[68]。18日に手交された議定書には海軍の要求通り自主的参戦義務条項が挿入されていた。海軍がそれまで反対していた軍事同盟という呼称も自動参戦義務も同案には挿入されなかった。南進の果実としての諸権益の確保と軍備拡充のための予算が保証される限りにおいて，海軍が同盟締結に反対する根拠はすでになかったのである。

---

　67)　「松岡スターマー特使会談要旨」（前掲『日本外交年表竝主要文書』下巻）452-453頁。
　68)　「豊田海軍次官談」（近衛文麿『平和への努力』日本電報通信社，1946年）31頁。

3　日独伊三国同盟の締結

　9月19日に御前会議が開かれた。会議の焦点は経済情勢に関するもので，とくに対日経済封鎖の影響についての議論に相当の時間が割かれた。ここで重要なのは，南進によって必要物資を輸入することが議論の不動の前提になっていたことである。近衛首相は，輸入途絶の打撃は致命的だとしながらも「軍官民の消費統制を一層強化し最も緊要なる方面に集中使用せば相当長きに亘り軍需に支障なく又日米戦争に当たりても比較的長く軍需に応じ得べく相当長期の戦争に堪え得るものと考えます」と述べた。星野企画院総裁は重要物資について個々に説明したが，純度が高くて日本で製造不能の高級航空ガソリンについては「第一，第二次繰上輸入並に最近の特別輸入により相当量を入手し得たるを以て他に比し寧ろ有利の状況となれり」と楽観した。軍令部総長が「海軍の貯蔵にて長期戦は不可能なり」と述べたのに対し，星野は，アメリカの対日経済封鎖について「今後全面的の経済圧迫ありとするも我により最も痛き所は既に実施せられあり，今更改めて困るに及ばざるべし」と，暗に南方からの石油の調達により必要量は確保できるかのように返答した[69]。御前会議は日独伊枢軸強化のための基本要綱を決定した。日独伊三国同盟は1940年9月27日にベルリンで調印された。

お わ り に

　世界情勢の転変と日本の思惑が交錯した15年戦争期に，情報の調査と立案が政治過程に持った意味は，これまで考えられていた以上に大きかったことは，南進論と日独伊三国同盟締結の関係について検討した小稿において検証できただろう。
　日本の国際連盟脱退から軍縮無条約時代に突入する中で着手された南進論の調査と立案は，1936年の国策の基準や北海事件への対応といった各々の場面で，たとえば海軍軍令部による政治方針変更を生み出すきっ

---

　69)　「昭和十五年九月　御前会議控へ　次長記述」（前掲『杉山メモ』上巻）44-55頁。

かけとなるなどの影響力をもった。

　日中全面戦争期になると，泥沼化する中国戦線とヒトラーによる世界秩序再編のもくろみといった情報をインプットしながら本格的な南進論の調査と立案が急ピッチで進められた。1938年に近衛内閣が閣議決定した「日支新関係調整方針」に盛り込まれた南進論は，翌1939年初頭の陸海軍共同作戦としての海南島占領という結果をもたらした。フランスやイギリスは日本が南進に着手したことを強く批判したが，その先頭に立って新方針を示したのがアメリカによる国民政府援助の強化であった。英米の援蔣ルートによる支援とそれをつぶそうとする日本陸軍の思惑がぶつかる東アジアの国際情勢の下で，海軍を主軸とする南進論の調査と立案は「南方を含む東亜新秩序」論へと舵を切るための立案をになった。第二次世界大戦勃発後になると，南進論はすでに基本政策の立案の前提として組み込まれていたのである。

　日独防共協定強化交渉と日独伊三国同盟締結交渉は，そのような南進論の質的転換と表裏をなして進められた。1938年から39年にかけての交渉で海軍が同盟締結を阻止しえたのは，宮中グループの支援を受けていた上層部の英米主導の経済秩序維持への大局的判断によるところが大きかった。海軍事務当局が南進論との整合性をつけるためにガウス案に反対したことにもよっていた。他方1940年の南進論の立案には，南進の結果得られる果実がすでに織り込まれていた。そこから演繹的に日独伊同盟の必要性や日独伊ソ同盟の不可欠性が論じられるのであった。判断根拠になったのはアメリカの対独伊参戦への抑止力になるという根拠のない情報（思い込み）と経済封鎖対策の決め手として認識された「南方を含む東亜新秩序」論，すなわち大東亜共栄圏論であった。すでに1933年に『南にも生命線あり』，1934年に『海の生命線南洋群島の重要性』など生命線を冠した一般向けの本が刊行されていたが，1940年には海軍省軍務局長が「南支沿岸特定島嶼を大体蒙疆と同様の特殊地域とする」と参謀長会議で語った如くに南進論はオーソライズされていた[70]。日独伊三国同盟の締結は，松岡外相の個人プレーなどに原因を求めるのではなく，大東亜共栄圏論を推進した諸組織の構造のなかでとらえることが必

　　70）「昭和十五年度参謀長会議ニ於ケル軍務局長口述資料」（前掲『史料集成』9巻）436-441頁。

要である。日独伊ソ同盟案も，高木海軍調査課長によってすでに1939年8月に示されていたものである。諸組織は，様々のレベルの対立を繰り返しながらも，南進論の調査と立案を受け入れつつ日独伊三国同盟の締結へと踏み込んだのである。

がき

　新潟大学コア・ステーションとして，人文社会・教育科学系附置の研究センターを立ち上げようと提唱されたのは，当時人文学部長だった芳井研一先生でした。学系を中心としてそれまで行なわれてきた研究活動とその成果，さらにはその時点での教員スタッフの専門分野などを総合的に考慮して立案されたのが，環東アジア研究センターだったのです。初代のセンター長に，提唱者であると同時に環日本海地域研究の第一人者でもある芳井先生が就任されたのは，言うまでもありません。こうして2006年1月に設置が認められた本センターは，3年ごとの期間の更新申請が認められ，現在は3期目に入っています。　この間，メンバーには若干の変動がありましたが，芳井先生は毎年のように国際的なシンポジウムやワークショップを企画・挙行されたほか，ご自身の研究成果をすすんで『環東アジア研究センター年報』に寄稿されるなど，一貫してメンバーの先頭に立って本センターの研究活動を推進されてきました。その芳井先生も，昨2013年3月に定年により新潟大学を退職されました。4月以後も新潟大学フェローとして引き続き研究活動に従事しておられ，本書にも最新の成果を寄せてくださいましたが，本書はそのような芳井先生への感謝の気持ちから編まれたものでもあります。
　さて本センターは，本書にはその成果を反映させることができませんでしたが，韓国・仁荷大学校の韓国学研究所や，中国・北京大学の東北アジア研究所など，海外の大学の研究機関とも学術交流協定を締結しています。また本センターのメンバーの多くが関係する人文学部は，愛媛大学法文学部や岩手大学人文社会科学部など，同じ国立大学の部局とも学術交流協定を結んでいます。とくに愛媛大学法文学部とは，愛媛大学内の資料学研究会のメンバーとの研究交流が活発に行なわれています。本書の原稿提出と前後して，その資料学研究会の論集，藤田勝久編『東アジアの資料学と情報伝達』（汲古書院，2013年）が届けられました。本書と同じく「情報」を表題にかかげながらも，こちらは，藤田・松原弘宣編『古代東アジアの情報伝達』（汲古書院，2008年），同編『東アジ

出土資料と情報伝達』（汲古書院，2011年）につぐ3冊目の成果です。一線で活躍する内外の研究者による研究成果を網羅したこの3冊の論集に比べると，本書はどうしても見劣りしてしまうのですが，本センターのメンバーを結集した成果であることは，ひそかに自負しているところです。今後も，本書のような成果を媒介としながら，内外の研究機関や研究組織との研究交流を積極的に進めていきたいと考えているところです。

　本書は，「はじめに」でも述べたように，2012年度新潟大学人文社会・教育科学系研究支援経費（学系基幹研究）に採択された研究プロジェクト「情報の流通と保存からみた環東アジア地域の歴史像」による成果ですが，各章ごとに附記されているように，ほとんどの章は，日本学術振興会・科学研究費補助金による研究成果の一部でもあります。さらに成稿の過程では，人文学部の研究推進委員会から，本書を人文学部の研究叢書として刊行することを認めていただいたばかりか，同叢書編集専門部会の先生方には査読の労をとっていただきました。知泉書館の社長，小山光夫氏に多大なご尽力をいただいたことは記すまでもありません。関係各位には，あらためて御礼申し上げるしだいです。

　2014年3月

　　　　　　　　　　　　　　　　　　　　　　　　關尾　史郎

執筆者一覧
(50音順)

荻 美津夫　新潟大学人文社会・教育科学系教授（人文学部）
佐藤 貴保　新潟大学大学院現代社会文化研究科研究員，前新潟大学研究推進機構超域学術院准教授
關尾 史郎　新潟大学人文社会・教育科学系教授（人文学部）
高橋 秀樹　新潟大学人文社会・教育科学系教授（人文学部）
蓮田 隆志　新潟大学人文社会・教育科学系准教授（大学院現代社会文化研究科）
原 直史　新潟大学人文社会・教育科学系教授（人文学部）
広川 佐保　新潟大学人文社会・教育科学系准教授（人文学部）
麓 慎一　新潟大学人文社会・教育科学系教授（教育学部）
山内 民博　新潟大学人文社会・教育科学系准教授（人文学部）
芳井 研一　新潟大学フェロー，前新潟大学人文社会・教育科学系教授（大学院現代社会文化研究科）

〈新潟大学人文学部研究叢書11〉

［環東アジア地域の歴史と「情報」］　　ISBN978-4-86285-183-3

2014年3月25日　第1刷印刷
2014年3月31日　第1刷発行

編　者　　關尾史郎
発行者　　小山光夫
印刷者　　藤原愛子

発行所　〒113-0033 東京都文京区本郷1-13-2
　　　　電話03(3814)6161　振替00120-6-117170
　　　　http://www.chisen.co.jp
　　　　株式会社　知泉書館

Printed in Japan　　　　　　　　　印刷・製本／藤原印刷

新潟大学人文学部研究叢書の刊行にあたって

　社会が高度化し，複雑化すればするほど，明快な語り口で未来社会を描く智が求められます。しかしその明快さは，地道な，地をはうような研究の蓄積によってしか生まれないでしょう。であれば，わたしたちは，これまで培った知の体系を総結集して，持続可能な社会を模索する協同の船を運航する努力を着実に続けるしかありません。

　わたしたち新潟大学人文学部の教員は，これまで様々な研究に取り組む中で，今日の時代が求めている役割を果たすべく努力してきました。このたび刊行にこぎつけた「人文学部研究叢書」シリーズも，このような課題に応えるための一環として位置づけられています。人文学部が蓄積してきた多彩で豊かな研究の実績をふまえつつ，研究の成果を読者に提供することを目ざしています。

　人文学部は，人文科学の伝統を継承しながら，21世紀の地球社会をリードしうる先端的研究までを視野におさめた幅広い充実した教育研究を行ってきました。哲学・史学・文学を柱とした人文科学の分野を基盤としながら，文献研究をはじめ実験やフィールドワーク，コンピュータ科学やサブカルチャーの分析を含む新しい研究方法を積極的に取り入れた教育研究拠点としての活動を続けています。

　人文学部では，2004年4月に国立大学法人新潟大学となると同時に，四つの基軸となる研究分野を立ち上げました。人間行動研究，環日本海地域研究，テキスト論研究，比較メディア研究です。その具体的な研究成果は，学部の紀要である『人文科学研究』をはじめ各種の報告書や学術雑誌等に公表されつつあります。また活動概要は，人文学部のWebページ等に随時紹介しております。

　このような日常的研究活動のなかで得られた豊かな果実は，大学内はもとより，社会や，さらには世界で共有されることが望ましいでしょう。この叢書が，そのようなものとして広く受け入れられることを心から願っています。

2006年3月

新潟大学人文学部長
芳 井 研 一